Als Typus steht der Offizier für eine besondere Facette deutscher Kulturgeschichte: In der Tradition tief verankert, durch die Geschichte abgeschliffen, zum Übermenschen befördert, vom Verbrechen befleckt, zur Karikatur degradiert – wie immer die militärischen Tugenden gerühmt oder attackiert wurden, der Offizier blieb ein exemplarisches Objekt bürgerlicher Wünsche, Ängste und Phantasievorstellungen. Weil dies so ist, darf eine analytische Annäherung an die Figur des Offiziers nicht den Militärhistorikern überlassen bleiben.

In dem vorliegenden Band wird von 15 Historikern, Kulturwissenschaftlern, Soziologen, Militärexperten und Politikwissenschaftlern interdisziplinär untersucht, was den Offizier ausmacht und weswegen er für die deutsche Geschichte so wichtig war. Von vielen Seiten beleuchtet, wird detailliert sein Werte- und Tugendkanon aufgeblättert und dieser anschließend mit dem »Rest« der Gesellschaft verglichen. Dabei erweist sich immer wieder aufs neue: Es ist der Wille zum Kampf, zum Töten, zum gesellschaftlichen Aufstieg, zum Sterben, der diesen Kanon entscheidend konturiert – bis in die Gegenwart hinein, in der uns der Krieg und damit auch der Willensmensch Offizier wieder nähergerückt sind.

Mit diesem Buch wird Neuland betreten: Noch nie sind das Phänomen »deutscher Offizier« und das, was ihn ausmacht, auf derart umfassende und originelle Weise untersucht worden.

Die Viten der Herausgeberinnen und des Herausgebers befinden sich am Ende des Bandes.

Unsere Adresse im Internet: www.fischer-tb.de

Willensmenschen

Über deutsche Offiziere

Mit Beiträgen von Werner T. Angress,
Ursula Breymayer, Hans Richard Brittnacher,
Werner Bührer, Detlef Bald,
Walter Erhart, Thomas Flemming,
Marcus Funck, Stig Förster,
Thomas Medicus, Gudrun Schwarz,
Angelika Tramitz, Bernd Ulrich,
Karin Wieland und Michael Wildt

Herausgegeben von Ursula Breymayer,
Bernd Ulrich, Karin Wieland

Fischer Taschenbuch Verlag

Lektorat: Walter H. Pehle

2. Auflage: April 2000

Veröffentlicht im Fischer Taschenbuch Verlag GmbH,
Frankfurt am Main, November 1999

Originalausgabe

Umschlagabbildung: 1. Badisches Leib Grenadier Regiment Nr. 109:
Gruppenbild Offiziere vor dem Kasino Karlsruhe, ca. 1910–1914
(mit freundlicher Genehmigung des Wehrgeschichtlichen Museums Rastatt).
Gesamtherstellung: Clausen & Bosse, Leck
Printed in Germany
ISBN 3-596-14438-8

Inhalt

Vorwort

Als Typus ist der Offizier wesentlicher Bestandteil deutscher Kulturgeschichte. Es gehört zu den Besonderheiten der »verspäteten Nation«, daß sie im Offizier die Ausdrucksgestalt ihrer Modernität fand. Als Leitbild sozialer Wertschätzung wie als Ich-Ideal kollektiver Imaginationen hat sich der Offizier in die deutsche Seele eingegraben. Ursprünglich eine randständige, eher dubiose Figur, mutierte der Inbegriff des »Kriegers« vor allem im wilhelminischen Deutschland zum Ideal des deutschen Mannes. In der Tradition verankert, durch die Geschichte abgeschliffen, vom Verbrechen befleckt, zur Karikatur degradiert und zum Übermenschen befördert, ist der Offizier in der deutschen Gesellschaft des 19. und 20. Jahrhunderts verwurzelt. Es war die Feudalisierung bürgerlicher Sehnsüchte, die den Offizier an die Spitze deutscher Prestige-Rangskalen brachte. Denn der Geltungsanspruch dieses Individualitätstyps verdankt sich einer fiktionalen Macht, die über seine reale Erscheinung hinausweist. Nicht nur die Literatur der Jahrhundertwende, sondern vor allem die neuen Medien der Photographie und des Films haben sich ihrer bedient und diese weiterentwickelt. Die Ästhetisierung von Haltung und Gesinnung hat den Offizier zu einem deutschen Gesamtkunstwerk gemacht. Nahezu zwei kriegerische Jahrhunderte lang waren deutsche Offiziere Täter und Opfer, Manager der Macht und Technokraten der Mobilisierung, Verwalter bellizistischer Gesinnung und eben nicht zuletzt Gegenstand von Kunst und Wissenschaft.

Der Ansatz des Bandes erschöpft sich weder in militärhistorischer Detailklärung, noch folgt er den klischeehaften Schablonen medialer Nachlaßverwalter. Es geht vielmehr um den Offizier als Grundfigur deutscher Selbstthematisierung. In einer solchen kulturwissenschaftlichen Perspektive werden einem alten Thema neue Einsichten abgewonnen: Man kann die Wirkungsgeschichte eines Typs verfolgen, der einen eigenen Schnitt durch die deutsche Mentalität legt.

Der Band ist in fünf Abschnitte gegliedert, die von den Orten der Herkunft bis zu Sexualität und Tod reichen. Die Metamorphosen des Willens werden vom Weg in den Ersten Weltkrieg bis zum Wunder des Wiederaufbaus untersucht. Es erweist sich immer wieder aufs Neue, daß der Wille – zum Kampf, zum Sterben, zum Töten, zur Entsagung, zum gesellschaftlichen Aufstieg, zur Erlangung und Festigung der Macht – einen wesentlichen Bestandteil des habituellen Kanons bildete und bildet. Der Wille ist das handlungsleitende und erlebnissteigernde Streben des Offiziers. Herkunft und Lebenslauf werden ebenso wie die Identitäten der elitären Uniformträger vom Willen bestimmt. Noch in den Physiognomien des Typs und den Gesten seines Auftretens scheint das Bild des Willensmenschen hindurch. Die Deutschen können wohl ohne ihre Offiziere nicht verstanden werden.

Berlin, im Mai 1999

Ursula Breymayer,
Bernd Ulrich,
Karin Wieland

Bernd Ulrich

Der deutsche Offizier stirbt ...

»Ich rufe von dieser Stelle aus alle Mitbürgerinnen und Mitbürger auf, in dieser Stunde zu unseren Soldaten zu stehen.«
(Bundeskanzler Gerhard Schröder am 24. März 1999)

... zum Beispiel militärisch grüßend, die Hand an der Mütze, vor der Fahne salutierend, einem Standbild gleich, Ausdruck eisernen Willens. So jedenfalls soll Ernst Lindemann gestorben sein, seines Zeichens Kapitän zur See, Kommandant der »Bismarck«, oder – wie Lindemann es bevorzugt hätte – des »Bismarck«, denn ein »so großes und starkes Schiff kann nur ein ›Er‹ und keine ›Sie‹ sein«.[1] Das derart geschlechtlich definierte Schlachtschiff damals modernster Bauart versank in seinem ersten Einsatz übers Heck am 27. Mai 1941 um 10 Uhr 39 im Verlaufe einer Operation, die unter dem Tarnnamen »Rheinübung« erst acht Tage zuvor begonnen worden war. Damit hatte der Ostatlantik ein Kriegsschiff geschluckt, dessen Abmessungen und Armierungen sich wie eine bellizistisch verbrämte Kontakt-Anzeige lesen: 251 Meter lang, bis zu 36 Meter breit, 150 000 PS aus drei Hochdruck-Turbinen, verteilt auf drei riesige Schrauben, über 30 Knoten, d. h. fast 60 km/h schnell, bei voller Ausrüstung über 53 000 Tonnen schwer, bestückt in seiner Hauptbewaffnung mit vier großen Geschütztürmen, zu je zwei Rohren, die Granaten vom Kaliber 38 cm über 36 km weit verschießen konnten.[2] Mit dem Koloß gingen 2221 Mann unter. 103 Offiziere, 1962 Unteroffiziere und Mannschaften – Durchschnittsalter 21 Jahre –, überdies Prisenkommandos, die aufgebrachte Schiffe mit wertvoller Ladung in deutsche Häfen bringen sollten, Marinekriegsberichterstatter und der eingeschiffte Flottenstab unter Admiral Lütjens. Der hatte noch am Abend vor dem Untergang von dem schon beschädigten, nicht mehr ordentlich steuerbaren und von englischen Seestreitkräften umstellten Schiff einen Funkspruch absetzen lassen, dessen Inhalt und pathosreiche Diktion schon wie eine Vorwegnahme jener Funksprüche erscheint, die im Januar 1943 von Stalingrad aus durch den Äther gingen: »Wir kämpfen bis zum Letzten im Glauben an Sie, mein Führer, und im felsenfesten Vertrauen auf Deutschlands Sieg«.[3] Kein Gedanke an Aufgabe, die bei gleichzeitiger Eigenversenkung des Schiffes möglich gewesen wäre, keine erkennbare Absicht auch, den entsprechenden Erlaß der Seekriegsleitung zu mißachten, »bis zur letzten Granate« kämpfend unterzugehen.

Was Kapitän zur See Lindemann darüber dachte, wissen wir nicht. Über zehn Stunden nach diesem Funkspruch – und drei Tage, nachdem die »Bismarck« ihrerseits den britischen Schlachtkreuzer »Hood« in kaum sechs Minuten versenkt hatte – sank sein Schiff, ein brennendes, glühendes Wrack, zerfetzt von fast 3000 Granaten schwersten und mittleren Kalibers. »In diesen Minuten«, so der Vierte Artillerieoffizier, Kapitänleutnant Burkhard Freiherr von Müllenheim-Rechberg, »nur noch den ganz nah am Schiff befindlichen Schwimmern erkennbar, stand Lindemann vor Turm ›Anton‹ (dem vorderen schweren Geschützturm, B.U.) auf der Back (Aufbau auf dem Vordeck, B.U.). Sein Gefechtsläufer, ein Matrosengefreiter, war bei ihm. Gegen das sich weiter aufrichtende Vorschiff gingen beide nach vorn, immer steiler bergan. Die Gesten Lindemanns zeigten an, daß er auf seinen Läufer eindrang, über Bord zu gehen, sich zu retten, wie es die anderen taten. Aber der wollte nicht und blieb bei seinem Kommandanten, bis sie die Gösch (die Bugflagge, B.U.) erreichten. Dann trat Lindemann hinüber auf den immer weiter nach oben heraus und flacher zu liegen kommenden Steuerbord Vorsteven (rechter, vorderster Bugteil, B.U.), verharrte dort, nahm die Hand an die weiße Mütze. (...) Dann ging das Schiff langsam, langsam mit dem grüßenden Lindemann in die Tiefe.« Andere Offiziere erschießen sich noch an Bord oder tun es als sie bereits im Wasser schwimmen. Ein Matrose beobachtet, wie sich Besatzungen der vier bordeigenen Flugzeuge an der Reling stehend erschießen. Aber was ist ihr Tod gegen die heroisch inszenierte Geste Lindemanns?

»Ich dachte immer«, so ein beobachtender Maschinengefreiter, »so etwas stehe nur in den Büchern, und nun habe ich es selbst erlebt.«[4] Oder vielleicht im Kino gesehen? Hitler soll er immerhin gut gefallen haben, der Ufa U-Boot-Film »Morgenrot«, zu dessen Premiere am 2. Februar 1933 er als frisch gewählter Reichskanzler mit seinem Kabinett erschienen war. »Leben«, sagt der U-Bootkommandant Liers

Abb. 1 Am Tage der Indienststellung des Schlachtschiffs »Bismarck« schreitet Kapitän zur See Ernst Lindemann die Front der angetretenen Ehrenwache ab (24. 8. 1940)

(gespielt von Rudolf Forster) in einer Schlüsselszene zu seiner Mutter, »Leben können wir Deutsche vielleicht schlecht, aber sterben können wir jedenfalls fabelhaft.« Siegfried Kracauer sah darin den kaum verhüllten Wunsch zu regredieren, »die Sehnsucht nach dem Mutterleib ist so stark, daß sie sich in ihrem Stolz versteifen, einen guten Tod zu sterben.« Und er ergänzt: »Leute wie Liers mußten sich tatsächlich dem Führer unterwerfen.«[5] Von Müllenheim-Rechberg, der zeitweilig auch als Adjutant Lindemanns fungierte, ist zu erfahren, daß sich in der Tat des Kommandanten »die dämonisch anmutende Jugendsehnsucht eines Mannes erfüllte, der im Alter von 13 Jahren eine Versessenheit auf die Marine entwickelte und es damals im Kreise seiner Brüder und Freunde wiederholt als seinen ›höchsten Wunsch‹ geäußert hatte, einmal sein eigenes Schiff zu kommandieren und auf ihm ›mit wehender Flagge unterzugehen‹.«[6]

So führten Sehnsüchte eines Pubertierenden die Regie in der Apotheose eines kaiserlich-deutschen, republikanischen und schließlich nationalsozialistischen Marine-Offiziers. Der Offizier stirbt seinen Männern vor. Nur daß es in diesem Fall kaum mehr etwas ›vorzusterben‹ gab; als Lindemann mit der Hand an der Mütze in die Tiefe rauschte, sind die meisten Besatzungsmitglieder schon tot, rund achthundert schwimmen noch im Meer. Einige von ihnen haben uns als Augenzeugen die Szene überliefert; sie gehörten zu den 115 Überlebenden, die zum größten Teil von einem englischen Kreuzer und einem Zerstörer, zu einem kleineren von einem deutschen U-Boot und einem Versorgungsschiff gerettet werden konnten. Dieser Überlebenden bedurfte Lindemann. Gewiß hielt er seinen Tod für vorbildhaft, doch nicht alle durften seinem Vorbild folgen. Zur Verwirklichung seines Traumes gehörten die Geretteten. Ohne sie wäre sein Tod unbezeugt und damit nicht tradierbar gewesen. Nur so konnte sein individueller Tod den Massentod der anderen ›überstrahlen‹. Die Sprache dieses Todes ist die des Heroismus. Sie wirkte auf jene im Wasser erhaben – und erhebend noch in der Erinnerung. Keins der zahlreichen Marine-Militaria-Werke, das die Tat des Bismarck-Kommandanten bis heute nicht erwähnte. Im Grunde wird durch sie der Kriegstod bloß simuliert. Seine Realität ist eine scheinbare, um so mehr als seine Inszenierung in einem Krieg stattfand, dessen Bedingungsgefüge namentlich für den Offizier endgültig nicht mehr die freiwillige oder ideologisch programmierte Bereitschaft zum eigenen »Tod für das Vaterland« allein bereithielt. Vielmehr wurde »die gewollte, geplante und bewußte Vernichtung des Anderen, der staatlich gesteuerte Mord, die Beseitigung des zum Feind deklarierten Nachbarn, Mitbürgers oder Fremden, die Deklassierung dieses Feindes zum Unmenschen, dessen Austilgung schlechthin ... zum Legitimitätstitel des Handelns.«[7]

Solches Sterben im Dienst für das Vaterland war nach der Gründung der Bundeswehr nicht mehr vorgesehen und verfügte deshalb auch über keine sozial anerkannten Formen. Selbst wenn (heute noch) Offiziere insgeheim von der Haltung des Bismarck-Kommandanten beeindruckt sein mögen: Ihr verschwiegener Traum von einem vergleichbar arrangierten »Heldentod« erschiene zumindest politisch verdächtig. Aber was ist an seine Stelle getreten? Für was (und wie) soll (und darf) der Offizier sterben? Wie wird verhandelt, was seit jeher ureigenstes Geschäft einer Armee ist und auch zu dem der bundesdeutschen Streitkräfte wieder wurde: »Menschenführung« angesichts des Todes und des Tötens?[8]

Faktisch existiert ein Gegensatz zwischen dem überlieferten Typus des »Kämpfers« und einer Art anakademisiertem Bürgersoldaten. Beide sind durchaus keine ›Pappkameraden‹, wenngleich sie beide von entgegengesetzten Punkten aus gleich weit vom Tod und vom Töten im Krieg entfernt sind. Der eine, indem er das vermeintlich immer mögliche »Überleben« als Soldat, den »Selbstbehauptungswillen«, an den »Kampfwillen« koppelt und in den Mittelpunkt stellt. Der andere, weil er das, was von der »Inneren Führung« übrig blieb, auf eine Abart psychologisierender, »technokratischer Managementmethoden« (Wolfgang R. Vogt) für Offiziere reduziert, die eben wieder als Trainingprogramme für »militärische Führer mit Multiplikatoren-Funktion« neubelebt werden: Vor Panik und Kurzschlußreaktionen (Selbstmord etwa) »sollen Rollenspiele in der Gruppe schützen, ›Atem-Regulierung‹ (bewußtes tiefes Ein- und Ausatmen) soll die Psyche beruhigen.«[9]

In ihrer idealtypischen Ausprägung ragen beide Typen am vorläufigen Ende einer Entwicklung, die mit der Gründung der Bundeswehr begann, eigentümlich verquer in die Gegenwart. Dabei ist die Lage recht unübersichtlich. Und die aktuellen Diskussionen über den »neuen Auftrag der Bundeswehr«, ihre instrumentelle Ausrichtung, ihr Selbstverständnis und ihre Führungsprinzipien nach der Einheit täuschen in ihren vorgeblich klaren, polarweit voneinander entfernten Positionen eine Griffigkeit der Alternativen bloß vor. An der Existenzberechtigung der Streitkräfte wird indessen gemeinhin nicht gezweifelt. Eine Armee aber ist zum Kämpfen da, sonst wäre sie wertlos – »und um zu kämpfen, muß man sich besudeln«.[10]

Schon an ihrem Beginn – kaum öffentlich bemerkt vor 1956, seit Gründung der Bundeswehr immer wieder in diversen Affären und Skandalen aufleuchtend – erinnerten die Argumente der »Traditionalisten« stark an das im Krieg klassische Mißtrauen des »Frontschweins« gegenüber dem »Etappenhengst«. Das zum »Inneren Gewürge« verballhornte Konzept der »Inneren Führung« wurde als dem »militärischen Handwerk«, der »inneren Ordnung« wenig dienliches »Getue« diffamiert, mit der einer »unsoldatischen Armee« Vorschub geleistet werde. Mit dem ganzen Gewicht vermeintlich authentischer Kriegserfahrung in einer »sauber gebliebenen Wehrmacht«, für die in der Gründungsphase der Bundeswehr eine noch heute atemberaubende »Ehrenerklärung« gefordert und von Konrad Adenauer 1952 auch geliefert wurde, trieb man einen Keil zwischen »demokratische Idee und soldatische Notwendigkeit«. 1967 monierte ein Kritiker Wolf Graf Baudissins, daß dem während des Afrikafeldzuges als Major im Generalstab in australische Gefangenschaft geratenen »Vater der Inneren Führung« die »Zeugenschaft des Rußlandfeldzuges« versagt blieb »und damit die Einsicht in Katastrophen, die im Denken der Deutschen fortwirken«.[11] Mit den »Katastrophen« waren, um keine Mißverständnisse aufkommen zu lassen, die »Schlacht von Stalingrad« und die folgenden Niederlagen der Wehrmacht gegen die natürlich bloß quantitativ überlegene »Sowjetarmee« gemeint, gegen deren Vorrücken man sich für nichts weniger als die Verteidigung Europas bis vor die Tore Berlins gestemmt hatte.

Diese und andere Vorstellungen wirkten sich auch auf die Idealbilder des Soldaten und seiner Offiziere aus. Die wenigen Vorschläge, die von seiten der »Reformer« kamen, waren dabei kaum geeignet, den wehrmachtsorientierten Traditionsbegriff aufzuweichen. So ist etwa dem »Handbuch Innere Führung« von 1966 zu entnehmen, daß es dem Bundeswehrsoldaten im allgemeinen und dem Offizier im besonderen wohl anstehe, sich »dem Urbild des abendländischen Soldaten, dem ›Miles Christianus‹, dem Ritter« anzunähern, womit sie der Geschichtsvergessenheit der »Traditionalisten« in nichts nach- und der politischen Propaganda der Zeit (»Kreuzzug gegen den Kommunismus«) recht nahe standen.

Neuere Untersuchungen zur Generalstabs- und Admiralstabsausbildung belegen, daß zwar mittlerweile der Rekrutierungspool dieser für die nähere Zukunft so wichtigen militärischen Elite sich nicht mehr – wie noch bis in die sechziger Jahre hinein – aus den »sozial erwünschten Kreisen« bedient, und auch der »innere Feind« steht nicht mehr da, wo er nach der Wahrnehmungsoptik des Militärs seit 1848 gestanden hat. Aber eine »Fixierung auf den Kampftruppenoffizier«, der »den modernen Krieg als Industrie- und Logistikkrieg immer noch nicht verarbeitet« hat, ist doch unübersehbar.[12] In einer Analyse des »Friedensgutachten 1998« verdichtet sich die Kritik an solch bellizistischem Geraune zu der an einer neotraditionalistischen »Argumentationskette«. Darin amalgamiere sich der neue Auftrag, unter Rückgriff auf einseitig aus der Kriegsgeschichte ausgewählte Beispiele und bei Zementierung einer »gesellschaftlichen Sonderrolle« der Bundeswehr, mit der alt-neuen Vorstellung vom Soldaten als »Kämpfer«. Derlei aber gefährde »die Gesellschaftsverträglichkeit des Militärs, das verfassungskonform und nach zivilen Normen in die Bonner Republik integriert war.«[13]

Nun könnte sich der unbefangene Zivilist fragen, was sonst, wenn nicht ein zum Kampf Bereiter, sollte denn der Offizier sein, auch in einer Demokratie? Doch schwingen im Begriff des »Kämpfers« zu viele historische Konnotationen mit, als daß sie übersehen oder vergessen werden sollten. Es ist ja nicht allein die Wendung gegen den durch angeblich zu viel Bildung womöglich tötungsgehemmten Soldaten, die darin mittönt. Und auch nicht nur, wenngleich gewiß beabsichtigt, der Verweis darauf, daß der Kampf letztlich im Mittelpunkt des von Soldaten geführten Krieges steht, womit zugleich, freilich ungesagt, gemeint ist, daß sie dabei getötet, verstümmelt und/oder psychisch verletzt werden können.

Das eigentlich Erstaunliche bleibt indessen, daß ›die‹ Militärs von heute – zwar nicht alle, aber doch zu einem überwiegenden Teil, soweit es die unteren bis mittleren Offiziersdienstgrade, also Leutnant bis Oberstleutnant/Oberst betrifft – vor kriegerischen Einsätzen, in welchem Umfang und wo auch immer, eindrücklich warnen. Ist das die Scheu des Professionellen, die vor der Unbedarftheit des Laien zurückschreckt? Es bleibt bemerkenswert, wie sympathisch uneinheitlich und um Differenzierungen bemüht Offiziere bis hinauf zum Bataillonskommandeur als der eigentlichen »Leitfigur für das Führerkorps des Heeres« auf die neue Situation reagieren. Insbesondere jene Berufsoffiziere, die unter den Bedingungen der alten Bundeswehr Soldat wurden, zeigen sich mitunter ernstlich irritiert. Angetreten als pure Landesverteidiger, die unterm Schirm atomarer Abschreckung den Krieg nicht führen, sondern durch ihre Präsenz und Einsatzbereitschaft verhindern sollten, entpuppt sich für sie die Bundeswehr nun als eine »friedensgeschädigte Armee«. Nachdem die militärische Gewaltanwendung ihren »instrumentellen Charakter zurückgewonnen« hat und die noch 1963 einen von Golo Mann edierten Sammelband schmückende Frage »Ist der Krieg noch zu retten« mittlerweile ein klares »Jawoll« zur Antwort bekommt, wächst offenbar das Bedürfnis nach Ethik. Jedenfalls nach einer, die mehr zum Inhalt hat, als es sich im Sandsäcke-Stapeln an der Oder zu zeigen vermochte. Und wenn der eine auch nicht darin schwankt, daß ethisch rechtens ist, »was eine legitimierte deutsche Regierung per Gesetz erläßt«, so ist sich doch mancher im anvisierten Einzelfalle gar nicht sicher, ob er dafür »die Rübe« hinhalten mag.[14] Allerdings, wie das übereinstimmende Urteil lautet, an die »Gruppe der ›Kämpfer‹« – und das heißt, an die mehr oder weniger große, in jeder Armee vorhandene, in jeder Hinsicht bedingungslos kampfbereite Gruppe von Soldaten und Offizieren – kommt man mutmaßlich mit solchen sozialwissenschaftlichen Untersuchungen und ihnen zugrunde gelegten Interviews gar nicht heran: »Es ist anzunehmen, daß dieser Typus wenig geneigt sein dürfte, sich einer längeren verbalen Prozedur zu unterziehen.«[15] So kann man es natürlich auch sagen.

Die für den Krieg motivierende Sprache der nationalen Verpflichtung ist bekanntlich »genau die Sprache, die in der Erfahrung der Schlacht zusammenbricht, wenn es um Töten und Getötetwerden geht«.[16] Und unter anderem auch diese reichlich und blutig belegte Einsicht könnte den Widerwillen gegen feierlich begangene, öffentliche Rekrutengelöbnisse untermauern. Denn dabei geht es ja um nichts weniger, als um die öffentlich getroffene Übereinkunft, daß jene, die da stehen, im Kriegseinsatz ihr Leben zu geben bereit sind. Doch selbst in der national und militärisch abgespeckten Gelöbnissprache von heute wird das eher verdeckt als offen ausgesprochen.

In der politischen Sprache der Legitimation geht es noch verquaster zu. Sie ähnelt der militärischen, die darauf abzielt, Vorgänge der Schlacht, des Gefechts zu entpersönlichen, ihnen die Gefühle zu entziehen, um in diesem künstlich geschaffenen Vakuum ›der Furcht zu entgehen‹; im militärischen Idealfall kann das »grausam grinsende Antlitz des Krieges« dem Soldaten zwar nicht vertraut werden, aber es darf ihn, vor allem den Offizier, auf keinen Fall »in Reglosigkeit erstarren« lassen.[17] Genau darum geht es auch in der das künftige Gefechtsfeld sondierenden Sprache der Politik. Doch was im Chaos der Schlacht als überlebensnotwendiger Versuch durchgehen mag, nämlich handlungsfähig zu bleiben und sich buchstäblich nicht irre machen zu lassen, wirkt in der aseptischen Semantik mancher politischen »Wehrexperten« wie eine präventive Vernebelung der praktischen Konsequenzen ihrer Einwürfe. In den Worten eines Mitarbeiters der Deutschen Gesellschaft für Auswärtige Politik hört sich das, »mit einem wahren Overkill an Understatement« (Eckhard Henscheid), so an: »Das vereinte Deutschland kann sich nicht mehr wie in der Vergangenheit auf hehre Prinzipien zurückziehen und den Verbündeten die Kosten und Risiken für deren Durchsetzung überlassen. Es ist nicht länger Importeur von Sicherheit, sondern ein Stabilitäts- und Sicherheitsproduzent im Schulterschluß mit den Verbündeten.« (FAZ

27.9.1996) Vom Importeur zum Exporteur, vom Abnehmer zum Produzenten, sollte das die neue Sprache der Verpflichtung zum Töten und Getötetwerden sein? Eine diffuse Situation, die auch nicht dadurch besser wird, daß es einer rot-grünen Bundesregierung vorbehalten blieb, die Motivation für die »Kollateralschäden« um eine aus der Geschichte destillierte Moral zu ergänzen. Wie auch immer: Was wir hier beobachten können ist der Beginn einer Entwicklung, in deren Verlauf sich die Gesellschaft politisch und militärisch auf den Krieg hin zu organisieren beginnt, oder zumindest auf den Kern jeder Kriegshandlung, auf das Gefecht, unabhängig davon, unter welchen operativen oder militärtechnischen Prämissen es dann geführt wird.[18]

So wie es augenblicklich aussieht, wird die »Lizenz zum Töten« mit neuen Waffen (und zum Getötetwerden durch was auch immer) an Spezialtruppen delegiert, an militärisch höchst professionelle, elitäre Kampfgruppen, über deren Motivation und Selbstverständnis wir wenig wissen. Diskussionen über Sinn und Unsinn der »Inneren Führung« werden in ihnen aber vermutlich nicht geführt. Im Zentrum steht vielmehr eben das, was von den Befürwortern der »Kämpfernatur« gefordert wird: in einer ›ethisch befreiten Zone‹ das militärische Handwerk so wirksam und so effizient wie möglich zu betreiben. Grund genug, sich den Führern dieser kommenden Heere zuzuwenden – oder doch wenigstens einige, wesentliche Facetten ihrer jüngeren Geschichte in Augenschein zu nehmen.

Anmerkungen

1 B. Freiherr v. Müllenheim-Rechberg, Schlachtschiff Bismarck. Ein Überlebender in seiner Zeit, Frankfurt/Main, Berlin 1993 (1987), S. 39.

2 Vgl. S. Breyer, G. Koop, Schlachtschiff Bismarck. Eine technikgeschichtliche Dokumentation, Augsburg 1996.

3 Zit. n. Müllenheim-Rechberg, S. 200. Vgl. W. Wette, G.R. Ueberschär (Hg.), Stalingrad. Mythos und Wirklichkeit einer Schlacht, Frankfurt/Main 1992, S. 36–38.

4 Zit. n. Müllenheim-Rechberg, S. 254/259.

5 S. Kracauer, Von Caligari zu Hitler. Eine psychologische Geschichte des deutschen Films, Frankfurt/Main 1984, S. 285.

6 Zit. n. Müllenheim-Rechberg, S. 254.

7 R. Koselleck, Einleitung, in: ders. u. M. Jeismann (Hg.), Der politische Totenkult. Kriegerdenkmäler in der Moderne, München 1994, S. 9–20, S. 19.

8 Vgl. H.-J. Reeb, S.-M. Moerchel (Hg.), Menschenführung. Praktisches Handbuch für Vorgesetzte in der Bundeswehr, Regensburg u. a. 1992.
9 So ging es in diesen Tagen durch verschiedene Tageszeitungen, hier zit. n. BZ v. 6.5.1999.
10 G. Orwell, Rückblick auf den spanischen Krieg, in: ders., Rache ist sauer. Ausgewählte Essays II, Zürich 1974, S. 10–38, S. 14.
11 H.-G. v. Studnitz, Rettet die Bundeswehr!, Stuttgart 1967, S. 43.
12 M. Kutz, Realitätsflucht und Aggression im deutschen Militär, Baden-Baden 1990, S. 136.
13 D. Bald, Neotraditionalismus und Extremismus – eine Gefährdung für die Bundeswehr, in: Friedensgutachten 1998, Münster 1998, S. 277–288, S. 287, 288.
14 G.-M. Meyer, Soziale Deutungsmuster von Bataillonskommandeuren der Bundeswehr. Ein Beitrag zum professionellen Selbstverständnis einer militärischen Elite, Wiesbaden 1992, S. 138, 143, 145.
15 R. Seifert, Militär – Kultur – Identität. Individualisierung, Geschlechterverhältnisse und die soziale Konstruktion des Soldaten, Bremen 1996, S. 121.
16 M. Geyer, Eine Kriegsgeschichte, die vom Tode spricht, in: T. Lindenberger, A. Lüdtke (Hg.), Physische Gewalt: Studien zur Geschichte der Neuzeit, Frankfurt/Main 1995, S. 136–161, S. 149.
17 J. Keegan, Die Schlacht, München 1978, S. 19.
18 Vgl. J.P. Reemtsma, Trauma und Moral. Einige Überlegungen zum Krieg als Zustand einer kriegführenden Gesellschaft und zum pazifistischen Affekt, in: Kursbuch, Heft 126/Dezember 1996, S. 95–111.

I.
Ursprünge –
Orte der Herkunft, Varianten der Macht

Stig Förster

Der Krieg der Willensmenschen

Die deutsche Offizierselite auf dem Weg in den Ersten Weltkrieg, 1871–1914

I. Die deutsche Offizierselite

Zu den Selbstbildern des Offizierskorps im Kaiserreich gehörte auch jenes vom Willensmenschen. Seit den glorreichen Siegen in den sogenannten Einigungskriegen, die das Korps neben seinem Können auch der jedem seiner Mitglieder eigenen Willenskraft und deren Tatendrang zuschrieb, beanspruchten insbesondere die preußischen Berufsoffiziere eine herausragende Stellung in Staat und Gesellschaft. Die Offiziere der kleineren bundesstaatlichen Kontingente eiferten dem preußischen Vorbild nach. Hinzu kam, daß sich das Armeeoffizierskorps geradezu als Kaste stilisierte, als eigener Stand im Sinne von »Ordensbrüderschaften«, wie einer seiner Vordenker, Colmar Freiherr von der Goltz, emphatisch forderte. Das Offizierskorps, so von der Goltz, »soll als ein ächtes Ritterthum erscheinen«. Nicht das Streben nach Besitz und Wohlstand solle seine Mitglieder beflügeln, sondern unbedingte Pflichterfüllung und Idealismus: »Ein idealer Zug muß seinem ganzen Wesen eigen sein, sonst kann es seine Aufgabe nicht erfüllen.« Nicht zuletzt wegen dieser Opferbereitschaft könne das Offizierkorps auch im Frieden »eine hervorragende Stellung« in Staat und Gesellschaft beanspruchen.[1]

Tatsächlich war die zivile Gesellschaft im großen Umfang bereit, die privilegierte Stellung des Offizierskorps zu akzeptieren und die Männer in den schmucken Uniformen als Elite der Nation zu betrachten. Der preußische Leutnant, den Bismarck zufolge niemand ›nachmachen‹ konnte, wurde zum Sinnbild einer elitären, willensstarken Kaste. Die insbesondere in bürgerlichen Kreisen weit verbreitete Bewunderung für das Offizierskorps ging soweit, daß die Erwerbung eines Reserveoffizierspatents zu den höchsten gesellschaftlichen Weihen gehörte.

Doch die gesellschaftlich herausragende Stellung des Offizierskorps war keineswegs unumstritten. Nicht nur sozialdemokratische, pazifistische und linksliberale Kreise übten heftige Kritik an den Privilegien der Offizierskaste. Insbesondere in den letzten Jahren vor dem Ersten Weltkrieg attackierten auch Zentrumspolitiker und Nationalliberale veraltete Denk- und Verhaltensweisen, Adels- und Gardeprivilegien, Ineffizienz, Dünkel und Borniertheit im Offizierskorps. Sogar Standesgenossen, meist solche bürgerlicher Herkunft und rechtsradikaler Ausrichtung, riefen nach effizienzsteigernden Reformen und verlangten das Abschneiden alter Zöpfe. In diesem Umfeld mußten sich die deutschen Offiziere immer aufs Neue beweisen, um ihre gesellschaftliche Stellung zu behaupten. Der rapide gesellschaftliche Wandel ließ auch die Willensmenschen in Uniform nicht unberührt und beeinflußte maßgeblich ihr Denken und Handeln.

Zahlenmäßig war die Gruppe der Berufsoffiziere beim Heer ziemlich klein. Noch extremer werden die Verhältnisse, wenn man einen Blick auf den Generalstab wirft. Im Jahre 1914 dienten im Großen Generalstab nicht mehr als 625 Offiziere.[2] Dabei handelte es sich bei dieser Institution um den eigentlichen Kopf, das geistige Zentrum und die Machtzentrale der Armee für den Kriegsfall. Dort wurden jene Planungen entworfen und Entscheidungen getroffen, von denen das Schicksal der Nation im Ernstfall abhängen konnte. Die Gruppe der unmittelbaren Entscheidungsträger, der Chefs, Oberquartiermeister, Abteilungsleiter und ihrer direkten Gehilfen war sogar noch winziger: zwischen zehn und zwanzig Männer. Bezogen auf die Geschichte des Kaiserreichs handelt es sich hier um einen Kreis von allerhöchstens hundert Offizieren, die unter den vier aufeinanderfolgenden Generalstabschefs arbeiteten.

Fürwahr eine ganz geringe Zahl! Und doch waren es diese wenigen Männer, die die eigentlichen »Halbgötter« des Generalstabs verkörperten, von denen die Nation mit einer Mischung aus Furcht und Bewunderung sprach. Die aktiven und ehemaligen Generalstäbler bildeten eine Elite innerhalb des Offizierskorps, und der Generalstab war die Eliteschule. Nicht zufällig waren es gerade die Generalstäbler, die in der Armee zumeist die steilsten Karrieren machten. Sie traten aber auch als militärpolitische Denker hervor und beeinflußten durch schriftstellerische Tätigkeit das gesamte Offizierskorps maßgeblich. Vor allem aber bestimmte diese Offizierselite die planerische Vorbereitung des nächsten Krieges entscheidend mit.[3] Der Wandel des Kriegsbildes aber und dessen Folgen für die Zukunft standen zunehmend im Mittelpunkt militärischer Planungen und Reflexionen der Offizierselite. Die Reaktion der Offizierselite auf dieses Problem soll näher beleuchtet werden. Es geht also um die Geschichte einer ganz kleinen Gruppe von Männern, die inmitten eines gewaltigen Umbruchprozesses noch glaubten, selber Geschichte machen zu können – als Willensmenschen.

II. Das Volkskriegssyndrom

Es war der 1. September 1870. Den ganzen Tag über hatten Deutsche und Franzosen sich eine heftige Schlacht geliefert. Doch nun, am späten Nachmittag, war das Schicksal der französischen Armee besiegelt. Die schwere deutsche Artillerie hatte damit begonnen, die in der Stadt Sedan eingekesselten kaiserlichen Soldaten zusammenzuschießen. Um 16.30 Uhr erschienen schließlich weiße Fahnen auf den Türmen der Stadt. Die Franzosen kapitulierten. In der Nacht zum 2. September wurden die unerbittlichen Übergabebedingungen festgelegt. Am Vormittag des 2. September war alles vorüber. 17000 Franzosen waren gefallen. 104000 gingen in Gefangenschaft; unter ihnen befand sich Kaiser Napoleon III. Die Deutschen hatten nur 9000 Mann verloren. Es war der größte Sieg in der preußisch-deutschen Kriegsgeschichte.[4] Doch der Krieg ging unvermindert weiter. Ja, er begann jetzt erst richtig und dauerte noch sechs Monate. Zwölf weitere Schlachten wurden geschlagen, bei denen Zehntausende den Tod fanden. Hinzu kamen Kämpfe mit Franctireurs hinter den Linien. Die deutschen Armeen mußten bis an die äußersten Grenzen ihrer Belastbarkeit gehen. Im Königlichen Hauptquartier brach zwischen Moltke und Bismarck ein heftiger Streit aus, auf dessen Höhepunkt der Generalstabschef die vollständige Niederwerfung ganz Frankreichs verlangte.[5]

Aus der Sicht der deutschen militärischen Führung war Ungeheuerliches geschehen. Wie schon zuvor im Amerikanischen Bürgerkrieg[6] war nämlich die Grenze zum Volkskrieg, und zwar unter ansatzweise industriellen Bedingungen, überschritten worden. Die Zeit der kurzen Kabinettskriege mit regulären Armeen war endgültig vorbei. Statt dessen drohten Militärs und Politiker die Kontrolle über das Instrument des Krieges zu verlieren. Im Zeitalter der staatsbürgerlichen Partizipation, der allgemeinen Wehrpflicht, des Nationalismus und der entstehenden Massengesellschaft ließen sich Kriege nicht mehr ohne weiteres von oben begrenzen.[7] Diese Erfahrung aus dem Deutsch-Französischen Krieg hat das Denken und Handeln der deutschen Armeeoffizierselite bis zum Jahre 1914 wesentlich geprägt. Für sie bedeutete Volkskrieg nicht nur den Kampf mit irregulären, guerillaartigen Verbänden wie den Franctireurs, sondern einen militärischen Konflikt, der mit der ganzen Volkskraft geführt wurde, also den Nationalkrieg, wie es immer wieder hieß.

Es war der alte Moltke selbst, der in der Diskussion über den Volkskrieg die Richtung angab. So schrieb er 1888 in der Einleitung seiner Darstellung des Krieges von 1870/71: »Die Kriege der Gegenwart rufen die ganzen Völker zu den Waffen, kaum eine Familie, welche nicht in Mitleidenschaft gezogen würde. Die volle Finanzkraft des Staates wird in Anspruch genommen, und kein Jahreswechsel setzt dem rastlosen Handeln ein Ziel.«[8]

Ähnlich äußerte er sich in Briefen und Reden. Sein Schüler Colmar von der Goltz schlug in die gleiche Kerbe, als er 1877 das Buch »Léon Gambetta und seine Armeen« veröffentlichte. Voll der Bewunderung für Gambettas organisatorische Leistung hob er hervor, daß dem langjährigen Volkskrieg die Zukunft gehöre.[9] Anfang der 1880er Jahre sprach er in seinem »Das Volk in Waffen« vom »Zeitalter des Volkskrieges«, das nunmehr angebrochen sei.[10] Diese Auffassung wurde zum Allgemeingut.

Aus der Sicht der deutschen Armeeführung war die Herausbildung des Volkskriegssyndroms alles andere als eine erfreuliche Entwicklung. Es war schon schlimm genug, daß der Krieg unter diesen Umständen immer unkalkulierbarer wurde. Obendrein jedoch verlor das Militär nun seine traditionelle Monopolstellung in Fragen des Krieges. Ohne die Mithilfe der Wirtschaftskapitäne, der politischen Parteien und Verbände sowie der gesellschaftlichen Gruppierungen ließ sich der moderne Krieg nicht mehr führen.

Vor allem aber bedeutete das Volkskriegssyndrom eine erhebliche Verschlechterung der ohnehin schon schwierigen strategischen Lage des Reiches. Natürlich wäre es wünschenswert gewesen, in einem Zweifrontenkrieg durch eine schnelle und durchschlagende Operation zunächst einen Gegner niederzuwerfen, um sich dann dem anderen zuzuwenden. Doch wie sollte dies gelingen, wenn die Zeiten von Königgrätz endgültig vorüber waren und der Feind selbst nach schwersten Niederlagen immer noch unter Ausnutzung seiner Volkskraft fähig war, den Krieg weiterzuführen. Schon am 27. April 1871 formulierte Moltke in einer Denkschrift: »... (Deutschland, S.F.) darf nicht hoffen, durch eine rasche und glückliche Offensive in letzterer Richtung (nach Westen, S.F.) sich in kurzer Zeit von dem einen Gegner zu befreien, um sich dann gegen den anderen zu wenden. Wir haben eben erst erlebt, wie schwer es ist, selbst den siegreichsten Kampf gegen Frankreich zu beenden.«[11]

Das bald nach 1871 einsetzende Wettrüsten verschärfte noch die Lage. Die europäischen Großmächte schufen sich Millionenheere, um auf dem Wege der allgemeinen Wehrpflicht das Prinzip des Volkskrieges gleichsam von oben herab zu realisieren. Derartige Massenarmeen waren kaum noch in einer einzigen Operation zu vernichten. Wiederum vermochte es Helmuth von Moltke, diese Problematik aus militärischer Sicht auf den Punkt zu bringen. In seiner letzten Reichstagsrede am 14. Mai 1890 stellte er fest: »Die Zeit der Kabinettskriege liegt hinter uns, – wir haben jetzt nur noch den Volkskrieg ... Meine Herren, es kann ein siebenjähriger, es kann ein dreißigjähriger Krieg werden, – und wehe dem, der Europa in Brand steckt, der zuerst die Lunte in das Pulverfaß schleudert!«[12]

Tatsächlich hatten Moltkes operative Planungen und die seines unmittelbaren Nachfolgers Waldersee keinen Ausweg aus dem strategischen Dilemma gefunden. Egal, ob man die erste Offensive nach Westen oder nach Osten durchführte, immer war in den Planungsspielen herausgekommen, daß nur eingeschränkte Erfolge im grenznahen Bereich zu erzielen waren. Danach mußten größere Verbände zur Verteidigung der ungedeckten Front abgegeben werden, noch bevor eine Entscheidung fallen konnte. Es sollte dann der Diplomatie überlassen bleiben, nach einer Seite hin Frieden zu schließen.[13] Der Generalstab war also mit seinem Latein am Ende.

III. Operative Planung und Kriegsdauer

Alfred von Schlieffen, seit 1891 neuer Generalstabschef, war von vornherein der Meinung, daß nur eine Offensive gegen Frankreich Aussicht auf Erfolg besaß. In den weglosen Weiten Rußlands konnte ein entscheidender Sieg seiner Auffassung nach nicht erzielt werden.[14] Doch auch Frankreich gegenüber stellten sich enorme Probleme. So legte ihm Oberquartiermeister Köpke im August 1895 eine Denkschrift vor, die zu einem niederschmetternden Ergebnis kam. Gegen den neuentstandenen Festungsgürtel an der deutsch-französischen Grenze war demnach nur ein mühseliges und verlustreiches Vorarbeiten möglich, durch das die deutschen Armeen in einem langwierigen Stellungskrieg auszubluten drohten. Armee und Volk müßten an diese Perspektive gewöhnt werden. Schlieffen war von Köpkes Denkschrift beeindruckt, doch er wollte sich damit nicht abfinden.[15] So begann er ab 1897, mit dem Gedanken eines Durchmarsches durch Belgien und die Niederlande zu spielen, um den französischen Festungsgürtel zu umgehen, und die feindlichen Armeen in einer gigantischen Kesselschlacht zu vernichten. Das Ergebnis dieser Überlegungen war der Ende 1905 fertiggestellte Schlieffen-Plan. Auf seiner Grundlage sollte die französische Armee innerhalb weniger Wochen vollständig besiegt werden. Danach könne man, wie Schlieffen noch 1912 schrieb, mit Rußland abrechnen. Es würde zu weit führen, den Schlieffen-Plan hier im einzelnen zu analysieren. Gerhard Ritter zufolge hatte er so viele Schwächen und Ungereimtheiten, daß er kaum durchführbar war.[16] Tatsächlich waren noch nicht einmal die von Schlieffen angesetzten Truppenzahlen vorhanden. Volle acht Armeekorps, mit denen er rechnete, existierten nur auf dem Papier.[17]

Man muß sich also fragen, warum Schlieffen sich auf ein derartiges Vabanque-Spiel einließ. Will man ihn nicht einfach als senilen Trottel bezeichnen oder als den »schlafenden Ulanen«, wie Goltz es gerne tat[18], so muß man nach tieferen Ursachen suchen. Tatsächlich war Schlieffen davon besessen, die Lösung für das Problem des Zweifrontenkrieges zu finden. Dafür mußte ein schneller Sieg her. Es ging ihm überdies darum, den Konsequenzen des Volkskriegssyndroms zu entkommen. Durch ein gigantisches Sedan sollte der langjährige Krieg vermieden werden. Es handelte sich beim Schlieffen-Plan letztlich um den verzweifelten Versuch eines im Grunde ratlosen Generals, auf Biegen und Brechen aus einer ausweglosen Lage herauszukommen. Rein militärisch betrachtet war der Plan zwar völlig verfehlt, doch politisch machte er in gewisser Weise Sinn.[19]

Man muß sich allerdings ferner fragen, ob Schlieffens Umgebung und sein Nachfolger wirklich so inkompetent waren, diesen Plan kritiklos zu übernehmen. Einem Moltke und einem Ludendorff kann man alles mögliche vorwerfen, nur nicht Dummheit. Die Forschung aber ist in der Nachfolge von Gerard Ritter dem von Wilhelm Groener und anderen geschaffenen Mythos aufgesessen, der Generalstab habe im Schlieffen-Plan ein unfehlbares Siegesrezept gesehen, ja, die militärische Elite des Reiches sei geradezu manisch der Illusion des kurzen Krieges gefolgt. Daraus erklärten sich das weitere Verhalten des Generalstabes und insbesondere die immer stärker hervortretenden Präventivkriegsforderungen, die im Verlauf der Julikrise 1914 den Ersten Weltkrieg auslösten.[20] Wie im folgenden zu zeigen sein wird, irrt sich die Forschung hier gewaltig.

Der jüngere Moltke war ganz wie sein verstorbener Onkel von vornherein der Meinung, daß im Zeitalter des Volkskrieges schnelle und durchschlagende Operationen nicht mehr zu erwarten waren. Dem Schlieffen-Plan stand Moltke daher, wie seine Randbemerkungen zu Schlieffens Denkschriften zeigen, immer skeptisch gegenüber.[21] Es ist sicherlich wahr, daß Moltke Schlieffens operative Grundprinzipien übernahm. Doch sah er im Schlieffen-Plan keineswegs ein Rezept für den schnellen Sieg über Frankreich. Dafür sprechen bereits die Änderungen, die er und Ludendorff ab 1908 an der operativen Planung vornahmen. So sollte die Neutralität der Niederlande gewahrt bleiben, um dieses Land als »Luftröhre« für den deutschen Außenhandel zu erhalten. Statt dessen wurde der hasardartige Handstreich auf Lüttich vorgesehen. Wozu aber brauchte Deutschland diese Luftröhre, wenn der Krieg doch angeblich so kurz sein sollte? Ähnliches läßt sich über die Verstärkung des linken auf Kosten des rechten Angriffs-Flügels sagen. Hinweise zeigen, daß es hierbei um den Schutz der Industrieregionen an der Saar und Lothringen ging, die von größter kriegswirtschaftlicher Bedeutung waren.[22] Wozu aber brauchte das Reich eine funktionierende Kriegswirtschaft in einem kurzen Krieg, wenn man doch, laut Schlieffen-Plan, die Franzosen gerade an der südlichen Westfront in eine operative Falle locken konnte? Tatsächlich sprach Moltke bis zum Kriegsausbruch immer wieder davon, daß der Krieg in Feindesland getragen werden müsse, um die eigene Wirtschaft und Bevölkerung zu schützen. All dies zeigt bereits, daß Moltke auch im Westen mit einem längeren Krieg rechnete.[23] Seine Mitarbeiter haben ihn darin bestärkt. Einige von ihnen bezweifelten, ob das Hauptziel des Schlieffen-Plans – die Vernichtung der französischen Armee – überhaupt erreichbar sei.[24] Moltke handhabte den Schlieffen-Plan denn auch nicht als geniales Siegesrezept, sondern als gewaltigen Eröffnungsschachzug in einem langen, blutigen Krieg an zwei Fronten.[25]

Für die breite Öffentlichkeit hingegen wurde weiterhin die Propagandalüge über den zu erwartenden kurzen Krieg ausgegeben. Ihr widersprach der Generalstabschef allenfalls noch hinter verschlossenen Türen[26]. So sollte das Vertrauen in die »Halbgötter« des Generalstabs erhalten bleiben. Doch als es ernst wurde, kamen ganz andere Töne von Moltke. Am 28. Juli 1914 schrieb er an den Reichskanzler, es stünde ein Weltkrieg bevor, der die europäische Zivilisation auf Jahrzehnte hinaus zerstören würde.[27] In der Nacht zum 31. Juli erklärte er gegenüber Major von Haeften: »Dieser Krieg wird sich zu einem Weltkriege auswachsen, in den auch England eingreifen wird. Nur wenige können sich eine Vorstellung über den Umfang, die Dauer und das Ende dieses Krieges machen. Wie das alles enden soll, ahnt heute niemand.« Haeften zufolge war Moltke in der entscheidenden Phase der Julikrise geradezu verzweifelt und empfand die Last der Verantwortung als unerträglich.[28]

Tatsächlich schwankten die Kriegserwartungen nicht nur Moltkes allein[29], soweit sie sich noch rekonstruieren lassen, zwischen anderthalb und vier Jahren. Umstritten war allenfalls, wie lange der Feldzug gegen Frankreich dauern würde. Je näher die Beteiligten jedoch der engeren Generalstabsführung standen, desto pessimistischer waren sie auch in dieser Hinsicht. Klar war aber offenbar allen halbwegs Eingeweihten, daß dies ein langer, furchtbarer Krieg werden würde.

IV. Sehnsucht nach dem großen Krieg

Wenn der Charakter eines Weltkrieges zumindest in den Grundzügen bekannt war, wenn es vor dem Volkskriegssyndrom kein Entrinnen gab, wenn vor allem die Generalstabsplanung keinen Ausweg aus dem strategischen Dilemma fand und keine Aussicht auf schnelle Siege und einen kurzen Krieg bestand, wie konnte dann ein verantwortungsbewußter Soldat dennoch den Krieg fordern? Die Antworten auf diese Fragen sind sehr komplex, und meine eigenen Forschungen hierzu dauern noch an. Immerhin kann ich im folgenden schon erste Ergebnisse präsentieren.

Kein Zweifel besteht darüber, daß der Generalstab bis zum Beginn der Julikrise 1914 immer wieder mit Präventivkriegsforderungen hervorgetreten ist. Den Anfang machte der ältere Moltke. Nachdem es ihm im Januar 1871 nicht gelungen war, die vollständige Niederwerfung Frankreichs gegenüber Bismarck durchzusetzen und der Friede von Frankfurt Frankreich nicht dauerhaft schwächte, wartete der Generalstabschef auf eine neue Gelegenheit. Sie schien mit der Krieg-in-Sicht-Krise des Jahres 1875 gekommen. Frankreich war außenpolitisch noch isoliert und militärisch nicht voll erholt. Moltke verlangte deshalb von Bismarck den Präventivkrieg. Doch der lehnte empört ab. Zwischen 1887 und 1890 forderten dann Moltke und sein Nachfolger Waldersee erneut Krieg, diesmal gegen Rußland, das immer stärker aufrüstete und sich obendrein Frankreich annäherte. Erneut lehnte Bismarck ab. Waldersee, Caprivi und andere intrigierten heftig und inszenierten eine regelrechte Kriegshysterie, um doch noch zu ihrem Krieg zu kommen – aber vergebens. Fortan war Waldersee zutiefst darüber deprimiert, daß die letzte Chance verpaßt worden war, das sich anbahnende russisch-französische Bündnis noch vor seiner Etablierung zu zerschlagen.[30]

So verständlich diese Präventivkriegsforderungen angesichts der geostrategischen Situation des Reiches vielleicht gewesen sein mögen, so bleibt doch festzuhalten, daß diesen Forderungen keine irgendwie aussichtsreiche, operative Planung gegenüberstand. Liest man die Tagebücher Waldersees, so kann man sich des Eindrucks nicht erwehren, daß militärisches Draufgängertum hier neben einem verengten Denken stand, demzufolge Krieg als natürlich und kulturnotwendig angesehen wurde. Wenn die Katastrophe eines Großkrieges also sowieso kommen würde, dann bitte gleich, solange die Lage noch einigermaßen günstig erschien.[31]

Dieser Gedankenkomplex, der den Topos vom unvermeidlichen Krieg ebenso enthielt wie die sozialdarwinistische Idee vom Krieg als Kulturträger, diese Erwartung der unausweichlichen Katastrophe, die bei längerem Zaudern für das Reich nur noch schlimmer ausfallen konnte, bestimmten auch in der Folgezeit Denken und Handeln des Generalstabes.[32] 1911 etwa, bei der zweiten Marokko-Krise, war der jüngere Moltke empört über die angeblich schwächliche Reichsleitung, die vor einem Krieg zurückschreckte. Am 19. August 1911 schrieb er an seine Frau: »Die unglückselige Marokko-Geschichte fängt an, mir zum Halse herauszuhängen. ... Wenn wir aus dieser Affäre wieder mit eingezogenem Schwanz herausschleichen, wenn wir uns nicht zu einer energischen Forderung aufraffen können, die wir bereit sind mit dem Schwert zu erzwingen, dann verzweifle ich an der Zukunft des deutschen Reiches. Dann gehe ich. Vorher aber werde ich den Antrag stellen, die Armee abzuschaffen und uns unter das Protektorat Japans zu stellen, dann können wir ungestört Geld machen und versimpeln.«[33]

Moltke drängte immer stärker zum Krieg. Im Mai 1914 verlangte er vom Staatssekretär des Auswärtigen Jagow die Herbeiführung eines Präventivkrieges, womit er allerdings wohl auch Druck für eine neue Heeresvorlage machen wollte. In jedem Falle versprach er, daß ein Krieg jetzt noch siegreich durchzuführen war.[34] Reichskanzler Bethmann Hollwegs Politik in der Julikrise stand offenbar ganz unter dem Eindruck dieses Versprechens, das wider besseren Wissens gegeben worden war. Noch am 25. Mai 1915 berief er sich jedenfalls auf dieses Versprechen, das die Grundlage seiner Politik im Sommer 1914 gebildet habe.[35]

Man würde es sich zu einfach machen, behauptete man, der Generalstab habe quasi defensiv den Verzweiflungsschritt des Präventivkrieges gefordert. Vielmehr lebten die Offiziere des Generalstabes in einem soziodynamischen Umfeld, das Krieg als Selbstzweck propagierte, egal wie furchtbar er war. Spätestens seit der Agadirkrise hetzten die Alldeutschen, der Wehrverein, Nationalliberale, Konservative und sogar Teile des Zentrums öffentlich und unaufhörlich zum Krieg.[36] Es wäre für jeden »patriotischen« Offizier schwierig gewesen, sich davon zu distanzieren. Außerdem erzeugte der sprunghafte Kaiser um sich herum eine martialische Stimmung, in der er von jedem Offizier eine zackige Haltung erwartete. Aber auch in den Privatnachlässen führender Offiziere finden sich Beispiele von purer Kriegstreiberei; sie treten derart häufig und konstant auf, daß man hier wohl von der Mentalität eines Sozialmilieus sprechen kann. Zwei Beispiele mögen genügen. Am 10. März 1900 etwa schrieb der besonders rührige von der Goltz an Oberst von Morgen: »... einen Krieg aber, und zwar einen rechten festen, frischen und frölichen [sic!], wie Sie ihn mir wünschen, liesse ich mir schon gefallen«.[37] Und sieben Jahre später gab er gegenüber seinem Freund Mudra dem Zorn über die mangelnden Betätigungsmöglichkeiten und die angebliche Verweichlichung der Nation ungehemmten Ausdruck: »Ich wünsche dem deutschen Vaterlande freilich von allen guten Dingen zwei, nämlich völlige Verarmung und einen mehrjährigen harten Krieg. Dann würde sich das deutsche Volk vielleicht noch einmal wieder erheben und für Jahrhunderte vor moralischer Auflösung schützen.«[38]

Solchem martialisch-kriegshetzerischem Druck, für den sich noch viele weitere Belege finden ließen, vermochte kaum jemand innerhalb der Offizierselite zu entkommen, selbst wenn er noch so viel Einsicht in die bevorstehende Katastrophe besaß. Dies galt insbesondere für den Chef des Generalstabes selbst, gerade wenn er von Moltke hieß. Neuere Forschungen, vor allem die Entdeckung des Falkenhayn-Tagebuchs, haben gezeigt, daß Moltke in den letzten Tagen vor dem Kriegsausbruch plötzlich zögerte und unter der Last der Verantwortung schier zu zerbrechen drohte. Falkenhayn regte sich darüber schrecklich auf und übte Druck auf den Generalstabschef aus.[39] Dabei war Moltke klar, worauf er sich einließ und wohin er die deutsche Armee führte. Aber auch wenn er es besser wußte, so traute er sich doch nicht, dem Kaiser dringend vom Krieg abzuraten. Am Ende sah er sich gezwungen, ultimativ zum Losschlagen aufzufordern.

So war also die Katastrophe des Ersten Weltkrieges, zumindest was die deutsche Offizierselite anging, letztendlich bewußt und sehenden Auges herbeigeführt worden. Die Arbeiten Fritz Fischers finden hier in vieler Hinsicht Bestätigung. Doch er irrt in einem wesentlichen Punkt. Dieser Krieg wurde nicht primär um Eroberungen willen geführt. Zumindest was das Militär angeht, handelte es sich nicht um eine wenigstens subjektiv rationale Entscheidung. Schon gar nicht wurde der Krieg begonnen, weil man sich realistische Siegeschancen in einem kurzen Kampf ausrechnete. Das Ganze war vielmehr das Resultat eines zutiefst irrationalen Entscheidungsprozesses. Er begann mit den Einkreisungsängsten des Generalstabs, speiste sich aus der Haudrauf- und Willens-Mentalität der Offizierselite, die vor dem Zeitalter nervöser Unentschlossenheit in die scheinbar so einfache und klare Welt des Krieges zu entfliehen trachtete[40], fand in der chauvinistischen Kriegshetze von großen Teilen der veröffentlichten Meinung

Unterstützung und wurde im polykratischen Chaos des Regierungssystems im entscheidenden Moment umgesetzt.[41] In diesem Augenblick verließ sich der Reichskanzler Bethmann Hollweg auf die bloß leeren Versprechungen der Militärs, um den Gordischen Knoten zu zerschlagen, solange es angeblich noch Zeit war ... Die Willensmenschen konnten zur Tat schreiten.

Anmerkungen

1 Colmar Freiherr von der Goltz, Das Volk in Waffen. Ein Buch über Heerwesen und Kriegführung unserer Zeit, Berlin (5. Aufl.) 1899, S. 46–49.

2 Martin Kitchen, The German Officer Corps 1890–1914, Oxford 1968, S. 22.

3 Vgl. zum Großen Generalstab: Walter Görlitz, Der deutsche Generalstab, Frankfurt/Main 1955; Gerhard Förster, Helmuth Otto, Gerhard Schnitter, Der preußisch-deutsche Generalstab 1870–1963. Zu seiner politischen Rolle in der Geschichte, Berlin 1964; Detlef Bald, Der deutsche Generalstab 1859–1939. Reform und Restauration in Ausbildung und Bildung, München 1977; Arden Bucholz, Moltke, Schlieffen, and Prussian War Planning, New York 1991.

4 Vgl. Michael Howard, The Franco-Prussian War. The German Invasion of France, 1870–1871, London (4. Aufl.) 1968, S. 203–222.

5 Howard 1968, S. 224–455.

6 Vgl. Stig Förster, Jörg Nagler (Hg.), On the Road to Total War. The American Civil War and the German Wars of Unification 1861–1871, New York 1997, S. 115–140.

7 Vgl. Stig Förster, Helmuth von Moltke und das Problem des industrialisierten Volkskriegs im 19. Jahrhundert, in: Roland G. Foerster (Hg.), Generalfeldmarschall von Moltke. Bedeutung und Wirkung, München 1991, S. 103–116.

8 Helmuth von Moltke, Geschichte des Krieges 1870/71. Neuabdruck, in: Stig Förster (Hg.), Moltke. Vom Kabinettskrieg zum Volkskrieg. Eine Werkauswahl, Bonn 1992, S. 241.

9 Colmar von der Goltz, Léon Gambetta und seine Armeen, Berlin 1877.

10 Goltz 1877, S. 17.

11 Moltke d. Ä., Denkschrift v. 27.4.1871, neu abgedr. in: Förster 1992, S. 598–609, S. 603.

12 Stenographische Berichte über die Verhandlungen des Reichstages 1890/91, Bd. 114, S. 76–77.

13 Vgl. Stig Förster, Optionen der Kriegsführung im Zeitalter des »Volkskrieges« – Zu Helmuth von Moltkes militärisch-politischen Überlegungen nach den Erfahrungen der Einigungskriege, in: Detlef Bald (Hg.), Militärische Verantwortung in Staat und Gesellschaft. 175 Jahre Generalstabsausbildung in Deutschland, Koblenz 1986, S. 83–107.

14 Vgl. Bucholz 1991, S. 109–157.
15 Vgl. Stig Förster, Der deutsche Generalstab und die Illusion des kurzen Krieges 1871–1914. Metakritik eines Mythos, in: Johannes Burkhardt, Josef Becker, Stig Förster, Günther Kronenbitter, Lange und kurze Wege in den Ersten Weltkrieg. Vier Augsburger Beiträge zur Kriegsursachenforschung, München 1996, S. 115–158, S. 132–134.
16 Gerhard Ritter, Der Schlieffen-Plan. Kritik eines Mythos, München 1956, S. 68.
17 Nach dem Krieg empörte sich Ludendorff über diesen Umstand öffentlich. Vgl. Wolfgang Foerster, Aus der Gedankenwelt des Deutschen Generalstabs, Berlin 1931, S. 33.
18 So in einem Brief vom 30. 4. 1905 an den befreundeten Offizier Mudra. Bundesarchiv-Militärarchiv (BA-MA) Freiburg, N 80/1, Nachlaß Bruno von Mudra.
19 Vgl. Förster, Generalstab, S. 134–142.
20 Vgl. etwa Fritz Fischer, Krieg der Illusionen. Die deutsche Politik von 1911 bis 1914, Düsseldorf (2. Aufl.) 1969, S. 565–584 oder James Joll, The Origins of the First World War, London 1984, S. 81–84.
21 Vgl. die samt den Randbemerkungen Moltkes abgedruckte Denkschrift Schlieffens bei Ritter, Schlieffen-Plan, S. 146–160.
22 So rechtfertigte Ludendorff die Entscheidung für die Truppenverlegung nach Süden durch den Generalstab. Erich Ludendorff, Kriegführung und Politik, Berlin (2. Aufl.) 1922, S. 71.
23 Förster, Generalstab, S. 142–145.
24 Großer Generalstab, 3. Abt., Mai 1910 (berichtigt 9. 11. 1912, für Mobilmachung 1913/14), Geheim! »Aufmarsch und operative Absichten der Franzosen in einem zukünftigen deutsch-französischen Kriege«, BA-MA Freiburg, Bestand Generalstab PH3/256.
25 Vgl. hierzu ausführlich Förster, Generalstab.
26 Vgl. Der Weltkrieg, Bd. 1,1914–1918, bearb. im Reichsarchiv, Kriegsrüstung und Kriegswirtschaft, Bd. 1: Die militärische, wirtschaftliche und finanzielle Rüstung Deutschlands von der Reichsgründung bis zum Ausbruch des Weltkrieges, Berlin 1930, S. 325–335.
27 Moltke an Bethmann Hollweg, »Zur Beurteilung der politischen Lage«, 28. 7. 1914, abgedruckt in: Eliza von Moltke (Hg.), Generaloberst Helmuth von Moltke. Erinnerungen, Briefe, Dokumente 1877–1916, Stuttgart 1922, S. 3–7.
28 BA-MA Freiburg N 35/1, Nachlaß Hans von Haeften (»Meine Erlebnisse aus den Mobilmachungstagen 1914«).
29 Vgl. Förster, Generalstab, passim.
30 Zu den Präventivkriegsforderungen des alten Moltke und Waldersees vgl. Förster, Optionen.
31 Heinrich Otto Meisner (Hg.), Denkwürdigkeiten des General-Feldmarschalls Alfred Grafen Waldersee, 3 Bde., Stuttgart 1923, vor allem die Eintragungen ab 1886.
32 Vgl. Wolfgang J. Mommsen, The Topos of Inevitable War in Germany in the

Decade before 1914, in: Volker R. Berghahn, Martin Kitchen (Hg.), Germany in the Age of Total War. Festschrift für Francis Carsten, London 1981, S. 23–45 sowie die Ausführungen zum Sozialdarwinismus nicht nur im deutschen Offizierskorps bei Dieter Storz, Kriegsbild und Rüstung vor 1914. Europäische Landstreitkräfte vor dem Ersten Weltkrieg, Herford 1992, S. 79–91.

33 Zit. nach E. v. Moltke, Moltke, S. 362.

34 Vgl Fischer, Krieg, S. 583–585.

35 Eintragung Riezler v. 25. 5. 1915. Karl Dietrich Erdmann (Hg.), Kurt Riezler. Tagebücher, Aufsätze, Dokumente, Göttingen 1972, S. 274f.

36 Förster, Militarismus, S. 208–296.

37 Goltz an Morgen v. 10. 2. 1900. BA-MA Freiburg, N 227/34, Nachlaß Curt von Morgen.

38 Goltz an Mudra v. 24. 8. 1907. BA-MA Freiburg, N 80/1, Nachlaß Bruno von Mudra.

39 Vgl. Holger Afflerbach, Falkenhayn. Politisches Denken und Handeln im Kaiserreich, München 1994, S. 147–170.

40 Vgl. Joachim Radkau, Das Zeitalter der Nervosität. Deutschland zwischen Bismarck und Hitler, München 1998, S. 375–428.

41 Vgl. Hans-Ulrich Wehler, Deutsche Gesellschaftsgeschichte, Bd. 3: Von der »Deutschen Doppelrevolution« bis zum Beginn des Ersten Weltkrieges, München 1995, S. 1000–1006.

Werner Bührer

Offiziere im »Wirtschaftswunderland«

In der einschlägigen älteren sozial- und geschichtswissenschaftlichen Literatur herrscht weitgehend Konsens: Ehemalige Offiziere waren nach dem Krieg in der Wirtschaft erfolgreich; ungeachtet mancher Anfangsschwierigkeiten gelang den meisten nicht zuletzt dank ihrer systematischen Ausbildung zum »militärischen Führer« ein nahezu reibungsloser Wechsel in Leitungspositionen der Wirtschaft. Repräsentative statistische Belege für diese Behauptung sucht man allerdings vergebens. Fungierten autoritäre Führungskonzeptionen und -techniken, wie sie vor allem Offiziere verkörperten und praktizierten, tatsächlich als Triebkräfte des »Wirtschaftswunders«? Dienten die in der Industrie tätigen Offiziere etwa als – bislang zu wenig beachtete – Stützen des Aufschwungs? Oder waren diese Konzepte letztlich gar nicht so einflußreich, wie die Flut der Veröffentlichungen und die Warnungen der Kritiker vermuten lassen könnten? Und »degradierte« die boomende Wirtschaft der 50er Jahre »den Offizier« nicht eher zur anachronistischen Figur?

Auf diese Fragen möchten die folgenden Überlegungen eine Antwort geben. Zu diesem Zweck soll zunächst ein Eindruck vermittelt werden, in welchem Umfang und aufgrund welcher Qualifikationen ehemalige Offiziere nach dem Zweiten Weltkrieg in der westdeutschen Wirtschaft Fuß fassen konnten. Anschließend werden die damals verbreiteten Schulungskonzepte für Nachwuchs- und Führungskräfte der Wirtschaft vorgestellt und auf ihren »soldatischen« Gehalt geprüft. Auf dieser Grundlage wird zum Schluß der Versuch unternommen, den Anteil der in der Industrie tätigen Offiziere und der entsprechenden Leitbilder am »Wirtschaftswunder« thesenhaft zu gewichten.

I. Offiziere in der westdeutschen Nachkriegswirtschaft

Die militärischen und wirtschaftlichen Eliten waren in den ersten Jahren nach dem Zusammenbruch vom Mai 1945 durch eine Reihe von Gemeinsamkeiten verbunden: Die verbrecherische Politik, den Krieg und die verheerende Niederlage hatten andere zu verantworten, deshalb sahen sie auch wenig Veranlassung zur Selbstbesinnung oder zu einem radikalen Neuanfang; sie fühlten sich zu Unrecht von den Siegermächten angeklagt, verfolgt und diskriminiert; zu ihrer Verteidigung beriefen sie sich jeweils auf ähnliche Werte und Tugenden – Vaterlandsliebe, Opferbereitschaft und Pflichterfüllung; nachdem ihre Zukunft zunächst ungewiß schien, setzte mit dem Kalten Krieg ein Umschwung ein, der ihre rasche Rehabilitation zur Folge hatte.

Freilich existierten auch Unterschiede. Der wichtigste bestand darin, daß die meisten »Wirtschaftsführer« ohne größere Unterbrechung ihren angestammten Beruf weiter ausüben konnten, wohingegen die »militärischen Führer«, von wenigen Ausnahmen abgesehen, darauf länger als ein Jahrzehnt warten mußten. Viele Offiziere fanden während dieser Zwangspause in der Wirtschaft ein neues, lukrativeres Betätigungsfeld; andere, die nicht untergebracht werden konnten, wurden von einzelnen Industriellen zumindest sporadisch finanziell unterstützt – ein Akt der Solidarität mit »Schicksalsgenossen«. Rechnet man noch jene hinzu, die nach ihrem Dienst in der Wehrmacht – viele auch erst nach anschließender Gefangenschaft – auf ihre Posten in der Wirtschaft zurückkehrten, so ist zu konstatieren, daß gerade während der »take off«-Phase des Booms in der ersten Hälfte der 50er Jahre eine beträchtliche Zahl ehemaliger Offiziere bzw. militärisch geschulter und geprägter Männer in den unterschiedlichsten Zweigen und Positionen der Privatwirtschaft beschäftigt waren.

Soldatisches Denken wurde darüber hinaus aber auch ganz gezielt in der Wirtschaft propagiert, insbesondere im Rahmen der Schulung »wirtschaftlicher Führungskräfte«, teilweise unter aktiver Beteiligung ehemaliger Angehöriger der Wehrmacht oder gar der SS: »Armee und Industrie haben die Bestimmung, sich im Kampf – hier im Kampf mit den Waffen, dort im Lebens- und Wirtschaftskampf – zu bewähren«, hieß es beispielsweise in einer einschlägigen Publikation aus der Reihe »Menschenführung und Betriebsorganisation«, verfaßt »aus der Sicht des Soldaten« von einem Generalstabsoffizier.[1] Konsequenterweise sollten beide Seiten voneinander lernen, die Wirtschaft allerdings stärker von der Armee als umgekehrt.

Nun wurden die strukturellen und funktionalen Gemeinsamkeiten zwischen modernen militärischen und industriellen Organisationen seit den Zeiten Henry Fords und Frederick Taylors wiederholt eingehend beschrieben und analysiert. In der Bundesrepublik der späten 50er und 60er Jahre scheint die Begeisterung für »Führungstechnik und Führungskunst« jedoch so groß gewesen zu sein, daß manche zeitgenössische Kritiker befürchteten, die autoritären Strukturen von Betrieb und Kaserne könnten zu »komplementären Modellen der geplanten Neuordnung« werden.[2] Als Träger und Multiplikatoren solcher Gedanken und Methoden kamen am ehesten frühere Offiziere in Betracht. Doch wie zahlreich und in welchen Positionen war diese Personengruppe in jenen Jahren in der deutschen Wirtschaft vertreten?

Der Soziologe Wolfgang Zapf kam in einer Studie über deutsche Manager, die sich auf die 50 umsatzstärksten westdeutschen Unternehmen konzentrierte, zu dem Ergebnis, daß 42 Prozent der damaligen Vorstandsmitglieder »für kurze Zeit oder mehrere Jahre Soldat« waren, »meist in mittleren Offiziersrängen«.[3] Sein Kollege Werner Baur, der die militärischen Führungsgruppen untersuchte, fand heraus, daß von 67 Generalen bzw. Admiralen, deren beruflichen Weg zwischen Kriegsende und Wiederverwendung in der Bundeswehr er rekonstruieren konnte, 36 in Industrie und Handel tätig waren.[4] Beide Untersuchungen kranken indes an ihrer schmalen Datenbasis. So konnte Zapf nur für etwa die Hälfte der in Frage kommenden 318 Vorstandsmitglieder Daten ermitteln. Andere Autoren bemühten sich erst gar nicht um exakte Zahlen, sondern sprachen vage von »vielen« ehemaligen Wehrmachtsoffizieren, die in der Privatwirtschaft untergekommen seien. Selbst der Autor einer volkswirtschaftlichen Spezialstudie über ebendiese Frage erhebt keinen Anspruch auf Repräsentativität und verzichtet weitgehend auf allgemein-quantifizierende Aussagen.[5] Da es sich bei dieser Arbeit dennoch um den gründlichsten Beitrag zum Thema handelt, seien ihre wichtigsten Ergebnisse kurz referiert.

Gestützt auf Erhebungen von Soldatenverbänden und eigene Recherchen kann Lesch zeigen, daß die große Mehrzahl der Offiziere im oberen und mittleren Management unterkam. Das Spektrum der Positionen, die im einzelnen erreicht wurden, war weitgespannt: Vorstandsvorsitzende, Vorstandsmitglieder, Generaldirektoren und Direktoren waren ebenso darunter wie Geschäftsführer, Prokuristen, Generalbevollmächtigte, Betriebsleiter, Abteilungsleiter und Mitglieder der Geschäftsführung. Die nach einem speziellen Adressenverzeichnis erhobenen Daten für rund 3000 Marineoffiziere geben überdies Aufschluß über die Verteilung auf die verschiedenen Branchen: An der Spitze rangierte die Bauindustrie, gefolgt von der Elektroindustrie, der Schwerindustrie, dem Maschinenbau, der Lebensmittelindustrie und der Chemieindustrie. Etwa ein Drittel der von Lesch Befragten profitierte bei der Arbeitsplatzsuche von früheren persönlichen oder dienstlichen Verbindungen mit Wirtschaftskreisen; einige Großunternehmen stellten sogar ganz gezielt Offiziere ein, mit Vorliebe im Personalbereich. »Berührungsängste« scheint es also nicht gegeben zu haben. Im Gegensatz etwa zu staatlichen Stellen oder den Gewerkschaften wurde die Unternehmerschaft für ihr solidarisches Verhalten ausdrücklich gelobt. Allerdings konnten bis Ende der 50er Jahre keine ausgesprochenen Spitzenpositionen erreicht werden; ob dies allein mit der damals angeblich noch grassierenden Scheu der Unternehmer zusammenhing, »Offiziere herauszustellen«, muß offenbleiben.

Aber auch in den 60er Jahren glückte der Sprung an die Spitze nur wenigen. Dazu zählten Egon Overbeck, Kurt Lotz und Wolfgang Thomale. Overbeck, Jahrgang 1918, war bei Kriegsende Generalstabsoffizier einer Infanteriedivision. Nach der Gefangenschaft studierte er Wirtschafts- und Sozialwissenschaften und schloß mit der Promotion ab. Schon während des Studiums hatte er als Volontär bei der Metallgesellschaft in Frankfurt gearbeitet; 1956 rückte er in den Vorstand einer Tochtergesellschaft dieses Unternehmens auf. 1962 wurde er Vorstandsvorsitzender bei Mannesmann. Noch länger dauerte es bei dem 1912 geborenen Kurt Lotz, zuletzt Major im Generalstab der Luftwaffe. Er begann seine Nachkriegskarriere als kaufmännischer Angestellter bei Brown, Boverie & Cie; 1957 stieg er zum Vorstandsmitglied und Vorstandssprecher des Mannheimer Werkes auf, ein Jahr später zum Generaldirektor. Den krönenden Abschluß bildete die Übernahme des Vorstandsvorsitzes des Volkswagen-Konzerns im Jahr 1968. Wolfgang Thomale schließlich, Jahrgang 1900 und zuletzt Generalleutnant, arbeitete sich in einem Textilunternehmen bis zum Geschäftsführer und persönlich haftenden Gesellschafter nach oben, ehe er 1960 – in erster Linie dank des im Laufe seiner früheren Tätigkeit beim Generalinspekteur der Panzertruppen erworbenen Renommees – zum Präsidenten des einflußreichen Verbandes der Automobilindustrie gewählt wurde.[6]

Auch wenn die Zahl derer, die es bis zum Vorstandsmitglied brachten, erheblich größer war – eine maßgebliche Rolle spielten die ehemaligen »Generalstäbler« beim wirtschaftlichen Aufstieg der Bundesrepublik nicht. Die Führungspositionen bei den großen Unternehmen und Verbänden hatten in dieser Phase andere inne, die sehr viel stärker durch die Kriegswirtschaft als durch Krieg und Wehrmacht geprägt waren.

II. Soldatische Qualifikationen und Leitbilder in der Industrie

Welche Eigenschaften qualifizierten frühere Wehrmachtsoffiziere überhaupt für Aufgaben in der Industrie? Einer von Leschs Interviewpartnern nannte »Organisationstalent, Fähigkeit zur Lagebeurteilung, Entschlußfassung und die Fähigkeit, gefaßte Entschlüsse durch Anordnungen klar in die Tat umsetzen und bis in die letzte Konsequenz zu verfolgen«, mit anderen Worten: Ein Offizier brauchte »in der Wirtschaft keineswegs umzulernen, im Gegenteil, er brachte für den Zivilberuf unschätzbare Erfahrungen und Qualitäten mit«.[7]

Diese Aussage eines Betroffenen wurde gestützt durch einen Katalog charakteristischer Eigenschaften, den Lesch aus den Antworten der befragten Unternehmen zusammenstellte. Dort rangierte Einsatzfreudigkeit an erster Stelle, gefolgt von Organisationstalent, Planungskompetenz, Fähigkeit zur Menschenführung und robuster Gesundheit; autoritäre Praktiken tauchen bemerkenswerterweise erst an vorletzter Stelle auf.[8] Kontrastiert man diesen »Tugendkatalog« mit Untersuchungen über das Selbstbild deutscher Unternehmer in den 60er Jahren, so ergeben sich durchaus Übereinstimmungen. Eigenschaften wie »pflichtbewußt«, »beweglich«, »energisch«, »entscheidungsfreudig«, »beharrlich« und »vorbildlich« standen dort nämlich ebenfalls auf vorderen Plätzen.[9]

Solche Qualifikationen muten auf den ersten Blick nicht ungewöhnlich und vor allem eher »unsoldatisch« an. Die von den wirtschaftlichen und militärischen Führungsschichten gemeinsam propagierten und kultivierten Verhaltensweisen standen für einen zeitgenössischen Kritiker freilich eindeutig unter dem »Primat des Willens«.[10] Daß dieser Verdacht keineswegs völlig abwegig war, verdeutlichen Kriterien wie »persönliche Härte«, die in der einschlägigen Literatur jener Jahre vereinzelt auftauchten. Noch klarer äußerte sich der bereits zitierte Generalstabsoffizier Wolfgang Schall, der als »weitere Gemeinsamkeit« von Armee und Wirtschaft die »geistig-dynamische Komponente« identifizierte, »d. h. eine Steigerung der Wirkung, die sich nicht aus materiellen Hilfsmitteln ergibt, sondern die durch das Freimachen menschlicher Kräfte des Geistes und des Willens herbeigeführt wird«.[11] Vollends martialisch klingt schließlich, was der Personalberater Maximilian Schubart in einem Gespräch mit der Zeitschrift »Capital« von sich gab: »Diese Männer, die in den Vorständen sitzen – ich denke jetzt an die positiven, leistungsstarken Persönlichkeiten dieser Zeit –, sind im Grunde genommen ja Leute, die nach den Maximen eines Generals handeln: Pflichterfüllung, klare Überlegung und letzter und äußerster Einsatz. Es ist tatsächlich eine Kriegführung.«[12]

Allerdings fällt auf, daß Töne dieser Art überwiegend von ehemaligen oder (wieder) aktiven Offizieren kamen. Zwar waren Beschwörungen der Willenskraft und Loblieder auf den Grundsatz von »Über- und Unterordnung« mitunter auch aus dem Unternehmerlager zu vernehmen, doch stammten sie hauptsächlich von einem kleinen, dafür auf publizistischem Gebiet um so rührigeren Kreis »konzeptiver Ideologen«, die beispielsweise im »Jahrbuch des deutschen Unternehmers« ein intensiv genutztes Forum fanden. Daß diese Publikation nur von 1964 bis 1970 erschien, spricht sicher nicht dafür, daß sie sich bei Unternehmern großer Wertschätzung erfreut hätte. Die eigentlichen »Produzenten« und Multiplikatoren unternehmerischer Leitbilder, die Wirtschaftsverbände und insbesondere der Bundesverband der Deutschen Industrie (BDI), meldeten sich in solchen Angelegenheiten nur selten zu Wort. Dazu paßt, daß sich die maßgeblichen Industriekreise auch in der Frage der Wiederaufrüstung vor allem in der ersten Hälfte der 50er Jahre einer geradezu demonstrativen Zurückhaltung befleißigten; eine der ersten einschlägigen Untersuchungen bescheinigte der Privatwirtschaft deshalb sogar eine antimilitaristische Einstellung.[13] Dies war gewiß übertrieben, denn das öffentlich bekundete Desinteresse hinderte einzelne Firmen nicht daran, systematisch ihren Wiedereinstieg ins Rüstungsgeschäft vorzubereiten. Schon aus diesem

Grund hielten es die meisten Konzernchefs für ratsam, auf militaristisches Vokabular tunlichst zu verzichten.

Die Prinzipien und Leitbilder der einflußreichen Unternehmer der »Wirtschaftswunder«-Zeit waren zweifellos in hohem Maße autoritär geprägt. Dieses autoritäre Denken speiste sich jedoch vorrangig aus der unternehmerischen »Herr-im-Hause«-Ideologie und aus dem Konzept der Betriebsführung, die das »Deutsche Institut für technische Arbeitsschulung« verkörperte – und weniger aus »soldatischen« Werten und Tugenden. Sofern eigene Erfahrungen als Offizier eine Rolle spielten, stammten sie bei der Generation, die in der Boomphase Spitzenpositionen bekleideten, zwangsläufig überwiegend aus dem Ersten und nur ausnahmsweise aus dem Zweiten Weltkrieg.[14] Doch spielten solche traditionsverhafteten Unternehmer-Leitbilder auch bei der Schulung der Führungs- und Nachwuchskräfte eine Rolle?

III. Unternehmerschulung zwischen Harzburg und Harvard

Unternehmerschulung hatte in den 50er und 60er Jahren Hochkonjunktur. Den größten Zulauf verzeichnete ausgerechnet jene »Schule«, die versuchte, militärische Führungs- und Organisationsgrundsätze auf die Betriebe zu übertragen; als Spiritus rector und umtriebiger »sales promoter« in einer Person fungierte Reinhard Höhn. 1938 zum Ordinarius für Staatsrecht ernannt, erreichte er in der SS den Rang eines Gruppenführers. Nach Kriegende gelang es ihm erstaunlicherweise nicht, seine akademische Karriere fortzusetzen. Höhn avancierte zum Geschäftsführenden Vorstandsmitglied der »Deutschen Volkswirtschaftlichen Gesellschaft« und gründete 1956 die »Harzburger Führungsakademie«, deren Leitung er auch übernahm.[15] Der Titel seines 1963 erschienenen Buches über »Die Armee als Erziehungsschule der Nation. Das Ende einer Idee« enthielt indirekt sein Programm: Zumindest in der Wirtschaft sollte die Armee, sollten bestimmte militärische Techniken und ein gewisser »Soldatengeist« wieder Vorbildcharakter erhalten.

Als wichtigstes Mittel zur Verwirklichung dieses Programms dienten dem preußisch-deutschen Generalstab nachempfundene Stäbe und die Anwendung des Linie-Stab-Grundsatzes auf die Betriebe. »Linie« meinte die betriebliche Befehlshierarchie, »Stab« den Bereich der Planung und Beratung. Stabsstellen sollten als Berater übergeordneter Linieninstanzen fungieren, sie konnten unternehmenspolitische Entscheidungen zwar vorbereiten, aber nicht selbst fällen. Stäbe als Instrumente wissenschaftlicher Betriebsführung waren beileibe keine deutsche Spezialität, sondern tauchten beispielsweise auch in dem ursprünglich in den britischen Streitkräften entwickelten und nach dem Zweiten Weltkrieg in der britischen und amerikanischen Wirtschaft praktizierten »operations research«-Konzept auf.[16] Allerdings konnte das »Harzburger Modell« einer »modernen Führung« seine Herkunft nicht verleugnen. Allen Floskeln von einer »Delegation von Verantwortung« zum Trotz ging es Höhn im wesentlichen darum, das hierarchische Prinzip in der Wirtschaft durch »Modernisierung« und »Verwissenschaftlichung« zu retten. Sein Postulat lautete, daß die »Führung im Mitarbeiterverhältnis« Formen verlange, die es ermöglichten, »die Initiative und das Mitdenken der einzelnen auf allen Stufen der Hierarchie dem Unternehmen nutzbar zu machen«.[17] Zu diesen Formen zählten eben insbesondere Fach- und Führungsstäbe zur wissenschaftlichen Beratung der Unternehmensleitung. Die Führungsstäbe, auch dies bezeichnend für sein traditionalistisches Gesellschaftsbild, betrachtete Höhn übrigens als Männerdomäne; Frauen könnten nämlich aufgrund ihrer »natürlichen Anpassungsfähigkeit« allzu leicht zum »Spielball« der verschiedenen Interessen im Betrieb werden und sich »von persönlicher Gunst oder Mißgunst, nicht aber von sachlichen Gesichtspunkten« leiten lassen.[18] Das Interesse an den Seminaren der »Harzburger Führungsakademie« war, wie erwähnt, enorm: 1962 fanden beispielsweise 300 Kurse mit 7500 Teilnehmern statt, bis 1970 stieg die Zahl der Seminarbesucher sogar auf fast 35 000.[19] Um so mehr fällt auf, daß die tonangebenden Kreise der deutschen Industrie einen anderen Weg einschlugen.

Den Anstoß dazu hatten die Amerikaner im Rahmen des Marshallplanes gegeben, als sie versuchten, die Europäer von ihrem Modell der Managerschulung zu überzeugen. In der Bundesrepublik erwuchsen aus dieser Initiative, über die Zwischenstation »Deutsch-Amerikanischer Betriebsführergespräche«, die erstmals 1954 veranstalteten »Baden-Badener Unternehmergespräche«. Um deren Planung und Durchführung kümmerten sich, unter der Ägide des BDI, Karl Guth, ehemals Hauptgeschäftsführer der Reichsgruppe Industrie, Wolf-Dietrich von Witzleben, Offizier im Ersten Weltkrieg und Mitglied des Aufsichtsrates von Siemens, sowie Ludwig Vaubel vom Vorstand der Vereinigten Glanzstoff-Fabriken.[20] Vaubel hatte 1950 wohl als einer der ersten Deutschen an dem dreizehnwöchigen »Advanced Management Program« an der Harvard Business School teilgenommen und seine Eindrücke zu einem Buch verarbeitet. Wie seine Mitstreiter legte er freilich Wert darauf, die amerikanischen Leitlinien und Methoden nicht unbesehen auf die Schulung in der Bundesrepublik zu übertragen.[21]

Die Baden-Badener Seminare konzentrierten sich in einem ersten Teil auf unternehmenspolitische Fragen einschließlich der »vertikalen und horizontalen Beziehungen« im Betrieb und der Unternehmensführung im engeren Sinne; in diesem Zusammenhang kamen auch das Linie-Stab-System und das Problem von Autorität und Disziplin zur Sprache. Der zweite Teil behandelte den »Unternehmer im Gefüge von Gesamtwirtschaft, Kultur und Politik«.[22] Der Industriesoziologe Heinz Hartmann, der 1954 für einige Tage an dem Kurs teilgenommen hatte, berichtete, daß »fast alle« der insgesamt 23 »Schüler« während des Krieges Offiziere gewesen seien.[23] Bei den Dozenten war dies nicht der Fall. Im Vergleich mit dem »Harzburger Modell« fällt zunächst die stärkere politische und soziokulturelle Einbettung der Ausbildungsinhalte auf. Der Hauptunterschied bestand jedoch darin, daß die Schulung in Baden-Baden überwiegend in den Händen aktiver Unternehmer lag: Vermittelt wurden deren Erfahrungen und Werte – und nicht, wie in Bad Harzburg, »soldatischer Geist« und militärische Techniken. Am Baden-Badener Muster orientierten sich noch andere Initiativen. Sie alle waren letztlich erfolgreicher als Höhns »Führungsakademie«, deren Popularität bald sank.

Um Mißverständnissen vorzubeugen: Auch in dem vom BDI verfochtenen Modell dominierten, zumindest zu Beginn, traditionelle Leitbilder. Zum Unternehmer, so die vorherrschende Auffassung, müsse man »in den entscheidenden Wesenszügen geboren sein«, und Unternehmensleitung sei »eine Kunst mit verschiedenen Eigenheiten künstlerischen Schaffens« wie Einfallsreichtum, Einfühlungsvermögen und Menschenbeurteilung; bestimmte »Techniken« seien zwar unentbehrlich, »aber eben nur Mittel zum Zweck, die auf dem Untergrund unternehmerischen Verantwortungsgefühls wirksam werden sollen«.[24] Aber diese Tradition hatte mit der Generalstabstradition, an die Höhn anzuknüpfen versuchte, wenig gemeinsam. Die auffallende Vorliebe der Unternehmer für den Begriff »Führung« und für autoritäre Konzepte hatte eher politische Wurzeln.

IV. Offiziere und »Wirtschaftswunder«

Kehren wir zum Ausgangspunkt dieser Überlegungen zurück: In der bereits zitierten Analyse des gesellschaftlichen Bewußtseins der wirtschaftlichen und militärischen Führungsschichten in den 50er und 60er Jahren entdeckte Oskar Negt eine »Weltanschauung des Willens, die den ›Führungswillen‹ der herrschenden Schichten der Bundesrepublik über den ›Eigentumswillen‹ mit dem ›Wehrwillen‹ der Bevölkerung zusammenschließt, um den ›geschlossenen Leistungswillen‹ (Ludwig Erhard) der ganzen Gesellschaft Wirklichkeit werden zu lassen«. Vor dem Hintergrund der Kontroversen um die Notstandsgesetze unterstellte er den »Führungsschichten« die Absicht, »Gesetze zu schaffen, damit sich jener Willensgehalt frei von demokratischen Institutionen entfalten« könne.[25] Diese Prognose hat sich nicht bestätigt, und vieles deutet darauf hin, daß nicht etwa die gesellschaftliche Entwicklung eine unvorhersehbare Wendung genommen hätte; vielmehr war die zugrundeliegende Analyse fehlerhaft, weil sie sich nahezu ausschließlich auf einen kleinen, nicht repräsentativen Kreis hochgradig ideologisierter Publizisten konzentrierte.

Die Offiziere, die diese »Weltanschauung des Willens« traditionell am konsequentesten verkörperten, spielten im »Wirtschaftswunder« weder quantitativ noch qualitativ eine maßgebliche Rolle. Sie blieben zwar als Führungskräfte gesucht und vermochten manche Lücken zu schließen, die durch den Krieg entstanden waren; es gelang ihnen auch, in der Industrie, im Handel, in Banken und Versicherungen Führungspositionen zu erreichen. Aber ihr Anteil am wirtschaftlichen Aufstieg der Bundesrepublik blieb letztlich unbedeutend.[26] Auch die Prägekraft des »soldatischen Geistes« war gering. Die Leitbilder, die von den Unternehmern propagiert wurden, spiegelten vor allem die bürgerliche Erwerbsmentalität wider: Fleiß und Leistungsbereitschaft galten als Voraussetzung für ein höheres Einkommen, individuelles Besitz- und Gewinnstreben wurde als Motor gesamtwirtschaftlichen Wachstums legitimiert. Erwünscht waren nicht Sparsamkeit und Einfachheit, sondern Konsum und ein gewisser, wenngleich für die große Mehrheit der Bevölkerung eher bescheidener Luxus. Überdies machte sich insbesondere unter den Jugendlichen spätestens seit Ende der 50er Jahre eine wachsende »Distanzierung vom soldatischen Habitus« bemerkbar.[27] Dazu paßt, daß der »Offizier« laut einer Allensbach-Umfrage aus dem Jahre 1968 zum Image von 15 ausgewählten, meist akademischen Berufen an letzter Stelle rangierte.[28]

Gewiß, zu den Triebkräften des »Wirtschaftswunders« zählten, neben einer weltmarktadäquaten Industriestruktur, einer gezielten Investitions- und Exportpolitik und einem Klima des »sozialen Friedens«, nicht zuletzt hochmotivierte Arbeitskräfte. Ludwig Erhard appellierte denn auch mehrfach und erfolgreich an diesen »individuellen Leistungswillen«. Befolgt wurde dieser Appell jedoch nicht etwa aus Pflichtgefühl, sondern in Erwartung eines höheren Lebensstandards. Die Massenkonsumgesellschaft, die sich in den 50er und 60er Jahren nicht nur in der Bundesrepublik etablierte, und die damit verbundenen Leitbilder drängten »den Offizier« und seine Tugenden und Werte in der wirtschaftlichen Sphäre in den Hintergrund. Wenn den Offizieren dennoch wiederholt und in der Öffentlichkeit eine tragende Rolle beim raschen wirtschaftlichen Wiederaufstieg bescheinigt wurde, so diente dies wohl in erster Linie ihrer sozialen Integration. Auf diese Weise sollte verhindert werden, daß sich unter ihnen das Gefühl ausbreitete, politisch diskreditiert und gesellschaftlich isoliert zu sein, als »Sündenbock« für die Fehler anderer büßen zu müssen. Ressentiments gegen »die Politik« verschwanden zwar nicht völlig, blieben in der Bundeswehrführung aber eher Ausnahmeerscheinungen.

Zudem sahen die Unternehmer wenig Veranlassung, anderswo nach Vorbildern Ausschau zu halten: Zwar mußten sie, wie die Militärs, im Zuge der europäisch-atlantischen Integration eine Einengung ihres Handlungsspielraums hinnehmen, aber schon Mitte der 50er Jahre avancierte die bundesrepublikanische Wirtschaft zur »économie dominante« in Westeuropa. Ehe die Bundeswehr im militärischen Sektor Ähnliches von sich zu behaupten wagte, sollte es noch einige Jahre dauern. Die Unternehmer fanden deshalb auch sehr viel früher zu ihrem robusten Selbstbewußtsein zurück – wenn sie es denn überhaupt eingebüßt hatten. Der Offizier wurde in diesem Klima des Booms, des Konsums und des wachsenden Sozialprestiges des Unternehmers zur unzeitgemäßen Figur.

Anmerkungen

1 Wolfgang Schall, Führungstechnik und Führungskunst in Armee und Wirtschaft, Bad Harzburg 1965, S. 14.

2 Oskar Negt, In Erwartung der autoritären Leistungsgesellschaft. Zum gesellschaftlichen Bewußtsein der wirtschaftlichen und militärischen Führungsschichten, in: Gert Schäfer, Carl Nedelmann (Hg.), Der CDU-Staat. Studien zur Verfassungswirklichkeit der Bundesrepublik, München 1967, S. 200–237 u. 322–327, Zitat S. 201.

3 Wolfgang Zapf, Die deutschen Manager. Sozialprofil und Karriereweg, in: ders. (Hg.), Beiträge zur Analyse der deutschen Oberschicht, München (2. erw. Aufl.) 1965, S. 136–149 u. 158–160, Zitat S. 147.

4 Werner Baur, Deutsche Generale. Die militärischen Führungsgruppen in der Bundesrepublik und in der DDR, in: Zapf, Beiträge, S. 114–135.

5 Manfred Lesch, Die Rolle der Offiziere in der deutschen Wirtschaft nach dem Ende des Zweiten Weltkrieges, Berlin 1970.

6 Vgl. Lesch, S. 136–139 u. 142–143; vgl. auch Franz Kurowski, Deutsche Offiziere in Staat, Wirtschaft und Wissenschaft. Bewährung im neuen Beruf, Herford/Bonn 1967, S. 249–257; Ferdinand Simoneit, Die neuen Bosse. So wird man Generaldirektor, Düsseldorf/Wien 1966, S. 156–171 (Lotz) und 224–240 (Overbeck). Hervé Joly, Patrons d'Allemagne. Sociologie d'une élite industrielle 1933–1989, Paris 1996, S. 91, erwähnt neben Overbeck und Lotz Berthold Gamer als dritten wichtigen Repräsentanten der »anciens officiers de la Wehrmacht«; Gamer konnte sein Amt als Vorstandsvorsitzender bei der AEG aus gesundheitlichen Gründen allerdings nicht einmal ein Jahr lang ausüben.

7 Lesch, S. 127.

8 Lesch, S. 123.

9 Vgl. Rainer Koehne, Das Selbstbild deutscher Unternehmer. Legitimation und Leitbild einer Institution, Berlin 1976, bes. S. 63–71.

10 Negt, S. 228.

11 Schall, S. 15.

12 Deutschlands Top-Manager: Von Hitler erzogen, in: Capital 4/1968, S. 9 und 98–101, Zitat S. 98.

13 Vgl. Gerhard Brandt, Rüstung und Wirtschaft in der Bundesrepublik, Witten/Berlin 1966, bes. S. 75–104.

14 Vgl. zu den mitunter prägenden Erfahrungen aus dem Ersten Weltkrieg die biographische Studie von Cornelia Rauh-Kühne, Hans Constantin Paulssen: Sozialpartnerschaft aus dem Geiste der Kriegskameradschaft, in: Paul Erker, Toni Pierenkemper (Hg.), Deutsche Unternehmer zwischen Kriegswirtschaft und Wiederaufbau. Studien zur Erfahrungsbildung von Industrie-Eliten, München 1999, S. 109–192. Paulssen war von 1954 bis 1964 Präsident der Bundesvereinigung der Deutschen Arbeitgeberverbände.

15 Vgl. Volker Berghahn, Unternehmer und Politik in der Bundesrepublik, Frankfurt/Main 1985, S. 254.

16 Vgl. als zeitgenössische Publikation American Management Association (Hg.), Operations Research, Essen 1958; aus heutiger Sicht Maurice Kirby, The development of operational research as a management tool: the british experience (1940–1980), unveröff. Ms. 1998.

17 Vgl. Reinhard Höhn, Die Führung mit Stäben in der Wirtschaft, Bad Harzburg 1961, S. 27.

18 Höhn, S. 232.

19 Vgl. Berghahn, S. 254; Richard Guserl, Das Harzburger Modell. Idee und Wirklichkeit, Wiesbaden 1973, S. 37.

20 Vgl. Jahresbericht des BDI 1953/54, S. 28–31; Jahresbericht des BDI 1954/55, S. 99–103; Matthias Kipping, The hidden business schools: management training in Germany since 1945, in: Lars Engwall, Vera Zamagni (Hg.), Management Education in Historical Perspective, Manchester 1998, S. 95–110.

21 Vgl. Christian Kleinschmidt, An Americanised Company in Germany: the Vereinigte Glanzstoff Fabriken AG in the 1950s, in: Matthias Kipping, Ove Bjarnar (Hg.), The Americanisation of European Business. The Marshall Plan and the transfer of US management models, London/New York 1998, S. 171–189, bes. S. 183–185.

22 Jahresbericht des BDI 1954/55, S. 101.

23 Heinz Hartmann, Der deutsche Unternehmer: Autorität und Organisation, Frankfurt/Main 1968, S. 211.

24 Jahresbericht des BDI 1952/53, S. 36–37.

25 Negt, S. 237.

26 So bereits Schall, S. 154.

27 Kaspar Maase, BRAVO Amerika. Erkundungen zur Jugendkultur der Bundesrepublik in den fünfziger Jahren, Hamburg 1992, S. 115.

28 Vgl. Jahrbuch der Demoskopie, Bd.VI: 1974–76, Wien u. a. 1976, S. 323.

Detlef Bald

Alte Kameraden

Offizierskader der Bundeswehr

»Ohne Anlehnung an die Formen der alten Wehrmacht grundlegend Neues zu schaffen« – dieser Aufgabe stellten sich die militärischen Experten im Oktober 1950 in einem Kloster in der Eifel, in Himmerod, als sie den Rahmen für den Aufbau der Bundeswehr in einer geheimen Denkschrift für das Kanzleramt absteckten. Der Reformer Wolf Graf von Baudissin hatte diese Leitlinie formuliert, sie aber nur durch nachdrückliches Insistieren im Text verankern können.[1] Doch er vermochte den radikalen Neuanfang nur anzuvisieren, durchgesetzt hatten sich in der Denkschrift die Kategorien und Sprachfiguren der unmittelbaren militaristisch geprägten Vergangenheit. Sie entstammten zudem der Vorstellungs- und Erfahrungswelt des Ostfeldzugs im Zweiten Weltkrieg.[2] Das war auch kein Zufall; denn der Kreis der ausgewählten Offiziere verkörperte die personelle Kontinuität zwischen Wehrmacht und Bundeswehr. Für sie bleibt kennzeichnend, daß die »Rehabilitierung des deutschen Soldaten«[3] und die »Umstellung der öffentlichen Meinung« eingefordert wurden; darüber hinaus auch die »Einstellung der Diffamierung« der Wehrmacht und die »Lösung der sogenannten ›Kriegsverbrecherfrage‹«, damit das »wahre Soldatentum« durch eine »planmäßige Aufklärung und Erziehung des Volkes« Anerkennung finden würde.

I. Das kollektive Raster

Der »politische Auftrag« zum Aufbau der Bundeswehr wurde – nach Prüfung »theoretisch verschiedener Möglichkeiten« – eindeutig festgelegt: Es sollte direkt an die Wehrmacht angeknüpft werden. In Unterlagen des Verteidigungsministeriums heißt es über diesen »Gründungskompromiß« lapidar: »Das Offizierkorps der Bundeswehr – und damit die neue Generalität – wurde daher mit den ehemaligen Offizieren der früheren deutschen Streitkräfte aufgebaut.«[4] Vor der Gründung der Bundeswehr waren allein 40 ehemalige Generale und Admirale im Amt Blank angestellt, weitere fünf standen beim Bundesgrenzschutz für die Übernahme bereit. Die bis zum Spätherbst 1957 ernannten 44 Generale und Admirale waren ausschließlich von der Generalität und Admiralität der Wehrmacht übernommen worden. Insgesamt kamen – dies führt zu einer weiteren Besonderheit der Bundeswehr – aus dem früheren Generalstab 31 Generale, 100 Oberste und 84 Oberstleutnante (Oktober 1956).[5] Interessant dabei ist weiterhin, daß sich unter ihnen überwiegend Repräsentanten des einstigen Generalstabes des Heeres, speziell der Operationsabteilung des sogenannten Ostfeldzuges, befanden. Die prominentesten unter ihnen waren Adolf Heusinger, Hans Speidel, Johann-Adolf Graf Kielmansegg, Ulrich de Maizière und Bogislaw von Bonin. Schließlich konnte das Offizierkorps insgesamt »durch die Einstellung einer großen Zahl« ehemaliger Offiziere »sehr schnell« aufgebaut werden. Nach vier Jahren, am Ende des Jahres 1959, gehörten von den etwa 14 900 Berufsoffizieren der Bundeswehr genau 12 360 zu jenen, die ihre Ernennung zum Offizier bereits in der Wehrmacht erhalten hatten[6], dazu kamen 300 Offiziere aus dem Führerkorps der SS; auch von ihnen wurden einige zu Generalen befördert.[7]

Die statistischen Daten bieten einen Eindruck der kollektiven Kontinuität einer soldatischen Welt, die von der Kaiserzeit bis zum NS-System reichte: war doch bei der Übernahme in die Bundeswehr der jüngste General 48 und der älteste 62 Jahre alt. Das durchschnittliche Alter der einzelnen Dienstgrade lag bei jeweils etwa 57 Jahren. Diese Auswahl hatte einige Nebenwirkungen für die politische Integration in die um 1955 festgeschriebene Wehrgesetzgebung, in der die parlamentarische Zuständigkeit und Kontrolle geregelt wurde. Ohne daß der Primat der Republik und die Gültigkeit des Grundgesetzes gänzlich abgelehnt worden wären, traten unter den Offizieren doch erhebliche Einbußen in der Akzeptanz auf. Sogar eine Art Resistenz gegen die parlamentarische Kontrolle ist zu beobachten. Dies illustrieren die skandalträchtigen Querelen um die Berichte des Wehrbeauftragten bis nach der Mitte der sechziger Jahre. Die ersten Amtsinhaber beispielsweise, General a.D. Helmut von Grolman und Admiral a.D. Hellmuth Heye, beklagten, die Mehrheit des neuen Offizierkorps mißbillige die parlamentarische Kontrolle. Auch an das Schreiben der beiden höchsten Generale aus dem Jahr 1955 muß in diesem Zusammenhang erinnert werden. Hans Speidel und Adolf Heusinger warnten darin Bundeskanzler Adenauer vor der institutionellen Errichtung des »Primats des Zivilen« gegenüber dem Militär.[8] Die reservierte Haltung der Offiziere gegenüber demokratischen Werten wurde schließlich vom Personalgutachterausschuß des Bundestages selbst festgestellt, als er 1956 die erste Einstellungswelle des Führungspersonals der Bundeswehr begutachtete. Insgesamt führte von hier kein weiter Weg zu den politischen Ansprüchen eines Generals Heinz Trettner, die militärische Führung gleichrangig neben die politische Leitung des Ministeriums zu stellen, oder den gesellschaftlichen eines Generals Albert Schnez im Frühjahr 1969, die Gesellschaft nach dem Vorbild des Militärs an Haupt und Gliedern zu formieren. Mit diesen wenigen Hinweisen auf die politischen Implikationen der Offizierauswahl in der Gründungsphase der Bundeswehr, deren »Aufbau in Form einer Restauration« erfolgte[9], soll es zunächst seine Bewandtnis haben. Die Bundeswehr stellte sich in die Tradition ihrer Vorläufer-Armeen; und in dieser Logik lag es, daß geradezu notwendigerweise Friktionen und Spannungen im Verhältnis zu den Institutionen des parlamentarischen Regierungssystems auftraten.

Zugleich wurden auch Elemente einer militärischen Wertordnung und -haltung reaktiviert, deren gesellschaftliche Sinn- und Deutungswelten ursprünglich aus dem Kaiserreich stammten und die Eigenart der militärischen Sozialisation ausmachten. Man suchte Halt in einem idealisierten elitären »Stand«. Der überlieferten Personalpolitik entsprechend ging es um Stabilität aufgrund sozialer Konsistenz. Auch dafür waren die Grundlagen in Himmerod gelegt worden, als öffentliche »Anreize zur Werbung des erwünschten Ersatzes« für das Offizierskorps verlangt worden waren. Wie selbstverständlich wurden Eingriffe wie die der dreißiger und vierziger Jahre in die Personalstruktur der Wehrmacht mit dem Hinweis auf nationalsozialistische Tendenzen vermieden, um sich um so nachdrücklicher dem Modell der Reichswehr aus den zwanziger Jahren zuzuwenden. Tatsächlich sollten damit die vermeintlich pluralistisch und nivellierend wirkenden Entscheidungen zur sozialen Öffnung des Offizierskorps zurückgenommen werden[10], die nach 1935 und – mit radikalerer Intention – nach 1942 zur Auflösung der alten Sozialstruktur erfolgt waren.

Die scheinbar harmlose Formulierung vom »erwünschten Ersatz« enthielt die eigentliche Brisanz. Denn die Bundeswehr belebte das Ideal einer Offiziersrekrutierung, die sich auf die »erwünschten Kreise« (bzw. auf den »erwünschten Ersatz«) des »Adels der Gesinnung« bezog: ein Ideal, das in dieser Form 1890 in Berlin konzipiert worden war. Es zielte auf die Assimilierung der Bürgerlichen, deren Zugang ins Offizierskorps aufgrund von Heeresvermehrungen geregelt werden mußte, um ausgewählten Gruppen den Zugang ins Offizierskorps zu ermöglichen, ohne das adelig-feudale Privileg zu gefährden. Bürgerliche Herkunftsfamilien wurden konsequent einer strikten sozialen Überprüfung unterzogen, bevor bürgerliche Offiziere, deren Väter höhere Beamte, Pfarrer, Professoren oder Gutsbesitzer und -pächter sein mußten, akzeptiert wurden. »Weniger erwünscht«, aber noch tolerabel, waren Söhne von Rechtsanwälten, Fabrikanten und Kaufleuten. Lehrer kamen hingegen nicht in Frage.[11]

Mit diesen Kategorien wurde die Praxis der Rekrutierung der frühen Bundeswehr betrieben. Man begann, aus dem großen Bestand der Wehrmacht auszuwählen, um Offizierskader zu bilden und dann über einige Jahre hinweg auszubauen. Diese Personalpolitik hatte Auswirkungen für lange Zeit. Noch die Leutnante des Jahres 1967 konnten zu immerhin 49 % mit den Kriterien der »erwünschten Kreise« erfaßt werden – gegenüber 80 % der Generale (Stand Oktober 1966; 154 Generale).[12] Doch war zu diesem Zeitpunkt längst erkennbar, daß im jungen Nachwuchs die alte soziale Konsistenz nicht mehr erhalten werden konnte.

II. Mentale Voraussetzungen

Die soziale Konsistenz des Offizierkorps zielte auf mentale Übereinstimmung. Daher wurde auf dieses soziale Konstrukt Wert gelegt. Das Korps bildete den »Grund und Boden, aus dem der Wehrstand gegenüber Staat und Volk seine innere Rechtfertigung, seine sittliche Legitimation empfängt, hier sein Auftrag, aus dem heraus er Anspruch hat auf die Achtung und die – Dankbarkeit seiner Mitbürger!«[13] Die Verfechter dieses Konzepts gingen von einer gesellschaftlichen Sonderwelt des Militärischen aus und verbanden es mit der Vorstellung von der grundsätzlich eigenen Wertigkeit. Es gibt, stellte der ehemalige General der Infanterie Georg von Sodenstern fest, »Unveränderliches, Unwandelbares, Ewiges in der Welt des Soldaten, die nun nicht die Welt des Bürgers ist.« Die Geschichte der Menschheit sei durch die »Bereitschaft zur Tat«, womit er das »Gewicht kriegerischen Geistes« meinte, bestimmt worden, aber eben »nicht vom Bedürfnis bürgerlicher Lebenshaltung«. Daher bewertete er auch nach dem Krieg den neuen Staat als »Verfallserscheinung«, der dem Nutzen der Bürger diene, während »das Soldatische« dem »Bürgerlichen« nachgeordnet werde. Der Soldatenstand als eigene Gruppierung würde aufgegeben. Dies aber sei »eine selbstmörderische Entwicklung« für Staat und Gesellschaft, wie sie auch schon in den übrigen liberalen Demokratien des Westens spürbar werde.

Das Eigentliche des Offizierkorps bestimmte sich dagegen sozial und normativ durch seinen Gegensatz zur bürgerlichen Orientierung. Damit aber bildete es grundsätzlich das Gegenkonzept zur Militärreform mit ihrem Ideal vom »Staatsbürger in Uniform«, der dem unseligen »Geist der Neuerung« verpflichtet sei und an den »Ungeist des Bildersturms« mahne.[14] Dies lief, wie nicht nur billigend inkauf genommen wurde, auf eine Konfrontation mit der grundgesetzlichen Forderung nach der Integration des Militärs hinaus.

In konservativen Kreisen des Bürgertums wurde dieses Bild vom Militär mit eigener, gesonderter Tradition angenommen. Der Historiker Gerhard Ritter beispielsweise reflektierte es, wenn er sich trotz der Kritik an den militaristischen Exzessen im Nationalsozialismus »nicht abhalten« ließ »von der dankbaren Anerkennung«, daß es »eine geistige Überlieferung gegeben hat, die kriegerische Mannestugend in größerer Reinheit pflegte und einen Idealtyp des Soldatentums hervorbrachte, der wahrer Humanität sich keineswegs verschloß«.[15] Derartige »vornehme Erscheinung« des »edlen Mannestums« sah er typischerweise in jenem deutschen Offizierkorps verkörpert, das aus den »erwünschten Kreisen« hervorgegangen war. In ihnen sei der »Ehrbegriff ... wieder zu einem Klassevorrecht der Offiziere«[16] geworden und damit zu einer »Standesehre«, die »heute« wieder alle erfassen müsse.

Auch Gerhard Ritter stellte sich die Frage nach dem Sinn des Soldatseins und stützte sich dabei auf ein protestantisch geprägtes Erklärungsmodell. Die höchste Einsatzbereitschaft erkannte er im »Todesopfer«, um einen »höheren sittlichen Rang« zu erfüllen. Erst wenn es bei der Erfüllung der soldatischen Berufspflichten um die »letzten Tiefen sittlich-religiöser Haltung« ginge, werde »die ganze sittliche Existenz des Menschen« umfaßt.[17]

Damit hatte Ritter ein zentrales Thema des innermilitärischen Diskurses in den frühen fünfziger Jahren angeschlagen. Denn es war kein Zufall, im protestantischen Bekenntnis ein weiteres Kriterium für die »erwünschten Kreise« als Rekrutierungspool der Offiziere zu finden. Diese hatten zu herrschen, jene, die Katholiken, sollten dienen. Auch diese Klassifikation des Kaiserreichs schlug in der Bundeswehr durch: Noch im Juni 1966 waren über 70 % der Offiziere protestantisch, weniger als 25 % katholisch. Ihr Anteil an der Generalität betrug 18,4 %, unter den Stabsoffizieren waren nur 16,6 % und unter den Leutnanten 26,8 % katholisch bei über 44 % Anteil an der Bevölkerung.[18] Um die Dominanz der Protestanten zu reduzieren, war jedoch schon gegengesteuert worden, vor allem deshalb, weil der Rheinländer Adenauer 1956 sein Mißfallen über das Fehlen von Katholiken unter der Generalität geäußert hatte.

Die Empfänglichkeit protestantischer Wertvorstellungen für das militärische Dienstethos lag in einer langen preußischen Tradition begründet. Daher wurde typischerweise die konfessionelle Vorherrschaft als Element personeller Strukturpolitik auch in der Bundeswehr realisiert. Pietistische und feudal-ritterliche Traditionen des Protestantismus bildeten den Humus einer Berufsmentalität, für die der »als Selbstzweck aufgefaßte Dienst gegenüber der sanktionierten Staatsautorität« im Mittelpunkt stand.[19] Die Funktion des bis zur leeren Formalität geschrumpften Offizier-Ethos bestand darin, die militärischen Tätigkeiten und Entbehrungen nicht nur als unvermeidliche, sondern geradezu als sittlich gute und würdevolle Basis soldatischer Tugenden hinzustellen. Dies stärkte überdies den Mythos des untadeligen, altruistisch handelnden Staatsdieners in Uniform – ein Vorbild für die Gesellschaft, verklärt in der Opferbereitschaft für das Vaterland.

Nach dem Krieg diente dies der Selbstbestätigung, wenn es beispielsweise heißt: »Der Einsatz des Lebens war damit für den Soldaten zu einem Akt sittlicher Freiheit geworden. Die Bereitschaft zur Hingabe seines Ich an das Vaterland ließ eine neue Wehrkraft aus dem Geist entstehen.«[20] Das »sittliche Dasein« des Soldaten wurzelte in einem starken Staat, um daraus die »grandiose Konzeption eines Machtwillens« abzuleiten. Es ist kaum ein Zufall, daß sogar ein Mitarbeiter von Baudissin den »Grundwillen der Planungen« für die Bundeswehr mit den Worten vorstellte, es ginge um eine »Synthese von Freiheit und Zucht«, um den »Fortbestand unserer Kultur, ja unseres Menschseins« zu sichern.[21]

Das Sinnbild eines solchen Opfers hieß Stalingrad, eine Stadt, deren Name zu einer Metapher der Vernichtung, der militärischen Sinn- und Verantwortungslosigkeit geworden war. Die daraus resultierende und anhaltende emotionale Belastung für die Beteiligten gewann unter anderem in der religiösen Dimension ihre Auflösung. Legendär wurde ein Bild von der »Stalingrader Madonna«, die der Arzt und Theologe Kurt Reuber gemalt hatte. Den Rahmen für die Darstellung »Mutter mit Kind« bildeten die Worte: »Weihnachten im Kessel – Festung Stalingrad – 1942 – Licht Leben Liebe«. Im »Deutschen Soldatenkalender« von 1954 hieß es dazu: »Wenn man unsere Lage bedenkt, in der Dunkelheit, Tod und Haß umgehen – und unsere Sehnsucht nach Licht, Leben, Liebe, die so unendlich groß ist ...«.[22]

Die »heldenhafte Aufopferung«, die Generalfeldmarschall Erich von Manstein der 6. Armee in einem Funkspruch vom 31. Januar 1943 attestiert hatte[23], gewann freilich und über die bloße Betroffenheit in den Jahren nach 1945 hinaus auch an Bedeutung für die politische Legitimation und Vorbereitung der Wiederbewaffnung. Bereits in der NS-Propaganda war der Stalingrader Kessel zum »Bollwerk der historischen europäischen Mission« mutiert[24]; eine so pathosreiche wie verlogene Zuschreibung, die in den frühen fünfziger Jahren insbesondere innerhalb einer bestimmten Wehrertüchtigungs-Literatur neu belebt wurde. Der koloniale »Drang nach Osten« und der vorgebliche »Geist« seiner frühen Repräsentanten im Deutschritterorden gerieten so zu Vorläufern eines rittergleichen Offizierstandes, dessen Ehre als höchste der Tugenden nicht von »Menschen ohne Standesbewußtsein« verwässert werden dürfte. Andernfalls »würde das neue Offizierkorps mit dem alten keine Verbindung mehr haben.«[25] Eine so konstruierte Affinität mit den christlich inspirierten ritterlichen Eroberern und Verteidigern des Abendlandes sollte vor allem einer nach der totalen Niederlage von 1945 eingetretenen »Kampfgeistunterhöhlung« Paroli bieten. Ein geschwächter Wehrwille nämlich würde notwendigerweise gegenüber der Bedrohung aus dem Osten chancenlos bleiben, mithin gegenüber dem »Bolschewismus«, dessen »universelle Heilsbotschaft« im übrigen selbst »religiösen Charakters« wäre.[26] In diesem Verständnis eines künftigen, zu schaffenden Offizierkorps schien es gleichsam vorgegeben, daß »Deutschland die Last der unvermeidlichen Begegnung mit dem Osten zu tragen« habe.[27]

Die moralische Dignität christlich-europäischer Geschichte – »wir als Repräsentanten einer besseren und damit stärkeren Ordnung« – führte zu der Forderung, »kompromißlos zu den Grundwerten abendländischen Menschentums« zu stehen. In den frühen Texten der Gründungszeit der Bundeswehr wurden immer wieder »abendländische Grundhaltungen«, das »abendländische Erbe« oder die »sittlichen Maßstäbe« des christlichen Abendlandes beschworen.[28] Die Verbindung des abendländischen Kreuzzuggedankens mit der ideologisch gestärkten Kampfmotivation des Zweiten Weltkriegs gelang.[29] Eine Publikation, deren Themen von Verdun über Kreta und Stalingrad bis zum Fliegerhelden Hans-Ulrich Rudel reichten, faßte das Resultat mit folgenden Worten zusammen: »Es ist eine Tragik unseres Kontinents, daß nur zweimal die europäische Tapferkeit im Zeichen abendländischer Gemeinsamkeit erstrahlte: einst, als die Vorfahren aufbrachen, um das Heilige Land den ›Ungläubigen‹ zu entreißen, und später, als die Hanse von ihrer Königin Lübeck aus den Osten aufsegeln ließ, um der abendländischen Kultur Neuland zu erschließen.« Nun aber, nach dem Zweiten Weltkrieg und im Schatten des »Sowjetkommunismus« sei »Europa« neuerlich aufgerufen, sich »zu gemeinsamer Kraft« zu vereinigen.[30]

Die fragmentierte Wahrnehmung abendländischer Tradition diente der ideologischen Motivation eines soldatischen Elitebewußtseins, das bis zur bedingungslosen Selbstaufgabe ging. Das Motto »Daß ich lebe, ist nicht notwendig, wohl aber, daß ich meine Pflicht tue!«[31] führte im Hinblick auf den vergangenen Krieg zum schwülstigen Wort von der »bittersten Pflichterfüllung bis zum Letzten«, nämlich der »Selbstverleugnung bis zum Opfergang selbstverantwortlicher Freiheit«.[32] »Echtes Soldatentum«, lehrte Gerhard Ritter, war unter die vier Kardinaltugenden zu rechnen, insofern dazu »Gehorsam, männliche Selbstbeherrschung, Willensstärke und ritterliche Tapferkeit« zählten. Wenn dann der Krieg als harte Notwendigkeit komme und »wenn kein anderes Mittel zur Lebensrettung eines Staates oder Volkes bleibt – dann soll man ihm männlich ins Auge sehen.«[33] Erst nach solchen

Aussagen über die »Virtus« männlicher Ideale stellte er die Frage, ob das Wort Moltkes noch gelte, die edelsten Tugenden des Menschen kämen erst im Kriege zum Tragen.

Der historisierte religiöse Mythos des Soldatentums konnte über die Kreuzzüge noch weiter in die Sphäre der spirituellen Spekulation getrieben werden, wie bei General von Sodenstern, der voller Stolz aus einem Appell zitierte, den er 1938 an die Offiziere seines Regiments gerichtet hatte: »... mehr denn je steht der Offizier in der Verantwortung, daß dem deutschen Volk sein wahres Soldatentum erhalten bleibt. Mehr denn je ist er zum Hüter des heiligen Grals berufen, in welchem des Volkes herrlichster Besitz, sein Mannestum, bewahrt wird.«[34] Das war die »Härte des Gesetzes«, der der Soldat unterworfen war und der sich ein Mann stellen müßte. Männlichkeit verstand sich als Erfüllung körperlicher Anforderungen und – mehr noch – als seelische Härte. War mit der nach außen gerichteten körperlichen Seite der maximierte Kämpfertyp gemeint, wurde nach innen Gefühlsstabilität und -kälte gefordert. Die Synthese körperlicher und seelischer Härte, die insbesondere den »Führern« abverlangt werde, drücke sich im Ideal des »echten Mannes« aus.

Die Tradition des Ludendorffschen Denkens vom totalen Krieg, der noch auf den Frieden seine Schatten werfe, prägte auch die verbreitete Interpretation der Clausewitzschen Formel, der Frieden sei die Fortsetzung des Krieges mit andern Mitteln. Für die permanente Vorbereitung auf den Krieg sei es erforderlich, die Stärkung, ja die »Immunisierung der eigenen seelisch-geistigen Kräfte« in den Vordergrund zu stellen[35], wie ein exponierter NS-General forderte. Die soldatische Erziehung wende sich an die seelischen Kräfte im Menschen, um aus »diesen jungen Männern Soldaten zu machen.« Das Mittel dazu sei der Drill. Dieser habe »nämlich einen geistigen Inhalt« und mit ihm könne es gelingen, »aus der oft recht wankelmütigen Individualität ein Höchstmaß an Willensenergien« herauszuholen, um sie in »zuverlässige Leistung, auch vor dem unerbittlichen Antlitz des Krieges, umzusetzen.« Ebenso sehr notwendig für die Kampfmoral im Krieg, sollte dies auch die Bedingung für die »unermüdliche Friedensschulung« sein, »das Ganze« gesichert »vom Ring eiserner Disziplin«.[36]

III. Die Politik des Gründungskompromisses

Die Konservierung der restaurativ abgeleiteten Berufsmentalität im Bewußtsein der Offiziere – von den Zeiten der alten preußischen und kaiserlichen Armee über die Reichswehr und Wehrmacht in die Gründungsphase der Bundeswehr hinein – vollzog sich hauptsächlich auf zwei sich ergänzenden und sich überkreuzenden Wegen: Zum einen favorisierte die amtliche Traditionspflege die mentale Orientierung an der Reichswehr und Wehrmacht. Das eingangs erwähnte Dokument von Himmerod bot dafür 1950 die Grundlage. Die dabei zutage tretende Wahrnehmung der Vergangenheit wurde in starkem Maße in eigenen Zeitschriften und Publikationen deutlich. Zum andern begünstigte die Offiziersrekrutierung (nicht nur die der Generale und Admirale) in der Gründergeneration der Bundeswehr aufgrund der Einführung des personalpolitischen Modells des Kaiserreichs die Restitution einer tradierten sozialen Exklusivität, also die Abschottung der militärischen Elite von der Gesellschaft. Indem einseitig alte Werte gepflegt wurden, adaptierte man zugleich substantiell ein soziales Modell, mit dem einst die Ideologisierung des Offizierberufes, mithin der Gesinnungstyp des Offiziers (»Adel der Gesinnung«) vorbereitet und damit eine der Voraussetzungen des preußisch-deutschen Militarismus geschaffen worden war.

Trotz der unüberhörbaren Warnung der Militärreformer zu Beginn der fünfziger Jahre orientierte man sich am Modell der Weimarer Republik; damit wurde in die Bundeswehr das politische Konzept der mentalen und sozialen Abschottung transportiert, wie es damals von General Hans von Seeckt konzipiert worden war. Ihm war es gelungen, »alten Geist in neue Schläuche« zu füllen und die Voraussetzungen für die Entwicklung des Militärs als »Staat im Staate« zu schaffen. Auf diese Weise hatte er einen Gegenpol zum politischen Konzept der Weimarer Republik organisiert.

Nun ist zutreffend, daß sich in der ersten Hälfte des 20. Jahrhunderts wichtige gesellschaftliche und industrielle Umbrüche vollzogen haben, in denen die Einflüsse des Nationalsozialismus kaum zu unterschätzen sind. Schon der Begriff der »braunen Revolution« signalisiert, wie sehr sich ein gesellschaftlicher Wandel vollzogen hatte, der das Militär nicht verschonte. Diese Gemengelage der in Jahrzehnten vollzogenen Assimilation im Korps ist eine der Ausgangsbasen für das

NS-Regime gewesen, das seine Auffassung über die adelige und feudale Offiziersrekrutierung kaum verschleierte. Hitlers Politik gegen diese »feudale Clique« aber durchlöcherte auf den ersten Blick pluralistisch und modernisierend die überholte und künstlich erhaltene Struktur. Die Verfolgung der Attentäter und ihres Umfeldes und die zahllosen Morde nach dem 20. Juli förderten den Substanzverlust der adeligen Oberschicht. Der Prozeß des Wertewandels, auch innerhalb der religiösen und regionalen Milieus, verstärkte den objektiven Umbruch, der nach 1945 erkennbar wurde. Ralf Dahrendorf äußerte zum Ende dieses säkularen Vorganges: »Einem neuerlichen Führungsanspruch der preußisch-deutschen Oberschicht fehlt heute wirtschaftlich, politisch und personell jedes Fundament.«[37] Infolgedessen sind in der Bonner Republik keine mit den Verhältnissen der Weimarer Republik identischen Konsequenzen zu erkennen, auch wenn man in beiden Nachkriegszeiten eine wortgleiche Politik des militärischen Selbstverständnisses verfolgte.

Daß sich die Militärs in den fünfziger Jahren an das Militärmodell der Weimarer Republik anlehnten, hatte gleichwohl ambivalente Folgen: man akzeptierte zwar den Staat, um sich mit ihm so weit wie nötig zu arrangieren. Bedenken gegen die aus dem Grundgesetz abgeleiteten Rechte des Individuums und des gesellschaftlichen Pluralismus wogen hingegen schwer und blieben lange erhalten. Der Rückbezug zum Oberschichtenmodell des Kaiserreichs wurde – ähnlich begründet wie nach 1919 – als soziale Tradition des militärisch Notwendigen beschworen, die politische Ableitung dieses Modells wurde verschwiegen, verharmlost oder verkannt. Mit der Etablierung der sozialen Herkunftsstruktur verband sich eine Gesinnungsprägung der soldatischen Professionalität; sie begründete wesentlich die Distanzierung des Militärs zum sich weiter entfaltenden Pluralismus der Bonner Republik.

Die restaurative Militärpolitik förderte eine militäreigene Besinnung auf eine verbrämte Vergangenheit. In diesem Sinne schottete man die Bundeswehr berufsständisch und korporativ ab und bestimmte die militärische Binnenwelt, das Milieu. Noch am Ende der sechziger Jahre waren die Auswirkungen empirisch feststellbar;[38] diese Disposition schob – politisch gravierend – die Bundeswehr an den rechten Rand des gesellschaftlichen Spektrums. Der Gründungskompromiß der Bundeswehr hatte also beachtliche Konsequenzen, die in der Regel mit dem Begriff »traditionalistisch« qualifiziert werden; denn diese setzten sich in der Praxis der Bundeswehr dominant durch und bescherten dem Offizierkorps »offenbar ein relativ festumrissenes Werte- und Denksystem« mit einem bedenklichen »System der Gesinnungsorientierung«[39].

Diese Politik, die innere Konstitution der Bundeswehr nach überholten Vorbildern auszurichten, begründete eine revisionistisch geprägte Bewußtseinstradition, die eindeutig im Widerspruch zur damals erfolgten Einbindung des Militärs in das Regierungssystem stand, die jedenfalls formal – legislativ und institutionell – geleistet worden war. Das ist eine Sache. Daneben aber wurde im Gründungskompromiß hingenommen, daß rückwärtsgewandte ›Traditionen‹ zurechtgezimmert wurden. Der Kontrast zur Bundeswehr als Parlamentsheer wird deutlich. Unter diesen Umständen hatte die Politik der umfassenden Militärreform, die mit dem Namen des Grafen Baudissin verbunden wird, eigentlich von Anfang an keine echte Chance gehabt.

Die Bundeswehr stand nicht ambivalent zwischen Reformern und Traditionalisten, sie formierte sich vielmehr eindeutig in eine Richtung. Das kann schließlich sogar ein Zitat aus dem für die Umsetzung der »Inneren Führung« verfaßten Handbuch verdeutlichen: »Abendländische Tradition jedoch – das kann nichts anderes sein als christlich bestimmte Tradition. Dies leugnen zu wollen hieße – im Angesicht der Bedrohung durch den materialistischen Bolschewismus – Europa selbst verleugnen. Wer aber – unabhängig von seiner persönlichen konfessionellen Haltung – die christliche Tradition bejaht, bekennt sich zum Urbild des abendländischen Soldaten: dem ›Miles Christianus‹, dem Ritter.« Und weiter heißt es: »Der Soldat als Repräsentant des Staates … muß sich diesen Werten besonders verpflichtet fühlen.«[40]

In Deutschland bildete der Antikommunismus eine wichtige Brücke für die Kontinuität, die seit dem Ende des Kaiserreiches alle Offiziergenerationen über die Brüche der politischen Systeme hinweg miteinander verbunden hat. Nach 1945, als das Militär als Institution vollständig zerschlagen war, gewann der Antikommunismus noch an ideologischer Bedeutung, weil er einen Revisionismus der nationalsozialistischen Militärzeit und -taten einleitete, von dem aus es den Soldaten der Wehrmacht möglich wurde, sowohl in die Streitkräfte der

Bonner Republik einzutreten als auch die Motivation anzunehmen, in einer Bündnisarmee zu dienen. Ostfeldzug und Antikommunismus gingen eine Symbiose ein. Der einstige Chef des Generalstabes, Franz Halder, hatte schon sogleich nach der Kapitulation 1945 dafür das Signal gegeben, als er sich den Amerikanern als Sachverständiger zur Verfügung gestellt hatte. Halder organisierte in der »Historical Division« eine mehrere tausend Offiziere der ehemaligen Wehrmacht umfassende operativ-strategische Studiengruppe, um bei den ersten Anzeichen des beginnenden Kalten Krieges den »Kampf gegen den Bolschewismus« in der neu errichteten westeuropäischen Frontlinie gegen die Sowjetunion fortzusetzen.[41] Dies öffnete den Weg zu einer nationalen Legitimation der »Wieder-Bewaffnung« und zu einer allianzpolitisch neu definierten militärischen Loyalität. Der Preis scheint in der Rekultivierung von Elementen jenes militärischen Milieus gelegen zu haben, das seine Wurzeln in der Politik des ausgehenden 19. Jahrhunderts hatte, als man den Primat des Militärischen im modernen Staat gefestigt hatte. So fanden die historisierenden ideologischen Elemente Eingang in die Führung der Bundeswehr.

Die Kräfte, die im Himmeroder Kloster die Weichen in diese Richtung der militärischen Vergangenheitspolitik stellten, konnten sich durchsetzen. Ihre Maßstäbe wurden – eine Hypothek des demokratischen Beginns der Bonner Republik – für das neue Heer bestimmend. Bernd C. Hesslein notierte dazu rückblickend kritisch: »Die alten Kameraden, die sich da unter dem Schutz und Schirm von zwei altbewährten Verbündeten, von Kirche und Staat, trafen, konnten sich an die Arbeit machen und den militärischen Rahmen abstecken. Ganz legal war das nicht.«[42]

Anmerkungen

1 Vgl. Hilmar Linnenkamp, Dieter S. Lutz (Hg.), Innere Führung. Zum Gedenken an Wolf Graf von Baudissin, Baden-Baden 1995, S. 19ff.

2 Vgl. Hans-J. Rautenberg, Norbert Wiggershaus (Hg.), Die ›Himmeroder Denkschrift‹ vom Oktober 1950. Politische und militärische Überlegungen für einen Beitrag der Bundesrepublik Deutschland zur westeuropäischen Verteidigung, Karlsruhe 1977, S. 25.

3 Rautenberg, Wiggershaus 1977, S. 37, 55, 57.

4 Bundesarchiv-Militärarchiv (im folgenden BA MA) Bw 1/16021. BMVg P II 1 – Az. 16–05–10 Die Personallage der Generale in der Geschichte und in der Bundeswehr, Bonn, 15. Dez. 1966 (Exemplar Nr. 42), S. 65.

5 Vgl. Rolf Gutte, Die Mentalität unserer Armee, in: Frankfurter Hefte 1, 1966, S. 12.

6 BA MA Bw 1/16021. BMVg P II 1 – Az. 16–10–01 Die Personallage der Offiziere in der Geschichte und in der Bundeswehr, Bonn, 1. Juni 1967, S. 133. Eine erste Interpretation in Detlef Bald, Rekrutierung aus ›erwünschten Kreisen‹? Zur Revision der Personalpolitik der Offiziere der Bundeswehr, in: Wolfgang R. Vogt (Hg.), Militär als Lebenswelt. Streitkräfte im Wandel (II), Opladen 1988, S. 193 ff.

7 Vgl. Hans-Jürgen Rautenberg, Zur Standortbestimmung künftiger deutscher Streitkräfte, in: Militärgeschichtliches Forschungsamt (Hg.), Anfänge westdeutscher Sicherheitspolitik, Bd. 1: Von der Kapitulation bis zum Plevenplan, München/Wien 1982, S. 795.

8 Vgl. Detlef Bald, Zwischen Gründungskompromiß und Neotraditionalismus. Militär und Gesellschaft der Bonner Republik, in: Blätter für deutsche und internationale Politik, 1/1999, S. 99 ff.

9 Gerhard Graf von Schwerin an Konrad Adenauer, zit. in: Rautenberg, Wiggershaus 1977, S. 60.

10 Vgl. Detlef Bald, Der deutsche Offizier. Sozial- und Bildungsgeschichte des deutschen Offizierkorps, München 1982, S. 71 ff.

11 Bald 1982, S. 38 ff.; vgl. Manfred Messerschmidt (Hg.), Offiziere im Bild von Dokumenten aus drei Jahrhunderten, Stuttgart 1964, S. 192; Karl Demeter, Das Deutsche Offizierkorps in Gesellschaft und Staat 1645–1945, Frankfurt/Main (2. Aufl.) 1962, S. 30 ff.

12 BA MA Die Personallage der Offiziere 1967, S. 122; vgl. die historischen Daten S. 113 ff.; BA MA Die Personallage der Generale 1966, S. 76.

13 Erich Hildebrand, Gedanken zu einem deutschen Wehrbeitrag, in: Wehrwissenschaftliche Rundschau 2, 1952, S. 151.

14 Georg v. Sodenstern, Bürgersoldaten?, in: Wehrwissenschaftliche Rundschau 2, 1952, S. 244, 245, 247.

15 Gerhard Ritter, Vom Sinn des Todesopfers. Zum Gedächtnis unserer kriegsgefallenen Söhne, München 1947, S. 28.

16 Otto Wien, Über die soldatischen Tugenden. Ein Versuch der Orientierung, in: Wehrkunde 3, 1954, S. 238.

17 Ritter 1947, S. 29.

18 Vgl. BA MA Die Personallage der Offiziere 1967, S. 123 f., Anlage B 5; BA MA Die Personallage der Generale, S. 76 f., Anlage B 3.

19 Wido Mosen, Bundeswehr – Elite der Nation? Determinanten und Funktionen elitärer Selbsteinschätzungen von Bundeswehrsoldaten, Neuwied 1970, S. 158.

20 Wien 1954, S. 237.

21 Heinz Karst, Werner Pichts ›Wiederbewaffnung‹, in: Wehrkunde 3, 1954, S. 428.

22 Der Deutsche Soldatenkalender, München 1954, S. 139f.; vgl. Thomas Kühne, Zwischen Männerbund und Volksgemeinschaft, in: Archiv für Sozialgeschichte 38, 1998, S. 165–189.

23 Heeresgruppe »Don« an 6. Armee vom 31. 1. 1943, zit. n. Wolfram Wette, Gerd R. Ueberschär (Hg.), Stalingrad. Mythos und Wirklichkeit einer Schlacht, Frankfurt/Main 1992, S. 38.

24 Rundfunk-Sonderbericht des OKW vom 3. 2. 1943, zit. n. Wette, Ueberschär 1992, S. 54.

25 Ernst Buchrucker, Die Ehre des Soldaten. Deutsches Soldatentum in europäischer Wehrmacht?, Stollhamm 1953, S. 74.

26 Georg v. Sodenstern, Kampfgeistunterhöhlung, in: Wehrwissenschaftliche Rundschau 2, 1952, S. 9.

27 Georg v. Sodenstern, Die strategische Lage der Welt, in: Wehrwissenschaftliche Rundschau 2, 1952, S. 83.

28 Vgl. Handbuch Innere Führung. Hilfen zur Klärung der Begriffe, Bonn 1957, S. 11, 75f.

29 Vgl. Omar Bartov, Hitlers Wehrmacht. Soldaten, Fanatismus und die Brutalisierung des Krieges, Reinbek bei Hamburg 1995.

30 Erich Kern, Buch der Tapferkeit, Leoni 1953, S. 6.

31 Zit. n. Der deutsche Soldatenkalender, München 1953, S. 59.

32 Rothe, Unvergängliches deutsches Soldatentum, in Wehrkunde 2, 1953, H. 7, S. 35.

33 Ritter 1947, S. 26, 27.

34 Sodenstern, Bürgersoldaten, 1952, S. 245.

35 Hermann Foertsch, Psychologische Kriegführung, in: Wehrkunde 2, 1954, H. 1, S. 1f.

36 Sodenstern, Bürgersoldaten, 1952, S. 252f.

37 Ralf Dahrendorf, Gesellschaft und Freiheit, München 1961, S. 251.

38 BA MA Die Personallage der Offiziere 1967, S. 126ff.

39 Rudolf Warnke, Untersuchungsreihe: Der Offizier der Bundeswehr. Band I: Herkunft – Bildung – Interessen. Grunddaten des Offizierkorps in historischer und soziologischer Sicht, Bonn 1971, S. 95, 101; ebenso Mosen 1970.

40 Handbuch 1957, S. 76.

41 Vgl. Gerd R. Ueberschär, Generaloberst Halder. Generalstabschef, Gegner und Gefangener Hitlers, Göttingen, Zürich 1991 und Bernd Wegner, Erschriebene Siege, in: Ernst W. Hansen, Gerhard Schreiber, Bernd Wegner (Hg.), Politischer Wandel, organisierte Gewalt und nationale Sicherheit, München 1995, S. 287–304.

42 Bernd C. Hesslein (Hg.), Die unbewältigte Vergangenheit der Bundeswehr. Fünf Offiziere zur Krise der Inneren Führung, Reinbek bei Hamburg 1977, S. 12.

II.
Lebensläufe – Biographische Schattierungen und Schatten

Werner T. Angress

Der jüdische Offizier in der neueren deutschen Geschichte, 1813–1918

Bis zu ihrer Emanzipation zu Beginn des 19. Jahrhunderts konnten Juden in Preußen und den meisten anderen deutschen Staaten des Heiligen Römischen Reiches Deutscher Nation keine Staatsbürger sein. Sie besaßen mithin keine staatsbürgerlichen Rechte, waren lediglich geduldet und konnten nicht einmal in einem der landeseigenen Heere dienen. Eine Offizierslaufbahn war ihnen somit verschlossen. Im Gegensatz zu anderen europäischen Staaten dienten Anfang des 19. Jahrhunderts in den Staaten des Deutschen Bundes und auch noch nach 1871 im Deutschen Kaiserreich nur sehr wenige jüdische Offiziere. Ihre Dienstzeit blieb zudem vorwiegend durch Kriege begrenzt, in denen jeder Freiwillige willkommen war. Nach der 1806 für Preußen so katastrophalen Niederlage in der Schlacht von Jena und Auerstedt erwachte nicht nur in Preußen ein starker, wenn auch notgedrungen untergründiger Patriotismus mit dem Wunsch nach Vergeltung. Von dieser patriotischen Stimmung wurden auch Juden erfaßt, die zu diesem Zeitpunkt in Preußen und den meisten anderen deutschen Staaten offiziell emanzipiert und nun erstmals mit den Staatsbürgern christlicher Konfession rechtlich weitgehend gleichgestellt worden waren. So dienten in der 1806 ins Leben gerufenen und aus insgesamt 800 Gardisten bestehenden Berliner Bürgerwehr ein Jahr später bereits 84 Juden, darunter drei als Sekonde-Leutnants und ein Premier-Leutnant. Auch in der niederschlesischen Stadt Ohlau gab es zur sogenannten Franzosenzeit im ersten Jahrzehnt des 19. Jahrhunderts in der dortigen Bürgergarde einen jüdischen Hauptmann und einen Leutnant.[1]

Als Preußen und seine Verbündeten 1813 gegen das Napoleonische Frankreich ins Feld zogen, wurden Juden zum erstenmal zum Militärdienst eingezogen. Außerdem eilte aber auch eine nicht unbeträchtliche Anzahl jüdischer Freiwilliger zu den Fahnen, um ihren Patriotismus unter Beweis zu stellen. Viele waren bestrebt, den ihnen seit Jahrhunderten gemachten Vorwurf der Unfähigkeit zum Kriegsdienst zu widerlegen.

1813 bis 1815 dienten im preußischen Heer schätzungsweise zwischen 700 und 800 Juden, von denen sich etwa ein Drittel freiwillig gemeldet hatte. Nach Angaben, die lange Zeit nach den Befreiungskriegen erstellt wurden, waren darunter 19 Juden als Sekondeleutnants, drei als Premierleutnants und einer als Regimentsarzt. Es ist jedoch gut möglich, daß ihr Anteil zu Kriegszeiten höher gelegen hatte.[2]

Mehrere Gründe trugen während der Befreiungskriege dazu bei, daß Juden überhaupt im Heer dienen und einige sogar Offiziere werden durften. Vor allem gab es damals einen großen Mangel an gedienten Offizieren und Unteroffizieren. Speziell bei der Aufstellung der Landwehr konnten jene, die zum Offizier befördert wurden, sehr schnell in der militärischen Hierarchie aufsteigen. Wichtig waren auch die neuen Richtlinien für die Offiziersauswahl, die der preußische König Friedrich Wilhlem III. bereits im August 1808 erlassen hatte. Bis zu diesem Zeitpunkt waren militärische Karrieren weitgehend für den Adel reserviert. Die neuen Bestimmungen kamen in erster Linie dem Bürgertum zugute, das bis dahin nur einen kleinen Prozentsatz der Offiziere und Offiziersanwärter gestellt hatte. Und da schon um diese Zeit ein guter Teil der Juden in Preußen dem Bürgertum angehörte, profitierten auch einige jüdische Soldaten bei den Beförderungen. Zudem scheint damals die Religionszugehörigkeit bei den einzelnen Truppen, sofern es sich um Freiwillige handelte, keine große Rolle gespielt zu haben. Und die jüdischen Militäranwärter machten bei der Einstellung darüber zumeist keine Angaben, wenn sie nicht gefragt wurden.[3]

Interessant ist die Karriere eines aus bescheidenen Verhältnissen kommenden jungen Juden: Meno Burg. Er hatte sich 1813 freiwillig zum Dienst in einem Artillerieregiment gemeldet und wurde noch vor Ablauf des Jahres von den Offizieren seines Regiments zur Beförderung zum Leutnant vorgeschlagen. Das wiederum wurde aber vom damaligen Kommandanten von Spandau, Hauptmann v. Bardeleben, abgelehnt. Seine Begründung: Burg war Jude. Trotz dieser Ablehnung gelang es Burgs Gönner, Prinz August, Chef der preußischen Artillerie, Burg im August 1815 zur Beförderung zum Sekondeleutnant der

Artillerie zu verhelfen. Von diesem Zeitpunkt an und trotz der mehrfachen Weigerung des preußischen Königs Friedrich Wilhelms III., Burg weiterhin befördern zu lassen, solange er sich nicht taufen ließ, stieg letzterer doch, allerdings erst im März 1847, nach vielen anderen Anerkennungen und Ehrungen zum Rang eines Majors auf. Die Taufe hat er Zeit seines Lebens abgelehnt.[4]

Es gab noch einen weiteren Juden mit einer erstaunlichen militärischen Karriere, Walther Mossner. Er war der Sohn eines Bankiers und Rittergutbesitzers, Jakob Wilhelm Mossner, der im Revolutionsjahr 1848 dem Bruder des preußischen Königs Friedrich Wilhelm IV., Prinz Wilhelm, zur Flucht ins Ausland verhalf. Prinz Wilhelm hatte die Berliner Märzrevolution blutig niederschlagen lassen und im Volksmund wegen seines scharfen Vorgehens gegen die Revolutionäre den Spitznamen »Kartätschenprinz« erhalten. Jahre später, nachdem Wilhelm seinem geisteskranken Bruder auf den preußischen Thron gefolgt war, trat Mossner an den nunmehrigen König Wilhelm I. heran und bat ihn, seinem damals 18 Jahre alten Sohn Walther dazu zu verhelfen, in einem Kavallerieregiment dienen zu dürfen. Wilhelm erfüllte seinem Retter diesen Wunsch, wurde Walther Mossners Gönner und förderte ihn auch weiterhin.

Solange er sich nicht taufen ließ – er hat sich im Laufe seiner militärischen Karriere taufen lassen – hatte Mossner als Jude Schwierigkeiten in seinem Regiment, Königshusaren oder auch »blaue Husaren« genannt, des Königs eigenes Eliteregiment. Dessen Offiziere weigerten sich, den ihnen nicht genehmen Fahnenjunker Mossner in ihren Reihen aufzunehmen. Daraufhin ließ der König den Offizieren des Regiments durch deren Kommandeur mitteilen, daß er ihre Haltung Mossner gegenüber als eine persönliche Kränkung empfände. Das genügte. Mossner wurde Offizier und fortan mit erstaunlicher Regelmäßigkeit in immer höhere Ränge befördert und mit Ehren überhäuft. 1899 avancierte er dann zum Generalleutnant und Kommandeur der Garde-Kavallerie-Division. Auch Wilhelm II. begünstigte nach seinem Regierungsantritt weiterhin Mossners Karriere und verlieh ihm noch kurz vor Ende des Ersten Weltkriegs den Schwarzen Adlerorden.[5]

Burg und Mossner blieben jedoch die großen Ausnahmen. Bald nach Ende des Wiener Kongresses (1815) wurden trotz des Emanzipationsedikts von 1812 die bürgerlichen Rechte der Juden in Preußen und in anderen deutschen Staaten schrittweise wieder eingeschränkt.

Das galt besonders im Hinblick auf ihre Qualität als Vorgesetzte im Staatsdienst, einschließlich einer Offizierslaufbahn beim Militär. Friedrich Wilhelm III. und der Großteil seiner Berater fanden es völlig unannehmbar, daß Juden Vorgesetzte von Nichtjuden sein dürften. Während der Befreiungskriege hatte dieses Argument allerdings noch keine Rolle gespielt.

Nachdem mit Beginn der reaktionären Ära in Preußen und den meisten anderen deutschen Staaten Juden nicht mehr zu Offizieren befördert worden waren, wurde diese Praxis im Juni 1822, und periodisch auch danach, durch verschiedene königlich-preußische Kabinettsordres legitimiert. Dabei schloß man Juden – sofern sie sich nicht taufen ließen – von jeglichen Beamtenstellungen im Staatsdienst aus und damit natürlich auch von einer Offizierslaufbahn beim Militär. Daran änderte sich auch nichts während der Revolution von 1848/49. Entscheidend für die Ablehnung war jedoch nicht die »jüdische Herkunft«, sondern der jüdische Glaube, dem Offiziere nicht anhängen durften. Zwar wurde das Prinzip, alle staatsbürgerlichen Rechte von nun an unabhängig von der Konfession des einzelnen gelten zu lassen, als Paragraph 12 (ergänzt durch Paragraph 4, wonach alle Bürger vor dem Gesetz gleich sein und alle öffentlichen Dienststellen jedem qualifizierten Bewerber offenstehen sollten) in die preußische Verfassung vom 5. Dezember 1848 und danach in die revidierte vom 31. Januar 1850 aufgenommen. Diese Formulierung blieb bis November 1918 in Kraft – aber eben nur auf dem Papier. In der Praxis änderte sich nach der 1850 einsetzenden Reaktion bis zu den Reichsgründungskriegen gar nichts.[6] Leider liegen keine genaue Zahlen für die Beteiligung von Juden an den eben genannten Kriegen vor. Schätzungsweise nahmen 1000 von ihnen auf preußischer Seite am Krieg gegen Österreich von 1866 teil, und 6000 im deutschen Heer am Deutsch-Französischen Krieg 1870/71. Wiederum schätzungsweise wurden 100 Juden im Deutsch-Französischen Krieg zu Offizieren befördert, davon 60 im preußischen Heer.[7]

Was Stellungen im Staatsdienst und in der Politik anbelangte, bestanden nach der Reichsgründung und gemäß der oben erwähnten Paragraphen 4 und 12 der Reichsverfassung rechtlich keine konfessionellen Unterschiede mehr. Und tatsächlich gab es während der »liberalen« siebziger Jahre noch einige Juden, die in der preußischen Armee und denen der anderen deutschen Staaten, deren Armeen mit Ausnahme von Bayern seit 1871 unter dem militärischen Oberbefehl des Deutschen Kaisers und Königs von Preußen standen, zumindest als Reserveoffiziere Dienst taten. Aber Ende der siebziger Jahre schwenkte die politische Richtung unter Bismarcks Einfluß deutlich zum Konservatismus um, verbunden mit der »Sammlungspolitik aller staatserhaltenden Kräfte«, dem Sozialistengesetz und einem merklich zunehmenden Antisemitismus. Die Ernennung (1881) des erzkonservativen Robert v. Puttkamer zum preußischen Innenminister führte zu einer intensiven und bleibenden konservativen Prägung der ihm unterstellten deutschen Beamten. Dieser konservative Zeitgeist machte sich dann im Laufe des Jahrzehnts auch an den Universitäten bemerkbar, stärkte das Korpsstudententum und erlangte dadurch wiederum Einfluß auf die Haltung der Reserveoffiziere, die vielfach aus eben diesem Korpsstudententum kamen. Bedenkt man zusätzlich noch den Einfluß des Hofpredigers Adolph Stöcker und der von ihm begründeten antisemitischen Christlich-Sozialen Partei auf weite Kreise der Gesellschaft, so wird verständlich, weshalb Juden zur genannten Zeit nicht einmal mehr Platz im 1860 eingeführten Reserveoffizierskorps fanden. Dabei handelte es sich übrigens nicht um ein aktives Offizierskorps. Die Angehörigen waren Zivilisten – im Volksmund »Manöveronkel« –, die einige Wochen im Jahr ihren recht beschränkten militärischen Dienst ableisteten. Außer in Bayern wurde seit 1885 kein Jude mehr zum Reserveoffizier gewählt; für die fünf vorangehenden Jahre liegen keine Belege vor.[8]

Bayern nahm, wie erwähnt, in dieser Frage eine Sonderstellung ein. Dieser deutsche Staat hatte es während der Reichsgründung durchgesetzt, seine militärische Oberhoheit nicht, wie die anderen deutschen Staaten, an den Oberbefehlshaber der deutschen Armeen, den Deutschen Kaiser und preußischen König, abzutreten. In Bayern blieb die alte Regelung bestehen, daß das Heer, außer im Kriegsfall, unter dem Oberbefehl des Königs von Bayern stand. Im Gegensatz zu Preußen und den anderen deutschen Staaten hatte Bayern bereits im Laufe des 19. Jahrhunderts vereinzelt Juden zum aktiven Militärdienst wie auch später als Reserveoffiziere zugelassen. Es ist gut möglich, daß man sich in Bayern trotz eines auch dort keineswegs abwesenden Antisemitismus den nicht sehr beliebten Preußen gegenüber »liberaler« zeigen wollte, als es der Wirklichkeit entsprach. Und so dienten Juden, viele von ihnen Bürger aus anderen deutschen Staaten, als Offiziere im bayerischen Heer, allerdings nicht in sehr großer Anzahl und häufig im Sanitätsdienst. Auch im österreich-ungarischen Kaiserstaat begegneten Juden keinen Schwierigkeiten, wenn sie Offiziere werden wollten. Sie stiegen sogar oft zu recht hohen Rängen auf. Diese Liberalität erklärt sich zum Teil daraus, daß in Österreich-Ungarn als Vielvölkerstaat Konzessionen an ethnische und konfessionelle Minderheiten gang und gäbe waren. Aber auch die Person des Monarchen, Kaiser Franz-Joseph, war wichtig. Im Gegensatz zu den preußischen, stark antisemitischen Hohenzollern blieb der Kaiser von Österrreich-Ungarn den Juden seines Landes freundlich gesinnt.

Im kaiserlichen Deutschland wurde hingegen der schon erwähnte, aufkommende Antisemitismus in den achtziger und neunziger Jahren immer ausgeprägter. Mancher deutsche Antisemit machte für die lange wirtschaftliche Rezession von 1873 bis Ende des 19. Jahrhunderts »die Juden« verantwortlich. Nun verankerte sich der Antisemitismus auch im ehemals liberalen Bürgertum, in den Universitäten und innerhalb des Militärs. Das führte in den neunziger Jahren zu Gründungen von Organisationen, deren hauptsächliche Aufgabe die Bekämpfung eben dieses Antisemitismus war. Dazu gehörte der 1890 gegründete überkonfessionelle »Verein zur Abwehr des Antisemitismus« (Abwehrverein) ebenso wie der drei Jahre später entstandene »Centralverein deutscher Staatsbürger jüdischen Glaubens« (CV). Erst als mit dem wirtschaftlichen Aufschwung nach 1896 der Antisemitismus vorübergehend seine Wirkungskraft etwas einbüßte und viele der kleinen antisemitischen Parteien verschwanden, beschlossen die führenden Kräfte in der deutschen Judenheit, aus der Defensive zum Angriff vorzugehen und sich für die volle Durchsetzung der ihnen zustehenden bürgerlichen Rechte einzusetzen. Dazu gehörte vor allem die allgemeine Gleichstellung mit Nichtjuden und damit auch die Einstellung und Beförderung im Staatsdienst, der militärische Bereich miteinbeschlossen. All das hatte man ihnen, obwohl in der Verfassung verankert, in der Praxis jahrzehntelang vorenthalten.[9]

Die Organisation, die sich diesem Ziel ganz besonders widmete, war der 1904 gegründete »Verband der deutschen Juden«. Schon 1905, also ein Jahr nach seiner Gründung, machte er es sich zur Aufgabe, den deutschen Juden eben diese rechtliche Gleichstellung mit Nichtjuden im Staatsdienst zu erkämpfen. In jedem Frühjahr von 1908 bis 1914, wenn das militärische Budget vom Reichstag verabschiedet werden mußte, wurde dem jeweiligen preußischen Kriegsminister seitens ausgewählter, fast immer nicht-jüdischer Abgeordneter, vor allem aus der eng mit den oben genannten Organisationen zusammenarbeitenden »Deutschen Fortschrittlichen Volkspartei«, Fälle von jüdischen Einjährig-Freiwilligen vorgestellt, die sich während der Ableistung ihres Militärdienstes erfolglos um das Patent eines Reserveoffiziers beworben hatten. Und in jedem Jahr geschah immer wieder das gleiche. Der jeweilige Kriegsminister – Karl von Einem (1903–1909), Josias von Heeringen (1909–1913) und Erich von Falkenhayn (1913–1915) – reagierte stets mit nahezu identischen Argumenten: Die Ablehnung eines jüdischen Bewerbers seitens der Reserveoffiziere des jeweiligen Regiments, die diesen laut Vorschrift einstimmig zu wählen hatten, beruhe keineswegs auf antisemitischen Vorurteilen, sondern auf der angeblich ungenügenden Qualifizierung des Bewerbers. Dabei hatten sowohl v. Einem wie v. Heeringen, wenn sie gelegentlich in die Enge getrieben wurden, tatsächlich zugegeben, daß Antisemitismus hier und da doch eine Rolle gespielt haben mag.

Es ist immerhin beachtenswert, daß zwischen 1885 und 1910 schätzungsweise zwischen 20000 und 30000 junge jüdische Soldaten als Einjährig-Freiwillige im Heer Dienst getan und sich davon viele vergeblich um Aufnahme ins Reserveoffizierskorps beworben hatten. Keiner von ihnen schien für solch einen Rang »qualifiziert«. Es muß hier auch angemerkt werden, daß die fehlende Qualifizierung immer dann wegzufallen schien, wenn der Bewerber zwar jüdischer Abstammung, aber getauft war. Als ein Abgeordneter der »Deutschen Fortschrittlichen Volkspartei«, Dr. Georg Gothein (Mitglied des Abwehrvereins), den Kriegsminister v. Heeringen während einer Reichstagsdebatte einmal ausdrücklich fragte, ob das Handikap eines von Gothein genannten jüdischen Soldaten, der wegen seiner angeblich unmilitärischen Haltung nicht zum Leutnant der Reserve gewählt worden war, weggefallen wäre, wenn dieser sich hätte taufen lassen, bekam er keine Antwort. Kurz, bis zum Kriegsausbruch im August 1914 gab es im Deutschen Kaiserreich – Bayern ausgenommen – keine jüdischen Reserveoffiziere.[10]

Dies änderte sich nach Ausbruch des »Großen Krieges«. Der rauschartige Patriotismus erfaßte auch die deutschen Juden, wie aus der jüdischen Presse jener Tage deutlich hervorgeht. Viele junge Juden meldeten sich freiwillig zu den Waffen. Und plötzlich wurde so mancher von ihnen als genügend qualifiziert befunden, um – ungetauft – zum Leutnant der Reserve befördert zu werden, wobei einige im Laufe der nächsten vier Jahre sogar zum Rang eines Hauptmanns der Reserve aufstiegen. Schon Ende 1915 waren im preußischen Kontingent des deutschen Heeres ca. 500 Juden zum Offizier befördert worden, im bayerischen 200, im württembergischen zehn. Von den 84 352 jüdischen Soldaten (ohne die aus Elsaß-Lothringen, Posen und Hamburg, woher keine genauen Zahlen vorliegen), wurden 2022 (2,4 % der Gesamtzahl) zum Offizier, 1159 (1,37 %) zu Sanitätsoffizieren und Militärbeamten im Offiziersrang befördert.[11] Auch in der neuen Waffengattung des Jagdflieger-Corps waren Juden vertreten, schätzungsweise etwas über 200, die alle als Piloten ausgebildet waren. Von ihnen fiel ungefähr jeder vierte. Der wohl bekannteste jüdische Jagdflieger, Wilhelm Frankl, seit Mai 1916 Leutnant der Reserve, hatte sich wenige Monate vor Ausbruch des Krieges taufen lassen, um als Flieger leichter Karriere machen zu können. Er wurde 1916 mit dem höchsten preußischen Tapferkeits-Orden, dem »pour le mérite«, ausgezeichnet und starb im April 1917, als sein Flugzeug abgeschossen wurde. Ein weiterer – ungetaufter – jüdischer Pilot, der ebenfalls als Leutnant der Reserve im September 1915 tödlich abstürzte – allerdings während eines Übungsfluges –, war Josef Zürndorfer. Fliegerleutnant Max Elias war Kommandant eines Zeppelins.[12] Lediglich als Beispiele verdienen noch zwei weitere jüdische Offiziere Erwähnung: Dr. Ludwig Haas, Reichstagsabgeordneter für die Deutsche Fortschrittliche Volkspartei, der bei Kriegsausbruch als Unteroffizier des badischen Landsturms an die Front kam, wurde während der schweren Kämpfe um Ypern in Belgien zum Reserveoffizier befördert und erhielt im Herbst 1914 das Eiserne Kreuz II. Klasse, im Juni 1915 das der I. Klasse. Ferner der aus Nürnberg stammende Leutnant, später Oberleutnant der Reserve Hugo Gutmann, Regimentsadjutant im 16. Bayerischen Reserve-Infanterie-Regiment, der den Gefreiten Adolf Hitler, Meldegänger im Regiment List, nicht nur zur Auszeichnung mit dem Eisernen Kreuz Erster Klasse vorgeschlagen hatte, sondern es ihm auch am 4. August 1918 persönlich überreichte.[13]

Während der andauernden und sehr verlustreichen Kämpfe an der Front einen jüdischen Soldaten im Unteroffiziersrang zum Leutnant der Reserve zu ernennen – was im übrigen nur dann gelang, wenn der Kompanieführer keine konfessionellen Vorurteile hatte –, war eine Sache. Eine andere war es, sich als Jude um Aufnahme in das preußische Kadettenkorps zu bewerben, wie es der Universitätsprofessor und kgl. Oberarzt a.D., Dr. Max Rothmann, im September 1914 für seinen Sohn Hans versucht hatte. Das Gesuch an den Kaiser und König Wilhelm II. blieb zunächst unbeantwortet. Am 10. November 1914 kam dann die Antwort des stellvertretenden Kriegsministers, Franz Gustav v. Wandel, der Rothmann mitteilte, das Gesuch für seinen Sohn wäre »auf Allerhöchsten Befehl« zur Prüfung an das Kriegsministerium weitergeleitet worden. »(...) Nachdem diese Prüfung stattgefunden hat, wird Ihnen eröffnet, daß dem Gesuch Folge nicht gegeben werden kann. Die Grundlage der Erziehung im Kadettenkorps [zu aktiven Offizieren; d. Verf.] ist nach seinen Statuten der christliche Glaube und die christliche Gesinnung. Da Ihr Sohn sich aber zur mosaischen Religion bekennt, so bedauert das Kriegsministerium, in Betreff Ihres Gesuchs einen ablehnenden Standpunkt einnehmen zu müssen. In Vertretung. v. Wandel«.[14]

Obwohl von den rund 100000 jüdischen Soldaten im Weltkrieg etwa 2000 ungetauft zum Offizier befördert wurden, 2000 das Eiserne Kreuz Erster Klasse und 10000 das der Zweiten Klasse erhielten, und obwohl insgesamt 12000 gefallen sind, verstummten die antisemitischen Angriffe und wüsten Verleumdungen über angebliche »jüdische Feigheit« und »Drückebergerei« nicht. Es war daher nicht weiter verwunderlich, daß das preußische Kriegsministerium derartige Anschuldigungen zum Vorwand nahm, am 11. Oktober 1916 die statistische Erfassung der Soldaten jüdischen Glaubens in den Verbänden der preußischen Armee anzuordnen. Dieser Vorgang, die sogenannte »Judenzählung«, schloß alle unter preußischem Oberbefehl stehenden staatlichen militärischen Verbände mit ein, wobei allerdings Bayern sich dieser konfessionellen Erhebung nicht anschloß. Am 3. November 1916 äußerte sich der vorübergehend von der Front beurlaubte Reserveoffizier Dr. Ludwig Haas als Abgeordneter im Plenum des Reichstags zum Erlaß des preußischen Kriegsministeriums und wies auf die diffamierenden Folgen hin, die dieser Erlaß speziell für jüdische Offiziere hatte: »Meine Herren, der Erlaß ist auch geeignet, die Autorität jüdischer Vorgesetzter zu untergraben. Ich mache keinen Hehl daraus: Mir wäre es als Kompagnieführer nicht angenehm gewesen, wenn dieser Erlaß in die Hände meines Kompagnieschreibers und meines Kompagniefeldwebels gekommen wäre (...) Ich habe eine

Fülle von Briefen in diesen Tagen erhalten voller Klagen über den Erlaß, und es sind Briefe darunter – die Tränen können einem ins Auge kommen. Es geht durch alle Briefe hindurch: Nun sind wir gezeichnet.«[15]

Die »Judenstatistik« wurde offiziell nie veröffentlicht, hatte aber ihre Wirkung getan. Der Antisemitismus wurde in den letzten beiden Kriegsjahren immer ausgeprägter, zumal im einflußreichen »Alldeutschen Verband« und der 1917 neugegründeten »Deutschen Vaterlandspartei«. Nun machte sich auch das vorher dem Antisemitismus weitgehend ablehnend gegenüberstehende Bildungs- und Besitzbürgertum die Vorurteile des radikalen Kleinbürgertums zu eigen. So erstarkten und agitierten unter Führung einflußreicher Stellen und Persönlichkeiten antisemitische Organisationen wie der »Reichshammerbund«, der »Verband gegen die Überhebung des Judentums«, der »Deutschbund« und weitere Organisationen.[16] Die jüdischen Offiziere kämpften unterdessen weiter für das Vaterland, in dem sie zunehmend angegriffen und gedemütigt wurden.

Nach dem militärischen Zusammenbruch im November 1918 gab es, auch wenn das damals keiner hätte voraussagen können, keine Gelegenheit mehr für deutsche Juden, je wieder in Deutschland Offizier werden zu können. Obwohl Juden laut Weimarer Verfassung bei Beförderungen im Staatsdienst nicht mehr diskriminiert werden durften, dienten in der Reichswehr der Republik, soweit bekannt, keine Juden, geschweige denn als Offiziere. Dazu war die Reichswehr trotz ihrer offiziellen politischen Neutralität zu konservativ, zu nationalistisch. Und viele Juden, die im Ersten Weltkrieg als Offiziere im deutschen Heer gedient hatten, mußten bald nach Hitlers Ernennung zum Reichskanzler feststellen, daß weder ihr Kriegsdienst noch ihr dabei erreichter Rang oder ihre militärischen Auszeichnungen sie davor bewahrten, erst diskriminiert, dann isoliert und schließlich im Laufe der »Endlösung« vernichtet zu werden.

Anmerkungen

1 S. Wenzel, Jüdische Bürger und Kommunale Selbstverwaltung in Preussischen Städten 1808–1848 (Veröffentlichungen der Historischen Kommission zu Berlin, Bd. 31), Berlin 1967, S. 44–45, 144.

2 Zu dieser Frage vgl. H. Fischer, Judentum, Staat und Heer in Preussen im frühen 19. Jahrhundert. Zur Geschichte der staatlichen Judenpolitik (Schriftenreihe wissenschaftlicher Abhandlungen des Leo Baeck Instituts, Bd. 20), Tübingen 1968, S. 32–53, passim.

3 Fischer, S. 40–43 u. passim.

4 Fischer, S. 127–129.

5 L. Cecil, »Wilhelm II. und die Juden« in: Juden im Wilhelminischen Deutschland 1890–1914. Ein Sammelband hrsg. von W. E. Mosse unter Mitwirkung von A. Paucker (Schriftenreihe wissenschaftlicher Abhandlungen des Leo Baeck Instituts, Bd. 33), Tübingen 1976, S. 318, einschl. Anm. 11; S. Katznelson (Hg.), Juden im Deutschen Kulturbereich. Ein Sammelwerk. Berlin 1962, S. 817–818; J. Toury, Die politischen Orientierungen der Juden in Deutschland. Von Jena bis Weimar (Schriftenreihe wissenschaftlicher Abhandlungen des Leo Baeck Instituts, Bd. 15), Tübingen 1966, S. 352.

6 Fischer, S. 53–62, 67–84, passim; E.R. Huber, (Hg.), Dokumente zur Deutschen Verfassungsgeschichte I, Stuttgart 1961, S. 386, 402, Stuttgart 1964, S. 248 u. Anm. 18; E. Hamburger, Juden im öffentlichen Leben Deutschlands. Regierungsmitglieder, Beamte und Parlamentarier in der monarchischen Zeit 1848–1918 (Schriftenreihe wissenschaftlicher Abhandlungen des Leo Baeck Instituts, Bd. 19), Tübingen 1968, S. 24–26; R. Rürup, The Tortuous and Thorny Path to Legal Equality. ›Jew Laws‹ and Emancipatory Legislation in Germany from the Late Eighteenth Century, in: Leo Baeck Year Book XXXI (hiern. LBIYB), London 1986, S. 18.

7 Katznelson, S. 820; W.T. Angress, Prussia's Army and the Jewish Reserve Officer Controversy Before World War I, in: Imperial Germany, edited with an introduction by J.J. Sheehan, New York/London 1976, S. 95 und S. 118, Anm. 13.

8 Angress, S. 93–104.

9 Wenn nicht anders vermerkt, hierfür und für die folgenden Ausführungen vgl. Angress, passim.

10 Zu Gotheins Frage, die er bei zwei verschiedenen Gelegenheiten 1910 und 1911 an den Kriegsminister stellte, s. Stenographische Berichte des deutschen Reichstags, Bd. 259, 32. Sitzung (10. Februar 1910), S. 1106; u. ebd., Bd. 264, 135. Sitzung (25. Februar 1911), S. 4961.

11 Deutsche Juedische Soldaten 1914–1945. Katalog der Wanderausstellung des Militärgeschichtlichen Forschungsamtes, Freiburg 1982, S. 28–29. S. auch S. 12–17, 22–60, passim; W. Jochmann, Die Ausbreitung des Antisemitismus, in: Deutsches Judentum in Krieg und Revolution 1916–1923 (Schriftenreihe der wissenschaftlichen Abhandlungen des Leo Baeck Instituts, Bd. 25), Tübingen 1971, S. 421 u. Anm. 35.

12 Deutsche Juedische Soldaten, S. 45, 48–49, 86–87; Katznelson, S. 820–821; Philo Lexikon. Handbuch des jüdischen Wissens, Berlin 1935, S. 196–197. P.Y. Mayer, Equality – Egality. Jews in Sport in Germany, in: BIYB XXV, London 1980, S. 226.

13 Zu Haas s. Deutsche Juedische Soldaten, S. 116. Zu Gutman s. J.C. Fest, Hitler.

Eine Biographie, Frankfurt/Berlin/Wien 1973, S. 103; E. Deuerlein, Hitler. Eine politische Biographie, Augsburg 1969, S. 40.

14 T.W. Angress, Das deutsche Militär und die Juden im Ersten Weltkrieg. Dokumentation, in: Militärgeschichtliche Mitteilungen 1, 1976, S. 77–146, Dok. 1c u. 1e, S. 90, 91.

15 Deutsche Juedische Soldaten, S. 57; Angress, Das deutsche Militär, S. 77–88, 99.

16 Jochmann, S. 436–437.

Ursula Breymayer

»Mein Kampf«: Das Phantom des Offiziers

Zur Autobiographie eines jüdischen Wilhelminers

Walther Rathenaus Versuch, eine Offizierskarriere bei den Berliner Gardekürassieren einzuschlagen, endete mit der für ihn »schwersten Kränkung, die ein Staat einer Bevölkerungsgruppe zuzufügen vermag«[1]: Er wurde nicht einmal zur Eignungsprüfung für Offiziersaspiranten zugelassen. Dies habe Rathenau »nie verwinden können«, er sei ein »unbefriedigter Idealist und ein nicht glücklicher Mensch« gewesen. Die Diagnose stammt von einem, der das Trauma des verhinderten Offiziers aus eigener Erfahrung allzu gut kannte: Willy Ritter Liebermann von Wahlendorf. 1936 – im Alter von 73 Jahren – verfaßte er in Meran eine Autobiographie und überschrieb sie mit »Mein Kampf«.[2] Der Titel war einerseits als trotzige Replik eines Emigranten an die Adresse Adolf Hitlers gerichtet – das »Mein« ist im Originalmanuskript dreifach unterstrichen –, und benennt zum anderen die Maxime seines Lebens. Der Wunsch, zum Offizier zu avancieren und damit den preußischen Idealberuf auszuüben, war ihm wie den meisten ungetauften Juden im Kaiserreich verwehrt geblieben. Doch anders als sein Neffe Rathenau ging der gescheiterte Offizier Liebermann buchstäblich in die Offensive. Um ein jüdischer *und* deutscher ›Ehrenmann‹ sein zu können, versuchte er, den ersten Stand im Staat – das Militär – mit dessen eigenen Waffen zu schlagen. Der Zweikampf – ausgetragen mit dem Degen oder mit Pistolen – schien ihm das einzige erfolgversprechende Mittel gegen den Antisemitismus und gegen die Borniertheit der militärischen Kaste.

Liebermanns ›ritterliche‹ Strategie wirkt ebenso romantisch wie paradox und verdient deshalb eine nähere Betrachtung. Ausgerechnet das Duellieren – sorgsam gehütetes Standesprivileg der wilhelminischen Elite – wurde zu seinem »Spezialgebiet« (174) und sollte nicht allein der Verteidigung der persönlichen Ehre dienen, sondern Gleichberechtigung »im Interesse des Judentums« (95) durchsetzen. Und der Offizier geistert als eine Art Phantom durch seine Memoiren. Einem Offizier sieht Liebermann offenbar zum Verwechseln ähnlich; Offiziere bilden seinen gesellschaftlichen Umgang, ob als bewunderte Vor- oder gehaßte Zerrbilder, als Freunde oder als Duellgegner. Aus der Distanz des erzwungenen Exils ist seine Schilderung zwar durchaus von selbstkritischen Reflexionen begleitet, gipfelnd in der Einschätzung, er habe an »Ehrbegriffspsychose« gelitten (210). Hin- und hergerissen zwischen elitärem und egalitärem Denken, zwischen ›adligen‹ und ›bürgerlichen‹ Verhaltensmustern erweist sich Liebermann als Prototyp eines »Übergangsmenschen« (Hermann Conradi) im wilhelminischen Kaiserreich. Die Niederschrift seines ›Kampfberichtes‹ dokumentiert nicht nur eine merkwürdige Form des Widerstandes gegen den Antisemitismus, sondern auch den für seine Generation bezeichnenden Widerstand gegen die Moderne. Liebermanns Autobiographie ist das Psychogramm eines jüdischen ›Wilhelminers‹ und eines Don Quichote gegen den Antisemitismus.

I. Die ›väterlichen‹ Autoritäten

Martin Doerry hat eine Art Kollektivporträt der zwischen 1855 und 1865 geborenen wilhelminischen »Übergangsmenschen« erstellt. Vier Merkmale konnte er herausfiltern; sie formierten sich zu einer Mentalität, die insbesondere die Krisenjahre des Kaiserreichs vor 1914 dominierte: »Autoritätsfixierung, Assimilation, Harmonieorientierung und Aggressivität«.[3] Die betroffenen Jahrgänge haben im Unterschied zur Generation ihrer Väter nicht an den Einigungskriegen teilgenommen, jedoch die Reichsgründung als prägend erlebt. Der 1863 »an der Ecke zweier der elegantesten Straßen Berlins, Unter den Linden/Wilhelmstraße« geborene Liebermann schildert seine Eindrücke anläßlich des »herrlichen Einzugs der siegreichen deutschen Truppen mit Wilhelm I., dem Kronprinzen, Bismarck und Moltke an der Spitze«, Eindrücke, die er niemals vergaß, »denn damals dämmerte selbst dem achtjährigen Jungen ein erster Begriff von einem wirklich großen, von vornehmen, bedeutenden Männern geführten Deutschland« (9/10).

Nach der Reichsgründung sei, so Norbert Elias, »eine eigentümliche Spielart des Bürgertums« auf die Szene getreten, »bürgerliche Menschen, die die Lebenshaltung und die Normen des Militäradels zu den ihren machten«. Diese Adaption hält Elias für eine »Kapitulation weiter Kreise des Bürgertums vor dem Adel«. Das Bürgertum, dem die Einigung gleichsam ›von oben‹ in den Schoß gefallen war, wandte sich jetzt »gegen den klassischen bürgerlichen Idealismus, zugunsten eines Scheinrealismus der Macht«.[4] Die kulturelle Selbstbehauptung, mit der sich das Bürgertum einst vom Adel abgegrenzt hatte, und eine wachsende Dominanz militärischer Werte sind bei Liebermanns Familie gleichermaßen spürbar. Der Vater besaß eine bedeutende Kunstsammlung – Adolph von Menzels berühmtes »Eisenwalzwerk« gehörte dazu –, die eine Attraktion auch für Mitglieder des kaiserlichen Hofes gewesen sein muß. Schon Wochen vor dem Besuch des deutschen Kronprinzenpaares und ihres Sohnes (dem späteren Kaiser Wilhelm II.) wurde dem damals zehnjährigen Willy und seinen Brüdern eingeschärft, welche Antwort den hohen Gästen auf die Frage nach dem künftigen Berufswunsch zu geben sei: »Soldaten, kaiserliche Hoheit«(27).

1873 war Willys Vater selbst in den österreichischen Ritterstand erhoben worden und hatte den preußischen Adelstitel erhalten. Die Bewunderung für die preußischen Führer, den »herrlichen Bismarck«, Moltke und andere hohe Offiziere sowie die ältere Generation der kaiserlichen Familie hielt Liebermann sein Leben lang aufrecht (33). Sie waren seine Fixsterne, vorbehaltslos anerkannte ›väterliche‹ Autoritäten, zu denen selbstverständlich auch der leibliche Vater zählte. Liebermann bemängelt allerdings, er habe zuwenig Hiebe bekommen. Als einer der väterlichen »Erziehungserfolge« wird hingegen folgende Begebenheit gewertet: Einer Lappalie wegen erhielt der Vater eine Duellforderung von einem adligen Geheimrat. Jeder der drei Söhne ging daraufhin zum Vater und bat, »sich für ihn schießen zu dürfen«(20).

Generell werden Elternhaus, Kindheit und Adoleszenz nachträglich zum Inbegriff einzigartiger Harmonie und Integrität verklärt.[5] Kritik übt Liebermann lediglich an der schulischen Autorität; das geringe soziale Prestige der (mehrheitlich bürgerlichen) Lehrerschaft im wilhelminischen Kaiserreich erlaubte eine gewisse Verachtung und Auflehnung, ohne die tatsächlichen Obrigkeiten der Gesellschaft anzutasten.

II. Assimilationsversuche: Mensur und Militär

Liebermanns Familie verkörperte geradezu idealtypisch das assimilierte wilhelminische Großbürgertum. Man war reich *und* kultiviert, verfügte über eine vielzählige Dienerschaft und wertvolle Kunstschätze, veranstaltete glanzvolle Feste, zu denen nicht nur die »großen jüdischen Familien« sowie Diplomaten, Parlamentarier, Aristokraten, Gelehrte und Kulturschaffende des christlichen Berlin herbeiströmten, sondern auch, wie Liebermann stolz betont, »die damals sehr bevorzugten Offiziere der Potsdamer und Berliner Garderegimenter« (14). Doch die von ihm so häufig beschworene Toleranz der höchsten christlichen Kreise war nur ein dünner Firnis, unter dem die Fratze des Antisemitismus jederzeit auftauchen konnte. Seit 1873, dem »Gründerkrach«, verursachten periodisch auftretende Wirtschaftskrisen immer neue antisemitische Wellen, denen die jüdische Minderheit in Deutschland mit verstärkten Assimilationsbemühungen zu begegnen suchte. Der alljährlich liebevoll geschmückte, bis an die 15 Meter hohe Decke des Salons reichende Weihnachtsbaum im Hause Liebermann – augenfälliges Symbol der Assimilation – und die regen Kontakte mit der christlichen Oberklasse verschleiern die Tatsache, daß etwa in Berlin zwei konfessionell getrennte Gesellschaften und ein institutionell verankerter Antisemitismus existierten. In öffentlichen Schulen, Universitäten und in der Armee – hier mußten alle Juden im Kaiserreich demütigende Erfahrungen machen.[6]

Zunächst war es Liebermanns Bruder, dem – trotz Fürsprache eines Verwandten Bismarcks und »trotz sicher guter Leistungen« – nach Ablauf seines Einjährigen-Dienstes die Offiziersqualifikation verweigert wurde (39). Der geplante »Militärweg« Willys sollte deshalb durch den Eintritt in ein Studentencorps geebnet werden. Um an die Spitze der Gesellschaft und eine künftige Führungsposition zu gelangen, war die Mitgliedschaft in einer möglichst renommierten schlagenden Verbindung besonders für bürgerliche Aufsteiger eine obligatorische Station: Der aus der Geborgenheit der Familie entlassene junge Mann erhielt hier eine neue, fest umrissene Kollektividentität in einer Gemeinschaft Gleichgesinnter. Nicht zufällig scheint Liebermann in seinen Corpsbrüdern, die ihm »den Pulsschlag der christlichen Gesellschaft zu vermitteln schienen« (67), eine Art Familienersatz gefunden zu haben: »Ich will gleich hier bekennen, daß mir nächst meiner engeren Familie das Corps bis Oktober 1935 wohl am allernächsten im Leben gestanden hat«. Als Corpsmitglied gehörte er automatisch einer privilegierten Kaste an: »Wir Corpsstudenten waren die Herren der Stadt und die Lieblinge der jungen Mädchen.«(42/43)

Seit der Reichsgründung »gewannen die schlagenden Studentenverbindungen (zusammen mit den Offiziersmessen) die Funktion von Prägestätten eines gemeinsamen Verhaltens- und Empfindenskanons der deutschen Oberschichten«.[7] Zentrales und verbindendes Element der zu einer »Gesellschaft der Satisfaktionsfähigen« verschmelzenden alten adligen und bürgerlichen Kreise war eine durch Mensuren und Duelle hergestellte exklusive Standesehre.[8] Liebermann, der in Würzburg ein Chemiestudium begann, genoß bei den Würzburger »Mainländern« die übliche Corps-›Erziehung‹, die mit bürgerlichen Bildungs- und Moralvorstellungen wenig gemein hatte: »Ich lernte ›saufen‹ (...) und fechten (...). Das Leben war schön, frei und ungebunden; auf den Bällen (...) spielte man eine herrliche Rolle.« (40/41) In Wirklichkeit gestaltete sich diese ›feudale‹ Lebensweise alles andere als frei: Ein strenger Regelkanon prägte den Verbindungsalltag und insbesondere seinen wichtigsten Bestandteil, die Mensur. Unter Bestimmungsmensur verstand man zu dieser Zeit einen formalisierten Zweikampf, der nicht, wie das Duell, aufgrund einer Beleidigung auszutragen war. Mitglieder verschiedener Verbindungen wurden über Namenslisten ausgewählt, um gegeneinander zu kämpfen. Es galt, sowohl das persönliche, als auch das Ansehen der eigenen Verbindung zu stärken: schlagkräftig, furchtlos und standfest – man durfte nicht hinter die Mensurlinie zurückweichen – bereit, Schmerzen und Verletzungen zu ertragen. Durch Mensuren, so Wilhelm II., würden »der Mut und die Kraft des Mannes gestählt« und »der Grund von Festigkeit erworben, der später im großen Leben wichtig ist«.[9] Die auf Dauer sichtbaren Zeichen eines erfolgreich ausgestandenen Kampfes waren die Schmisse im Gesicht, die ihren Träger auf den ersten Blick als willensstark, ›männlich‹ und als rechtmäßiges Mitglied der »satisfaktionsfähigen Gesellschaft« auswiesen. Selbst die Trinkfestigkeit mußte in Gestalt eines Kampfrituals unter Beweis gestellt werden.

Im Oktober 1884 trat Liebermann bei den Gießener »Starkenburgern« ein, »einem besonders gut angesehenen Corps«, das »den adligen zugerechnet wurde« (42). Die strenge Statushierarchie innerhalb der einzelnen Studentenverbände – zunächst war man »Fuchs«, nach erfolgreichen Mensuren dann »Bursche«, anschließend galt das Anciennitätsprinzip – setzte sich im Konkurrenzverhältnis der Corps und Burschenschaften untereinander fort. Am höchsten angesiedelt waren die meist adligen Corps; Wilhelm II. etwa war Corpsstudent der exklusiven Bonner »Borussen«.

Wegen seiner »schwierigen Sonderstellung« als Jude mußte Liebermann »natürlich die allerschwersten Bestimmungsmensuren« hinter sich bringen, »war das Fechten doch ein starker Bestandteil unserer deutschen Ehre« (43). Offensichtlich mußte er noch mutiger sein als seine christlichen Corpsbrüder, sich gegen das Vorurteil wehren, Juden wären feige oder »Drückeberger«. Die häufiger zu erneuernde »Bluttaufe der Mensur« war demnach ein unverzichtbarer Gleichberechtigungsnachweis und für den ungetauften Juden Liebermann sozusagen Ersatz für die kirchliche Taufe.[10] Diese nämlich lehnte er vor allem deshalb ab, weil sie ein Zeichen der Schwäche sei, Charakterlosigkeit und »eine ganze Reihe minderwertiger Eigenschaften« fördere (271).

Mut, Tatkraft und Stehvermögen durften unter Ehrenmännern keinesfalls in Frage gestellt werden. Die unbedingte Pflicht zum Zweikampf diene, so Liebermann, der »Selbstbeherrschung«, fördere »Selbstbewußtsein« und sei »geeignet, den zwischen Männern so erfreulichen Standpunkt gegenseitiger Achtung zu schaffen und zu festigen« (44). Wer sich einer Mensur oder einem Duell entzog, wurde aus dem ehrenwerten Männerbund ausgestoßen: Studenten wurden ›geschaßt‹, Offiziere gezwungen, ihren Abschied zu nehmen. Liebermanns unfreiwillige spätere Trennung von seinen vermeintlichen Blutsbrüdern erfolgte aber nicht, weil er seinen Ehrverpflichtungen nicht nachgekommen war, sondern aufgrund der im September 1935 erlassenen »Nürnberger Blutschutzgesetze«.

Bereits 1896 beschloß der Deutsche Burschentag, ungetaufte Juden nicht mehr in die ›christlichen‹ Verbindungen aufzunehmen; Liebermann war zuletzt der einzig verbliebene Jude von 28000 Mitgliedern im »Kösener Verband«, der 1855 gegründeten nationalen Dachorganisation der Corps. Seit den 70er Jahren des 19. Jahrhunderts entstanden rein jüdische Verbindungen, die sich 1896 ebenfalls zu einer überregionalen Vereinigung, dem »Kartell-Convent jüdischer Verbindungen« zusammenschlossen.[11] In diesen wurden mindestens ebenso strenge Bestimmungsmensuren ausgefochten, um die Mitglieder zu furchtlosen und schlagkräftigen Männern auszubilden. Auch in Österreich, so Arthur Schnitzler in seiner Autobiographie, wurde der wachsende Antisemitismus an den Universitäten mit Mensuren und Duellen bekämpft: »(...) unter dem Zwang dieser Umstände hatten sich viele unter den jüdischen Studenten zu besonders tüchtigen und gefährlichen Fechtern entwickelt (...)«[12]

III. Harmonieorientierung und Aggressivität: Duelle

Die Satisfaktionsfähigkeit der schlagenden Verbindungen bedeutete für ihre Mitglieder die faktische Gleichstellung mit Offizieren. Dies sollte sich für Liebermann spätestens bei seinem Versuch, selbst Offizier zu werden, als besonders wertvoll erweisen. Im Oktober 1886 meldete er sich als Einjährig-Freiwilliger auf Empfehlung eines befreundeten Majors bei den 15. Ulanen in Straßburg. Statt der üblicherweise vorgeschriebenen zwei- oder dreijährigen aktiven Dienstzeit konnten Abiturienten den Wehrdienst bei einem selbst ausgewählten Truppenteil auf ein Jahr verkürzen; anschließend absolvierten sie meist eine Prüfung zum Reserveoffizier. Diese in erster Linie für Bürgersöhne geschaffene Institution war maßgeblich daran beteiligt, militärische Verhaltensnormen ins zivile Leben hineinzutragen.

Liebermann entschied sich für ein Kavallerieregiment, wohl wegen des besonders hohen Prestiges der Reitertruppen. Der berittene Offizier galt als eine Art direkter Nachfahre des mittelalterlichen Ritters. Liebermann empfand aber eine »heilige Scheu«, sich in christliche Aristokratenkreise zu drängen und war der Meinung, daß Juden niemals mehr als »berechtigte Gleichstellung« mit »gleicherzogenen christlichen bürgerlichen« Kreisen anstreben sollten (116). Deshalb versuchte er auch nicht, wie etwa Rathenau, in ein rein feudal geprägtes Regiment aufgenommen zu werden.[13] Die Ulanen gehörten jedenfalls zur weniger exklusiven, leichten Kavallerie. »Die schönen Pferde, das Zureiten, das Leben im Freien, die blaugelbe Uniform und die sportliche Einstellung unseres Rekrutenleutnants (...), die Gunst der Frauen und so weiter; das alles ließ in mir seit jeher begeisterten Reitersmann den Wunsch aufleben, umzusatteln und aktiver Cavallerieoffizier zu werden«, berichtet von Liebermann vom hoffnungsfrohen

Beginn seiner Dienstzeit (56). Doch obwohl er »der beste Reiter und der größte Mann und als solcher Flügelmann der Schwadron« war und »das sprichwörtliche As aus der Karte« schoß, diente ein harmloses Vergehen seinem Rittmeister als Vorwand, ihn nicht einmal zum Gefreiten zu befördern und damit jeden weiteren militärischen Aufstieg zu verhindern: »Ich blieb S. Majestät ›gemeinster Gemeiner‹.«(57)

Für Liebermann war dies vermutlich der von Rathenau anläßlich seiner verhinderten Offizierskarriere geschilderte »schmerzliche Augenblick« im Leben eines jungen Juden, »an den er sich zeitlebens erinnert: wenn ihm zum ersten Male voll bewußt wird, daß er als Bürger zweiter Klasse in die Welt getreten ist, und daß keine Tüchtigkeit und kein Verdienst ihn aus dieser Lage befreien kann«.[14] Liebermann jedoch setzte sich entschlossen zur Wehr: »Und damals – 1887 – ward es mir gewiß, daß ich mir wohl das Vergnügen machen müßte, das einzige Mittel, das nie versagte, anzuwenden; um die mutigen Ritter des Judenhasses, die sich so sehr überlegen vorkamen, vor mich auf die gleiche Ebene als Gleichberechtigte zu bringen: das Duell«. (57/58) Unmittelbar nach Beendigung der Dienstzeit forderte er seinen Vorgesetzten, einen Vetter des Generalfeldmarschalls von Mackensen. Dieses Duell – wohl das wichtigste unter einer »Unzahl von Forderungen und Ehrangelegenheiten« in seinem Leben (142) – endete nach mehrmaligem Schußwechsel mit einer Verletzung des Rittmeisters. Liebermann erhielt »glänzende Genugtuung« (63) und drei Jahre Festungshaft, der im Vergleich zu einer Gefängnisstrafe ›ehrenvollen‹ Form der gesetzlichen Sühne.[15] Prinzipiell war ein Duell ein schwerer Verstoß gegen das staatliche Gewaltmonopol und mußte strafrechtlich verfolgt werden – es hat nicht an Bestrebungen gefehlt, die Duellpraxis gänzlich zu verbieten oder wenigstens einzudämmen. Aber in einem Land, in dem auch das Staatsoberhaupt zu den Anhängern des Duells zählte, wurden solche Versuche allenfalls halbherzig betrieben.

Duelle besitzen eine scheinbar widersprüchliche Doppelnatur von Aggressivität und Triebverzicht.[16] Das Ausleben von Gewalt wird durch ein Reglement, das den Verlauf des Duells – von der Forderung, den Versöhnungsversuch durch die Sekundanten bis hin zum Schußwechsel – detailgenau vorschreibt, zu einem zeremoniellen Akt höchster Affektkontrolle. Auch Liebermann beteuert immer wieder, daß es keinesfalls um das spontane Ausleben ›niederer‹ Racheinstinkte gehe.

Die Beratungen mit den Sekundanten, nach dem wievielten ergebnislosen Schußwechsel ein Versöhnungsversuch angenommen werden konnte, oder das häufig praktizierte, absichtlich in die Luft feuern bewiesen, »wie wenig blutgierig man in Wirklichkeit« sei (62). Schon mit der Bereitschaft, auf ein Duell einzugehen, wurde die gegenseitige Anerkennung der Ehrenhaftigkeit signalisiert. Und die angestrebte »Satisfaktion« sollte nicht der Bestrafung des Beleidigers dienen, sondern in aller Form Gleichgewicht und Harmonie zwischen Standesgenossen wiederherstellen, auch wenn dies tödlich sein konnte. Mit einem Duell ließ sich die Herrschaft des Willens über den Selbsterhaltungstrieb eindrucksvoll demonstrieren. Nachdem Liebermann vor dem Duell mit dem Rittmeister eine »häßliche Nacht« voller Unruhe verbracht hat und »die nötigen Abschiedsbriefe an Vater und Bruder« verfaßt sind, wird er am Morgen von den Freunden abgeholt »und von diesem Augenblick ab ist alles Ruhe und Kraft«. Für ihn steht der »Mut des Duellanten« sogar höher als der des Soldaten, »denn der Soldat kann doch nicht zurück, während dieser (...) doch in jedem Augenblick Herr über seine Entschließungen ist«, sich also freiwillig der Todesgefahr aussetzt (65/66).

Das Duell war eine Kampfansage an bürgerliche Ideale wie Gleichheit und Humanität; es legitimierte und institutionalisierte die Gewaltanwendung und das Recht des Stärkeren; es betonte das ständische Prinzip, indem diese Form der Gewalttätigkeit nur einer bestimmten privilegierten Gruppe erlaubt war. Während das Duell in anderen europäischen Ländern, namentlich in England, bereits um die Mitte des 19. Jahrhunderts mit dem Aufstieg des Bürgertums an Bedeutung verlor und allenfalls zur Subkultur verkümmerte, fand im Deutschen Reich eine umgekehrte Entwicklung statt. Es scheint, als habe die Adaption von adlig-kriegerischen Verhaltensmustern durch bürgerliche Kreise deren Aufstieg zu einer zentralen Ideologie, zu einem Bestandteil der nationalen deutschen Kulturtradition erst recht begünstigt. Norbert Elias hat versucht, diese Entwicklung aus der Sicht des damaligen Bürgertums zu formulieren: »Alle unsere schönen Ideale haben uns nichts genützt. Was uns aus der Tiefe in die Höhe und so zu dem Ziel geführt hat, das wir so lange erstrebten, war militärische Macht, war kriegerische Gewalt. Sie ist offenbar letzten Endes das, was zählt in den Angelegenheiten der Menschen. Die schönen großen Worte Schillers, Goethes und der anderen, ihr Appell an die Menschheit und Humanität – alles das hat uns wenig geholfen. Geholfen haben schließlich nur der Kampf, der Wille zur Macht und die Härte der Durchführung.«[17]

Liebermann war demnach ganz und gar Kind seiner Zeit. Als Duellant konnte er nicht nur Kampfgeist, Todesmut und Willensstärke beweisen, sondern ein – in seinen Kreisen – unübersehbares Zeichen gegen eine ganze Reihe von antisemitischen Vorurteilen setzen. Ein Duell entzog sich jeglicher ökonomischen Zweckrationalität und schien daher geeignet, die den Juden vorgeworfene ›plutokratische‹ Mentalität, in der besonders altpreußische Kreise eine ernste Bedrohung für das Offizierscorps ausgemacht hatten, zu widerlegen.[18] Liebermann selbst wettert in seinen Memoiren immer wieder ausdrücklich gegen den »starken Materialismus«, der sogar Offiziere erfaßt habe (105 f.) oder mokiert sich über das zur »Parvenu-Protzenstadt« verkommene Berlin (171). Mehr oder weniger unbewußt trotzte er aber auch dem durchaus wohlmeinenden Klischee einer besonderen jüdischen Intellektualität – von den Nationalsozialisten dann als »zersetzender jüdischer Geist« diffamiert. Einem Duell war mit rationalen Kriterien nicht beizukommen, die männliche Ehre beruhte auf einem vorgeblich natürlichen Instinkt: »Schriftlich habe ich den Ehrenkodex nie gesehen; weiß auch nicht, ob einer existierte. Der saß von selbst im Blut und im Gefühl.« (44) Daß er »kein sehr kluger Mensch« gewesen sei, wie einer seiner Bekannten einmal behauptet, empfand Liebermann keineswegs als Beleidigung (239). Ganz anders dagegen der Zionistenführer Max Nordau: In seinem 1898 erschienenen Drama »Doktor Kohn« plädiert Nordau vehement dafür, den ›jüdischen Geist‹ als Tugend zu begreifen. Als der Protagonist Kohn bei einem wegen antisemitischen Beleidigungen ausgetragenen Duell tödlich getroffen wird, mahnt sein Vater: »Was hat mein Sohn ritterlich zu sein? Er ist kein Ritter. Wir haben von unseren Voreltern gelernt, die Faustgewalt zu verabscheuen. Todtschießen und Todtschlagen sollen die andern. Unsere Waffe ist der Geist.«[19]

Liebermann hingegen war felsenfest davon überzeugt, daß sich der »Antisemitismus bei ernster Duellgefahr rasch verflüchtigt« (83). Unfähig oder unwillig, den zunehmend rassischen Charakter des Judenhasses zu begreifen, glaubte er, daß allein die Faustgewalt den ersehnten (Seelen-)Frieden verschaffe, auch wenn dieser nur bis zur nächsten antisemitischen Beleidigung andauerte. Der Versuch, seine Gegner mit

Appellen an die Humanität oder Moral womöglich argumentativ zu überzeugen, kam für ihn gar nicht erst in Betracht. Damit befand er sich ganz auf dem Niveau seiner ›ritterlichen‹ Standesgenossen, die tatsächlich die Sprache der Gewalt am besten verstanden. Diskursive Auseinandersetzungen oder ›faule‹ Kompromisse zu meiden, lernten deutsche Ehrenmänner in ihren Verbänden. Graf von Stolberg zu Wernigerode berichtet, daß etwa in den Offizierskasinos »Weltanschauungskämpfe« tunlichst umgangen wurden. »Gespräche über heikle Themen, besonders aber über Politik, waren bis zur Übertreibung verpönt«.[20]

Geradezu grotesk wird das Unvermögen, Konflikte auf rationale Weise zu lösen, als Liebermann seine Frau an einen anderen Mann zu verlieren droht. Ausgerechnet der bayerische Literat Ludwig Thoma, der sich vom monarchiekritischen Satiriker zum antisemitischen Hetzartikelschreiber verwandelte, entpuppt sich als Rivale um die Gunst der Frankfurter Industriellentochter, die 1910 Liebermanns (zweite) Ehefrau geworden war. Ein unter Männern gegebenes »Ehrenwort« soll garantieren, daß die Beziehungen zwischen Thoma und Liebermanns Frau rein freundschaftlicher Natur bleiben. Da Thoma ein Vertreter der »deutschesten Kreise« (210) und Corpsstudent war, sieht Liebermann in ihm die »Personifizierung der deutschen Ehre« und hat keine Bedenken, seine Frau wochenlang der Obhut Thomas zu überlassen. Immerhin geschehe es oft »daß ein Mann, zum Beispiel ein Seeoffizier vor langen Reisen seine Frau einem Freunde anvertraue, ohne daß Unrecht vorkäme« (216). Um so empörter reagiert er schließlich auf die Trennungsabsichten der Ehefrau. Sein Zorn richtet sich aber keineswegs gegen die offensichtlich unmündige Gattin, sondern allein gegen Thomas unverzeihlichen Bruch des »freien Manneswortes« (213). Wie allen Ehrenmännern gilt Liebermann eine Frau nicht als souverän über ihren Geist (und Körper) verfügendes Individuum, sondern ist der persönliche Besitz des Mannes. Und nur er kann die Integrität des ›schwachen Geschlechts‹ verteidigen. Zum Mord an Thoma oder einer Selbsttötung – beides sind für Liebermann erwägenswerte Lösungsmöglichkeiten – kommt es jedoch nicht. Auch auf ein Duell mit dem Nebenbuhler, das die Angelegenheit zu einem »immerhin reinigenden Ende mit Schrecken« gebracht hätte, verzichtet er schließlich auf Anraten seiner Corpsbrüder (215).[21]

IV. Bilanz eines Lebens: ›Widerstandskämpfer‹ gegen die Moderne

»Als ich aber am Morgen des 9. November 1918 auf der Straße die Lastwagen voller Leute mit roten Fahnen durch die Hauptstraßen Berlins fahren sah, und als ich zusehen mußte, wie den Offizieren die Achselstücke von den Schultern gerissen wurden, da stahl sich selbst mir, der ich doch wahrhaftig demokratisch dachte, manche Träne aus dem Auge, denn eine ganze Welt, wenn auch eine morsche, war zusammengebrochen ...«. Liebermann, der das Kriegsende auf diese melancholische Weise kommentiert, hatte sich 1914 – trotz der demütigenden Erfahrungen beim Militär – »selbstverständlicherweise« sofort freiwillig »als Cavallerist« gemeldet – mit immerhin 51 Jahren (184). Es blieb ein weiterer vergeblicher Versuch, Kampfgeist und nationale Treue endlich einmal im Kriege unter Beweis zu stellen. Einberufen wurde er jedenfalls nicht.

Gegen den völligen Zusammenbruch der ›alten Welt‹ aber gibt es für ihn nach wie vor nur ein Mittel: das Hochhalten der deutschen Ehrbegriffe und sein Festhalten am jüdischen Glauben. Seine letzte ›Ehrensache‹ mit 63 Jahren – bei der ein von ihm geforderter ehemaliger Major der Kavallerie den kürzeren zieht und sich am Ende bei ihm entschuldigen muß – ist ihm ein weiterer »entscheidender Erfolg [seiner] lebenslänglichen Bestrebung der Besserung der Stellung der deutschen Juden im gesellschaftlichen Leben« (251).

Für ihn bleiben die Corps »eine Insel, als *alle* damaligen Ehrbegriffe nach dem Fall Deutschlands 1918 zusammenbrachen« (44), eine Insel im allgemeinen Wertevakuum, umspült von einer neuen Zeit, die in ihren kulturellen, politischen und sozialen Erscheinungsformen weitaus komplizierter und unübersichtlicher als die wilhelminische war.

Liebermanns Denk- und Verhaltensmuster lassen sich demnach als Aufbegehren gegen die Moderne begreifen: gegen die Nivellierung der Standesunterschiede, gegen die ökonomische Rationalität, gegen die Diskussions- und Kompromißstrategie einer Demokratie. Der zunehmenden Massenkultur setzte er eine heroische Individualität entgegen, der ›Verweiblichung‹ und Verweichlichung der Gesellschaft die männlich-kriegerische Tat.

V. ›Widerstandskämpfer‹ gegen den Antisemitismus

Sein Widerstand gegen die Moderne amalgamiert sich mit einem (ebenso aussichtslosen) Kampf gegen die ›moderne‹ Form des Antisemitismus, der nicht mehr religiös motiviert war, sondern als rassische Judenfeindschaft auftrat. Es erstaunt kaum, daß sich Liebermann erst zur Emigration entschließt, nachdem er offiziell die Satisfaktionsfähigkeit verloren hat: durch die Tilgung seines Namens aus der Liste der ›alten Herren‹ im Gefolge der 1935 erlassenen »Nürnberger Blutschutzgesetze«. Den wiederholten Bitten, schon vorher freiwillig auszutreten, war er nicht nachgekommen, weil er dem 52 Jahre zuvor gegebenen Corps-Eid »unverbrüchlich treu« bleiben wollte (264). Selbst nach dem Hinauswurf verteidigt er das Corps, dessen Ehrenhaftigkeit »über allen Zweifeln echt« sei. Liebermann, der sowohl sein Judentum wie auch sein »Deutschtum stets hochgehalten hatte«, der auf die »*deutscheste aller Weisen* alles auf Ehre gesetzt und niemals Satisfaktion verweigert hatte« (265), muß erkennen, daß er nun jederzeit von einer Person niedrigeren Standes beleidigt werden kann, ohne dafür Satisfaktion fordern zu dürfen.

Aus der Perspektive des Exilanten begreift er sich jedoch weiterhin als »geschmeidiger Vermittler« zwischen Juden und Christen (258). Seiner Meinung nach ließe sich der Antisemitismus, der für ihn eine Sache von »wildgewordenen Spießern« ist, während er seinen christlichen Standesgenossen, insbesondere preußischen Adligen, häufig ›Persilscheine‹ ausstellt, vor allem durch eine entsprechende Erziehung der Juden wirksam bekämpfen. In seinen zur Abrundung der Lebenserinnerungen niedergeschriebenen »Laiengedanken« über Judentum und Nationalsozialismus erläutert er noch einmal seine Ablehnung der Taufe. Sie fördere Charakter- und Willenlosigkeit, zerstöre den jüdischen Stolz und das jüdische Selbstbewußtsein. Das »bedauerlichste« an den »Nürnberger Gesetzen« sei deshalb die Unterscheidung in Mischlinge verschiedener Abstammungsstufen, die – wie die Taufe – »neue Spaltungsmöglichkeiten, ein neues Strebertum für die Schwächlinge der deutschen Judenschaft« hervorbringen würde (272). Statt dessen sollten die Juden zu einer Art aristokratischen »Haltung« erzogen werden; er empfiehlt seinen Glaubensgenossen sogar, »*um viele Grade besser, als der Christ sich zu benehmen*«(275). Auch die Hohenzollern-Dynastie hätte, so Liebermann, dem Antisemitismus entgegenwirken können, »wäre zum Beispiel eine Anzahl jüdischer Offiziere geschaffen worden«. Dies »hätte auf manche Eigenschaften der deutschen Juden eine günstige Einwirkung gehabt« (273/274).

Mit solchen aus heutiger Sicht eigentümlichen Spekulationen stand Liebermann durchaus nicht alleine. Walter Rathenau schlug in seinem bereits 1897 publizierten (und später kritisch betrachteten) Aufsatz »Höre Israel« den deutschen Juden vor, sich den Verhaltens- und Wertekanon einer »militärisch straff erzogenen und gezüchteten Rasse« anzueignen.[22]

Liebermann war keineswegs frei von Zweifeln an seinen »gelegentlich bis zum Absurden und Donquichottesken hochgetriebenen Ehrbegriffen«, die »einen im praktischen Leben stark handicapten« und »auch den geistigen Horizont verengten« (45/46). Die positive Bilanz bleibt jedoch, er habe für die »Festigkeit des Charakters« (252) gelebt und der »*Versuch der Hochhaltung dieser Verbindung* von Ritterlichkeit und Judentum« sei richtig gewesen (285). »Noblesse oblige! Judaisme oblige!«, lautet die Quintessenz (276).

Daß gerade der Glaube an ständische Prinzipien und die Verabsolutierung männlich-kriegerischer Verhaltensmuster den nationalsozialistischen »Entzivilisierungsschub« (Norbert Elias) begünstigt haben könnte, etwa in Gestalt der von einer ›arischen Herrenrasse‹ praktizierten Institutionalisierung von Terror und Gewalt gegenüber allen zu ›Untermenschen‹ erklärten Bürgern – solchen Einsichten mußte sich Liebermann geradezu zwangsläufig verschließen; sie hätten die Sinnhaftigkeit seines Lebens, die er ein letztes Mal mit der Niederschrift seiner Erinnerungen (re-)konstruiert, radikal zerstört. Die endgültige Pervertierung männlich-kriegerischer Verhaltensmuster durch die Nationalsozialisten hat er nicht mehr erleben müssen. 1939 starb Ritter Liebermann von Wahlendorf im englischen Exil.

Anmerkungen

1 Walther Rathenau, Staat und Judentum, in: ders., Gesammelte Schriften in 5 Bänden, Berlin 1918, Bd. 1, S. 190. Zu Rathenaus gescheiterter Militärkarriere vgl. G. Hecker, Walther Rathenau und sein Verhältnis zu Militär und Krieg, Boppard am Rhein 1983 (Militärgeschichtliche Studien, hrsg. v. Militärgeschichtlichen Forschungsamt, 30), bes. S. 15–42.

2 Die Veröffentlichung erfolgte erst gut 50 Jahre nach der Niederschrift unter einem anderen Titel: Willy Ritter Liebermann von Wahlendorf, Erinnerungen eines deutschen Juden 1863–1936, hrsg. v. Ernst Reinhard Piper, München 1988. Nach dieser Ausgabe zitiere ich im laufenden Text (Hervorhebungen im Original). Liebermann über Rathenau vgl. ebd. S. 126. Walther Rathenaus Vater Emil war Liebermanns Vetter, ebenso wie der Maler Max Liebermann.

3 Martin Doerry, Übergangsmenschen. Die Mentalität der Wilhelminer und die Krise des Kaiserreichs, München 1986, S. 29.

4 Norbert Elias, Studien über die Deutschen. Machtkämpfe und Habitusentwicklung im 19. und 20. Jahrhundert, hrsg. v. M. Schröter, Frankfurt/Main (3. Aufl.) 1998, S. 23.

5 Vgl. hierzu bes. Doerry, S. 165. Zur Bedeutung der Lehrer vgl. ebd. S. 156.

6 Vgl. Jüdisches Leben in Deutschland. Selbstzeugnisse zur Sozialgeschichte im Kaiserreich, hrsg. u. eingel. von Monika Richarz, Stuttgart 1979, bes. S. 38 ff.

7 Elias S. 69.

8 Die allgemeinen Ausführungen zum Duell in diesem Beitrag stützen sich vor allem auf die grundlegende Studie: Ute Frevert, Ehrenmänner, Das Duell in der bürgerlichen Gesellschaft, München 1991; vgl. ferner K. McAleer, Duelling. The Cult of Honor in Fin-de-Siècle Germany, Princeton/New Jersey 1994.

9 Zit. n. Frevert, S. 155.

10 Zum Terminus »Bluttaufe« vgl. Frevert S. 210, Elias S. 125.

11 Vgl. Jüdisches Leben, S. 39 ff. Zum Alltag in den jüdischen Verbindungen vgl. auch die Selbstzeugnisse S. 421–423, S. 436 ff.

12 Arthur Schnitzler, Jugend in Wien. Eine Autobiographie. Wien/München/Zürich (3. Aufl.) 1981, S. 155. Schnitzler erzählt hier u. a. von Theodor Herzl, der einer deutschnationalen Burschenschaft angehört hatte; sein Hinauswurf war laut Schnitzler der »erste Anlaß«, der Herzl zum Zionisten gemacht habe (vgl. ebd. S. 156).

13 Ausführlich zu Rathenaus Wahl des Regiments vgl. Hecker S. 26 f.

14 Rathenau, Staat und Judentum, S. 188 f.

15 Auf Intervention von Kaiserin Augusta muß er nur wenige Monate seiner Strafe absitzen (vgl. S. 74 f.).

16 Vgl. Frevert, bes. S. 195–201.

17 Elias, S. 236 f.

18 Vgl. dazu K. Graf v. Westarp, Konservative Politik im letzten Jahrzehnt des Kaiserreichs, Bd. 1, Berlin 1935, S. 298 f.

19 Zit. n. J. M. Fischer, »Mit Baruch is es auch nichts«. Das Bild des Juden in der Literatur um 1900, in: H. Wilderotter (Hg.), Die Extreme berühren sich. Walther Rathenau 1867–1922 (Ausstellungskatalog), Berlin o. J. [1993]. S. 139–150, S. 142.

20 O. Graf zu Stolberg-Wernigerode, Die unentschiedene Generation, München 1968, S. 329.

21 Zur Rolle der Frau zwischen Ehrenmännern vgl. Frevert S. 214–234.

22 W. Rathenau, Höre Israel, in: ders., Impressionen, Leipzig 1902, S. 12.

Thomas Medicus

Jugend in Uniform

Walter Flex und die deutsche Generation von 1914

I. Kompensatorischer Charakter

Gewisse biographische Ähnlichkeiten zwischen Walter Flex und seinem obersten Kriegsherrn gleichen einem Treppenwitz der Weltgeschichte. Wie bei Wilhelm II., so führte der moralische Sieg über eine mißgebildete Physis auch bei dem Leutnant der Reserve zu einem kompensatorischen Charakter, der fortwährend Schwäche durch vorgetäuschte Stärke zu verbergen suchte. Seine Geburtsverletzung – ein unterentwickelter rechter Arm – machte Flex zum Spiegelbild des forschen Kaisers, der bekanntlich lebenslang unter seiner verkümmerten Linken litt. Manneszucht, Disziplin und Schneidigkeit waren die Tugenden, die auch Walter Flex zur Selbstüberwindung verhalfen. Als Mitglied der schlagenden Verbindung »Bubenruthia« gelang es dem Erlanger Studenten der Germanistik und Geschichte, sich unter dem Beifall seiner Korpsbrüder erfolgreich linkshändig »einzupauken«. 1917 schließlich, wenige Monate vor seinem Tod, befand er sich – so sein von den Materialschlachten der Westfront unbeeindrucktes Bekenntnis – »innerlich so kriegsfreiwillig wie am ersten Tage«.[1] Offenbar hatte Flex, dekoriert mit dem Eisernen Kreuz Erster und Zweiter Klasse, dem Roten Adler-Orden sowie dem Hausorden der Wachsamkeit oder vom weißen Falken, schon zu Friedenszeiten die Unerschütterbarkeit jener »eisernen Nerven«[2] erworben, die wenig später der erste moderne Massenkrieg dem Soldaten, zumal dem Offizier, abverlangen sollte.

Tatsächlich besaß die Konstruktion des Willens schon in Flex' Vorkriegsschaffen, dann aber vor allem in seinem 1916 publizierten Hauptwerk »Der Wanderer zwischen beiden Welten« zentrale Bedeutung. Durch einen »ganz kalten, hartbegrenzten Willen«[3] soll der von deutschem Kulturpessimismus verhaßte Widersacher der Seele, das reflektierende Bewußtsein, ausgeschaltet werden. Ergebnis ist eine Willenskonstruktion, die um der Bildung neuromantischer Schein- und Traumrealitäten willen faktische Wirklichkeiten degradiert sowie substituiert. Bis heute scheint dies einzig Flex' Bruder Konrad erkannt zu haben, der in der Einleitung zum ersten Band der Gesammelten Werke darauf hinweist, daß »die aus dem Unterbewußtsein aufsteigenden Träume keine geringe Rolle in Walter Flex' Schriften (spielen) ...«[4] Nicht nur für den Dichter, sondern auch für den Frontsoldaten: Die Umstände, unter denen Flex am 16. Oktober 1917 fiel, nähren den Verdacht, er sei weniger Opfer einer russischen Gewehrkugel als vielmehr seiner eigenen, realitätsverleugnenden Willensstärke geworden. In einer posthum gefundenen Sammlung von Notizen hat er unter der Überschrift »Zur Psychologie des Krieges« auch Beobachtungen über den Offizier angestellt. Auflösung des Ichbewußtseins, hervorgerufen durch puren Willensautomatismus, wird hier zur Bedingung des erfolgreichen Sturmangriffsführers erklärt.[5]

Nach der Einnahme Rigas durch die Deutschen war der damals dreißigjährige Leutnant an der anschließenden, fast widerstandslos erfolgenden Besetzung der Insel Ösel beteiligt. Bei einem Scharmützel um einen Gutshof schwang er sich auf ein herrenloses Pferd, um mit gezogenem Degen zu einem Zeitpunkt auf den Gegner loszusprengen, als dessen Kapitulation bereits unumgänglich war. Gewehrschüsse russischer Soldaten rissen Flex vom Pferd, am nächsten Nachmittag starb er. Von dem angesichts der militärischen Lage unangebrachten Todesmut wie von dem ebenso offensichtlichen Todeswunsch abgesehen, scheint der Schöpfer zahlreicher historischer Schauspiele das aktuelle Theatrum belli mit dem fiktiven Raum einer Theaterbühne verwechselt zu haben. Möglicherweise wähnte sich der Soldatendichter sogar in einem das Jahr 1813 glorifizierenden Bühnenweihespiel. Zwar dürfte der eher einer Ideologie von der Art des Alldeutschen Verbandes nahestehende völkische Idealismus Flex' für den wilhelminischen Pomp wenig Sympathien besessen haben. Doch den Hang zur theatralischen Geste teilte der feldgraue Kompanieführer, für den Selbstverleugnung Selbstvollendung bedeutete, mit dieser Epoche auch noch in seinen letzten Lebensminuten. Sein neurophysiologisch bedingter, kompensatorischer Charakter läßt diesen Leutnant als Feldausgabe des letzten deutschen Kaisers erscheinen. Vor allem aber geriet Flex dadurch zur Symbolfigur jener von Minderwertigkeitskomplexen gequälten, verspäteten Nation, die hartnäckig am antiwestlichen, vorpolitischen Romantizismus säkularreligiösen Gemeinschaftserlebens festhielt. Offenbar fand die Krisenanfälligkeit derartiger Charaktere in der als Kulturkrise diagnostizierten relativistischen Moderne den geeigneten Nährboden für gegenmoderne Ressentiments.

II. Grenzen der Gesellschaft

Walter Flex entstammte dem Eisenacher Bildungsbürgertum. Sozial wie mental illustriert dieser familiäre Hintergrund nahezu prototypisch die später vor allem im »Wanderer« zum Ausdruck kommende modernisierungsfeindliche, vaterländische Gemeinschaftsideologie. Über Wartburg, Thüringer Wald und Kleinstadtluthertum ist Flex' provinzielles mentales Werkzeug, wie den gefühlsgesättigten Klischeebildern seiner Sozialromantik anzumerken, zeitlebens nicht hinausgekommen. Die im Verbund mit historistischen Stereotypen auftretende großstadtfeindliche Naturidolatrie seiner Dichtungen dürfte hier ihre biographischen Wurzeln haben. Mindestens so prägend war jedoch die schichtentypische Bismarck-Verehrung des Vaters, der am Eisenacher Gymnasium Lehrer war. Sie übertrug sich auf alle vier Söhne, besonders aber auf den jungen Walter, der nach seinem Studium bis kurz vor Kriegsbeginn sogar für einige Zeit als Hauslehrer der Familie Bismarck zunächst in Varzin, anschließend in Friedrichsruh, arbeitete. Ironischerweise scheiterte – durch deutsche Literatur- und Kulturgeschichte fast schon vorherbestimmt – auch dieses Verhältnis zwischen bürgerlichem Hofmeister und Adelsfamilie. Ständische Gegensätze erwiesen sich im Fall Flex jedoch als weniger bedeutend. Am Vorabend des Ersten Weltkriegs war es die Unvereinbarkeit realer Bismarckscher Weltläufigkeit mit den Phantasmagorien nationaler Leitbilder, die Flex in seiner Novellensammlung »Zwölf Bismarcks« sowie der Tragödie »Klaus von Bismarck« auf die Kultfiguren seines Elternhauses projiziert hatte. Nicht nur die Anglophilie seiner Brotgeber ging dem Hauslehrer gegen den völkischen Strich, sondern auch deren reges Gesellschaftsleben. Ganz Kulturprotestant, beklagte er den Friedrichsruher Konversationsstil als zu oberflächlich; er erinnerte ihn unangenehm an »Feuilletonromanlektüre«.[6]

Biographische Begebenheiten wie diese machen auf konkret lebensweltlicher Ebene deutlich, wie der sich auf die Gegensätze von Zivilisation und Kultur, Gesellschaft und Gemeinschaft berufende »Geist von 1914« krudeste, militaristische Züge anzunehmen vermochte. »›Sturmriemen herunter‹! Zehn stehn gegen vier, und die wollen nicht parlamentieren«, lautete Flex' lyrischer Kommandoton wenig später in seiner Gedichtsammlung »Im Felde zwischen Tag und Nacht«.[7] Die Sympathien, die ein Abkömmling des Bildungsbürgertums für den Ressentimentgeist von 1914 hegte, hatten – wie Flex' allergische Reaktion auf den häufigen Besuch Hamburger Kaufleute im Bismarckschen Friedrichsruh zeigt – mit den Kräfteverschiebungen im inneren sozialen Gefüge des Kaiserreichs seit dessen Gründung 1871 zu tun.[8] Gegenüber dem wesentlich erfolgreicheren wilhelminischen Wirtschafts- geriet das Bildungsbürgertum mit seinen neuhumanistischen Idealen ins Hintertreffen. Ein Gutteil der bildungsbürgerlichen Kritik an »Materialismus« und »Mammonismus« beruhte auf der Angst vor der drohenden ökonomischen Misere und dem sozialen Abstieg ins Kleinbürgertum. Solche Gefährdungen des mittelständischen Status verlangten – wie die chronischen finanziellen Sorgen der Familie Flex deutlich machen – wenigstens nach ideeller Kompensation. Für modernisierungsfeindliche Ideologien in Form von Säkularreligion und Kulturpessimismus zeigten sich beträchtliche Teile des von der sozialen Entwicklung des Kaiserreichs an den Rand gedrängten und enttäuschten Bildungsbürgertums anfällig. Von daher wird auch die nationalistische Hoffnung auf eine sämtliche Partikularismen der modernen Gesellschaft beseitigende Führerfigur in Gestalt eines – eher phantasmatischen denn realen – Bismarck verständlich, wie sie der Vater Rudolf Flex hegte. Nicht verwunderlich auch, daß dessen jüngster Sohn Otto zum Protestpotential des »Wandervogels« zählte. Und endlich veranschaulicht die soziale Schieflage des wilhelminischen Bildungsbürgertums auch, warum der zweitälteste Sohn Walter sein Fronterlebnis als Vorschein einer durch Unmittelbarkeit geprägten völkischen Gemeinschaft verstand. Die Naturromantik der »granitenen Unendlichkeit« des »Hochgebirges« (»Gedichte aus der Stille«) der Vorkriegszeit verwandelte sich 1914 in die Militärromantik eines deutschen »Volkes in Eisen«.[9]

III. Dialektik des Herzens

Ende 1916 erschien in der C.H.Beck'schen Verlagsbuchhandlung München der »Wanderer zwischen beiden Welten. Ein Kriegserlebnis von Walter Flex«. Es wurde das bekannteste Werk des Verfassers und vermutlich eines der erfolgreichsten Bücher der deutschen Verlagsgeschichte des 20. Jahrhunderts überhaupt. In den beiden Jahren unmittelbar nach seinem Erscheinen erlebte es neununddreißig Auflagen in über 250000 Exemplaren, ein Erfolg, den eine nach 1945 publizierte Neuausgabe mit einer Auflage mehrerer hunderttausend Exemplare wiederholen konnte.[10] Die Nachkriegsgermanistik freilich hat dem »Wanderer« seiner völkischen Ideologie wie der posthumen nationalsozialistischen Karriere seines Verfassers wegen so gut wie keine Beachtung mehr geschenkt.

Tatsächlich bereitet es auch keinerlei Schwierigkeiten, das für heutige Leser nur noch schwer erträgliche, gefühlsgesättigte Pathos des

Abb. 2 Walter Flex an der Ostfront, 1916

in literarischer Hinsicht bedeutungslosen Prosastückes als schlimmste Kriegspropaganda abzutun. An dessen eigentlicher Qualität geht solch ein Verdikt jedoch vorbei. In ideologischer Hinsicht stellt dieses Massenprodukt jedenfalls nichts anderes dar als eines der wichtigsten trivialen Gegenstücke zu Thomas Manns gewiß weniger publikumswirksamen »Bekenntnissen eines Unpolitischen«. Flex' sentimental-naiver »Wanderer« enthält all das, was sowohl »Geist von 1914«, »Versuchungen des deutschen Nationalcharakters« als auch »deutsches Sonderbewußtsein« heißen kann. Darum ist dieser Text nicht bloß ein historisches Dokument zur Ideologiegeschichte des Ersten Weltkrieges, in dem sich kollektivmentale Einstellungen der Epoche mitteilen. Weil er – Naturnähe, Erlebnis, Gemeinschaft – sämtliche antimodernistischen Sehnsuchtstopoi deutscher Sozialromantik enthält, stellt »Der Wanderer zwischen beiden Welten« vielmehr auch einen Beitrag zur Archäologie des Deutschen dar. Das Kriegsszenario des Flexschen Buches erleichtert es zwar, spezifische Charaktermerkmale deutschen Nationalbewußtseins zu übersehen, in Abrede zu stellen oder etwaige Kontinuitäten für obsolet zu erklären. Das Bemerkenswerte am »Wanderer« besteht allerdings gerade in einem Gemüt, dessen innere Kriegsbereitschaft Abkömmling romantischer Natur- und protestantischer Herzensfrömmigkeit ist. Fast scheint es, als müsse man auf Helmuth Plessners 1924 erschienene Schrift »Grenzen der Gemeinschaft« zurückgreifen, um aus der Perspektive dieser Nachkriegszeit wieder verstehen zu lernen, daß »eine Dialektik des Herzens ... gefährlicher (ist) als eine Dialektik der Vernunft«.[11]

Plessners Hinweis ist in diesem Zusammenhang deshalb so hilf- wie aufschlußreich, weil sich seine »Grenzschrift« auf den »sozialen Radikalismus« einer Bewegung bezog, die für Flex' »Wanderer« wie dessen Rezeption von eminenter Bedeutung war: die Gefühlsopposition der Jugendbewegung. Im »Wanderer zwischen beiden Welten« hat Flex das Kunststück fertiggebracht, das innengeleitete deutsche Subjekt in Gestalt der Kontamination von Wandervogel, Offizier und protestantischem Theologen als nationales Idealbild zu entwerfen. Reales Vorbild war der Wandervogel Ernst Wurche, dem das Büchlein gewidmet ist und der auch im Mittelpunkt des Geschehens steht. »Der Gang dieses Menschen«, so Flex bereits auf den ersten Seiten, »konnte Spiel sein oder Kampf oder Gottesdienst, je nach der

Stunde.«[12] Der Germanist Gert Sautermeister hat diese Jünglingskonfiguration in seinem Beitrag über »die metaphysische Obdachlosigkeit der bürgerlichen Jugend« als »Ausdruck der neoromantischen Trias von Poesie, Heldentum und Religion«[13] verstanden. Über diese literaturgeschichtliche Einordnung hinaus ist jedoch vor allem die Inkorporation ihrer Begrifflichkeiten von Bedeutung. In Ernst Wurche nimmt der – von Gustav Wyneken so genannte – »weltgeschichtliche Sinn der Jugendbewegung« ideale Gestalt an, deren Fundament der Vitalismus eines »neue(n) *Körpergefühl*(s)«[14] bildete. Die prinzipielle Zivilisationsfeindschaft dieses neuen Menschentyps artikulierte sich jedoch nicht in einem Rücklauf atavistischer Urinstinkte wie etwa bei dem Weltkriegskämpfer Ernst Jünger. Für Flex wie seinen Kameraden Wurche ist der Krieg ein fast ausschließlich kampfloses inneres Erlebnis.

»Der Wanderer zwischen beiden Welten« findet vor dem Hintergrund der militärischen Ereignisse der Jahre 1915 und 1916 statt. Im Frühjahr 1915 befand sich Flex an der Westfront in Lothringen, wo er den zwanzigjährigen Theologiestudenten Ernst Wurche kennenlernte. Gemeinsam mit Wurche wurde er nach Westpreußen geschickt, um »im Posener Warthelager«, so Flex im »Wanderer«, »eine Offiziersausbildung durchzumachen.« Nach Abschluß des Lehrgangs wurden sie an die baltische Ostfront abkommandiert. Flex und Wurche, beide im Leutnantsrang, kämpften gemeinsam im 3. unterelsässischen Infanterie-Regiment Nr. 138. Dessen Einsatz läßt sich anhand der Daten und Ortsnamen des »Wanderers« rekonstruieren.

Den militärgeschichtlichen Zusammenhang bildet der Vormarsch der deutschen Truppen nach Osten sowie das Debakel, das die Zaristische Armee – vom Zwischenspiel der Brusilov-Offensive im Sommer 1916 in Galizien abgesehen – bis zur Kapitulation an allen Frontabschnitten hinnehmen mußte. Am 5. August 1915 war Warschau von den Deutschen besetzt worden, am 17. August die Festungsstadt Kowno, wenig später, am 19. August, fiel Novo-Georgievsk in deutsche Hand. Flex und Wurche waren Teilnehmer der Tarnow-Gorlice-Durchbruchsschlacht, die im Nordabschnitt der Front die Absicht verfolgte, Rußlands Ostseehäfen unter deutsche Kontrolle zu bringen. Beim allmählichen Vormarsch auf Wilna wurde Ernst Wurche während eines nächtlichen Patrouillenganges am Simno-See in Südlitauen schwer verwundet. Am Montag, den 23. August 1915, starb er zwanzigjährig. Auf dem Gut Posiminicze fand er seine vorletzte Ruhestätte, später wurde er auf einen benachbarten Soldatenfriedhof umgebettet. Eine rheinische Wandervogelgruppe, die sich »Ernst Wurche« nannte, errichtete ihm dort – wie seine Schwester Margarete in den sechziger Jahren mitteilte – ein mit einem »Greifen« geschmücktes Denkmal.[15]

Der Leser des »Wanderer zwischen beiden Welten« erfährt freilich noch nicht einmal die dürrsten militärgeschichtlichen Fakten. Selbst die Darstellung der russischen Frühjahrsoffensive 1916, die Flex »im Auftrag des Generalstabes des Feldheeres« im Juli 1917 in Berlin verfaßte[16], läßt es an einer der Sache angemessenen Nüchternheit fehlen. Nur ein immer rauschhafter Dichter wie Flex konnte der geeignete Autor für ein Buch wie den »Wanderer« sein, in dessen mythisch-mystischer Stimmung alles menschliche Leben einem naturhaften Organizismus verfällt und sich mit einer einigermaßen wahrheitsgetreuen Darstellung des empirischen Kriegsgeschehens gewiß nicht vertragen hätte. Trotz realer Ortsangaben ist das Geschehen im »Wanderer« eigentümlich ort- wie zeitlos: Sowohl der sprachliche Duktus als auch die eingestreute Lyrik (»Wildgänse rauschen durch die Nacht«) täuschen Vorgeschichtlich-Germanisches vor, unterfüttert mit einem christologisch motivierten Evangelium des neuen deutschen Menschen.

IV. Der Wille zur Gegenwelt

Bestreben des Bürgers, heißt es in Ernst Jüngers »Der Arbeiter«, sei der vernunftbedingte Ausschluß des Elementaren, das unter der Herrschaft bürgerlicher Wertungen auf die Existenzform des Romantischen beschränkt bleibe. Die Verwandlung des romantischen in den elementaren Raum vollziehe sich durch die beschleunigte Rückkehr des an die äußersten Grenzen verbannten Gefährlichen in die Zentren. Dieser Einbruch des Gefährlichen in die Moderne sei durch die Epochenwende des Weltkrieges bewirkt worden, der deshalb auch ein Krieg zweier Zeitalter gewesen sei.[17] Auf den »Wanderer« trifft dieser Einbruch des Elementaren allerdings nur sehr bedingt zu, Elementares erscheint hier allenfalls in domestizierter Form. Flex' Mythisierungen lassen den romantischen Raum des 19. Jahrhunderts nahezu unbeschädigt, der in den Materialschlachten des technischen Krieges feuergetaufte, stahlharte Frontsoldat des 20. Jahrhunderts tritt so gut wie nicht in Erscheinung.

Der »Wanderer« muß aus diesem Grund als direkte Fortsetzung des Mythos von Langemarck verstanden werden. In der Nähe dieses Ortes an der flandrischen Westfront sollen bei einer – letztlich militärisch bedeutungslosen und unter großen Opfern erfolgten – Offensive laut Oberster Heeresleitung am 10. November 1914 »junge Regimenter unter dem Gesange ›Deutschland, Deutschland über alles‹ gegen die erste Linie der feindlichen Stellungen« vorgegangen sein. Daß bei diesem Sturmangriff ausgerechnet auch Frank Fischer, eines der Gründungsmitglieder des Steglitzer Wandervogels ums Leben kam, ist kein Zufall, sondern ein durchaus bezeichnender Vorgang. Nicht nur ließen sich die Ideale der Jugendbewegung umstandslos für die Fabrikation des Langemarck-Mythos benutzen. Sie bildeten vor allem auch die entscheidende zivile Voraussetzung für eine kriegstaugliche Mentalität, die auf der konsequenten Verneinung faktischer Realitäten durch einen radikalen Willen zu transzendenten Gegenwelten beruhte. Ebenso wie beim Mythos von Langemarck stellt in Flex' »Wanderer« die Ideologie der Jugendbewegung einen Wahrnehmungsfilter dar, mit dessen Hilfe der romantische von den einsickernden Gefahren des elementaren Raums reingehalten wird. Wenn dadurch das Zeltlager zum Vexierbild des Schützengrabens und der Frontsoldat zum Alter Ego des Wandervogels wird, enthüllt sich darin die Programmatik des Flexschen Titels: Wanderer zwischen beiden Welten zu sein, bedeutet, erwartungsfroh irdisches Leben gegen die »ewige Jugend des Todes« einzutauschen. Die Absolutheit dieses romantischen Willens zur Selbstermächtigung einer Jugendgeneration auf der Grundlage bedingungsloser Wirklichkeitsentmachtung manifestiert sich im »Wanderer« zweifach: als Strukturelement des Textes wie in der Konfiguration des charismatischen Ernst Wurche als weltanschauliches Vollzugsorgan. Um der nationalen Erneuerung willen liege im Opfertod, wie ihn Wurche und später Flex selbst bezeugten, höchster Lebenssinn – so lautet die erbauliche Botschaft des die Leserwahrnehmung prägenden Aufrufs, zwischen beiden Welten zu wandern.

Für Reformkonzeptionen einer pragmatisch orientierten Politik besaß die bündische Jugend im kaiserlichen Deutschland keinerlei Sinn. Durchaus vorpolitisch wurde unter »wahrer Vaterlandsliebe« allein eine »innere nationale Erneuerung« verstanden. Strikte Abwendung von allen Äußerlichkeiten und radikale Hinwendung zur Innerlichkeit war gerade das Hauptkennzeichen bündischer Haltung. Der Protest dieser neuromantisch-subkulturellen Empfindsamkeit richtete sich gegen die Fragwürdigkeiten bürgerlich-wilhelminischer Lebensrealitäten, denen die Mitglieder der Jugendbewegung freilich überwiegend selbst entstammten. In entschiedener Abkehr von der Welt der Erwachsenen und Eltern, die dieses Unterfangen entgegen nachträglichen Mythisierungen tatkräftig förderten, proklamierten die verschiedenen, miteinander konkurrierenden Gruppen die ihnen allein vorbehaltene Gegenwelt eines »Neuen Reiches der Jugend«.[18]

1896 von einer Gruppe Steglitzer Gymnasiasten gegründet, breitete sich der »Wandervogel« in den folgenden Jahren über das gesamte Reich aus und spaltete sich in diverse Gruppen, bis 1912/13 die etwa 25000 Mitglieder in einem Zentralverband zusammenfanden.[19] Ein ›Natürlichkeit, Wahrhaftigkeit, Echtheit und Geradheit‹ als jugendspezifisch deklarierender Lebensstil übte sich im Bruch mit den gängigen Konventionen. Die an mittelalterliche Fahrensleute erinnernde Kluft war dabei samt Klampfe sichtbares äußeres Zeichen einer spezifischen Gefühlskultur, die ihren deutlichsten Ausdruck im Kampieren am Lagerfeuer, vor allem aber im Wandern fand. Das Wandern stillte nicht allein die großstadtfeindliche Sehnsucht nach einem innigen Naturverhältnis. Es diente vor allem auch der unmittelbaren gemeinschaftlichen Erfahrung einer als Volk, Volkstum und Heimat ganzheitlich empfundenen Nation. Unpolitische Verschmelzungssehnsüchte mit einem bloß innerlichen Deutschland, das seine regenerative Kraft aus der Rückbindung an eine volksgemeinschaftlich verklärte Vergangenheit der Befreiungskriege bezog, vertraten die Stelle politischer Visionen. Zwar erschöpfte sich der Protest der Jugendbewegung in einer oft nur schwer greifbaren, von bloßen Animositäten erfüllten Anti-Haltung. Die Spiritualisierung – der dann während des Weltkrieges kulturmissionarisch zur Kampfparole erhobenen Besonderheit – einer mit westlichem Individualismus und politischer Demokratie unvereinbaren ›deutschen Freiheit‹ ist jedoch ebenso unverkennbar. Deren Beschwörung galt das 1913 bei Tanz, Gesang und Feuerschein stattfindende Treffen der ›Freideutschen Jugend‹ auf dem Hohen Meißner in der Nähe Kassels. Als Erinnerung an die nationale Erhebung von 1813 erklärten etwa 3000 junge Menschen, »ihr Selbst frei zu entwickeln, um es dann dem Dienst der Allgemeinheit zu widmen«, sei »die höchste vaterländische Aufgabe der Jugend«. So stand es im ersten – unterschwellig frankophobe Töne anschlagenden – Aufruf zur Jahrhundertfeier der Völkerschlacht bei Leipzig.[20]

Gemeinsame Ziele wurden in der legendären »Meißnerformel« zusammengefaßt: »Die Freideutsche Jugend will aus eigener Bestimmung, vor eigener Verantwortung, mit innerer Wahrhaftigkeit ihr Leben gestalten. Für diese innere Freiheit tritt sie unter allen Umständen geschlossen ein.«[21] Die Unverbindlichkeit dieser Sätze darf nicht darüber hinwegtäuschen, daß es hier nicht um das Gewissen des einzelnen ging, sondern darum, das als kryptoreligiöse Erweckung erfahrene Gemeinschaftserlebnis zu betonen. Von der Spiritualisierung der idealistischen ›Freiheit‹ zur Sakralisierung der Nation, in dessen überindividueller Ganzheit der einzelne aufzugehen habe, war es nurmehr ein kleiner Schritt. Die »Meißnerformel« von 1913 bildete die Hohlform der erlebnishungrigen Hochgefühle, in denen bei Kriegsbeginn der gegen das Datum 1789 gerichtete Geist von 1914 in dessen jugendbewegter Gestalt ausbrach.

V. Militarisierung der Herzen

Wer hätte geeignetere biographische Voraussetzungen mitbringen können, diesen Geist massenwirksam zu verkörpern, als ein Ernst Wurche? Wurche war Mitglied der nach der Norne der Zukunft benannten und mit dem Wandervogel auch in enger personeller Verbindung stehenden Berliner Ortsgruppe »Skuld« des »Deutschen Bundes abstinenter Studenten«.[22] Vom »Skuld« war die Initiative für das Treffen auf dem Hohen Meißner als Gegenveranstaltung zum geplanten Festkommers und dem von den Jugendbünden abgelehnten ›Hurrapatriotismus‹ der Burschenschaften ausgegangen. Alkoholkonsum galt, wie auch in der Meißnerformel festgehalten, als Widerspruch zu einer natürlichen Lebensführung und als Ausdruck verabscheuungswürdiger Konventionen; Körperkultur und freies Wandern wurden dafür um so massiver betont. In seiner Berliner Universitätszeit stark jugendbewegt, hatte Wurche sein theologisches Studium in Halle begonnen, Indiz für den pietistischen Einfluß, dem der aus der Provinz Posen stammende Sohn eines Fleischermeisters unterlag. Sein Konfirmations- wie Grabspruch – »Die auf den Herrn hoffen, haben neue Kraft, daß sie auffahrn wie Adler« – ist auch das Bibelzitat, das August Hermann Francke am Frontispiz des Hauptgebäudes der von ihm gegründeten Anstalten in Halle, Hauptquartier des deutschen Pietismus am Ende des 17. Jahrhunderts, anbringen ließ.

Was vor dem Krieg – so der Berliner Wandervogelführer Frank Fischer – in »traumhaftem Schweifen« des Wanderns nur erahnt, geschaut und gefühlt werden konnte, sollte dank der Reinigungskraft des Großen Krieges Wirklichkeit werden. Für die bündische Jugend bildete die Unmittelbarkeit des Gefühlserlebnisses das Organon, um das innerliche antimoderne Deutschland so antiintellektualistisch ins Werk zu setzen, wie es ihren Schwärmereien seit je erschienen war. In der Figur des Wurche, den Flex in seinem »Wanderer«-Buch in den Schützengraben ziehen läßt, als erstiege er den Hohen Meißner, erlebte der von Thomas Mann 1945 sogenannte weltscheue deutsche »Romantismus« säkularer Gefühlsreligiosität einen der ersten negativen Höhepunkte im 20. Jahrhundert.[23] Die Sprachlosigkeit rauschhafter Ergriffenheit wurde zum schärfsten Einspruch gegen die zivilisierten Mittellagen demokratischer Verstandeskultur. Aus der Verachtung formeller Organisation erwuchsen im Wandervogel stark personalisierte Beziehungen zwischen Führer und Gefolgschaft. Ähnliche Prinzipien bestimmen auch in Flex' »Wanderer« das Verhältnis zwischen dem Offizier Wurche und seiner Mannschaft. Zwar ist Disziplin weiterhin unverzichtbar, von Befehlsgebern wie Befehlsempfängern kann dennoch keine Rede sein: Gehorsam stellt sich in Wurches – nach Maßgabe des Wandervogels – geführten Armee wie von selbst allein durch den Besitz der Herzen seiner Männer her.

Unschwer läßt sich an dieser Militarisierung der Herzen wie an der Sentimentalisierung des Militärs die Deutung des Jahres 1914 im historischen Licht von 1813 ausmachen; eine Fokussierung, die durch den mentalitätsbildenden Hintergrund der geistig-geistlichen Tradition pietistischer Frömmigkeit verstärkt wird. Die innere Religiosität des Pietismus war schon dem Clausewitzschen »wahren Geist des Krieges« dienlich gewesen, der durch die gelungene Verbindung von Enthusiasmus und Patriotismus bewerkstelligten Internalisierung des Vaterlandes.[24]

Folgerichtig besitzt auch in Flex' »Wanderer« die Mobilisierung innerer Überzeugungen und schwärmerischer Emotionen den Vorrang vor disziplinierendem Körperdrill. Bezeichnenderweise erzielt das

Buch seine größte Wirkung in diversen bukolischen Badeszenen, in denen sich der seiner Uniform entledigte, nackte Wurche mit der kosmischen All-Einheit vermählt. Im lebensreformierten Christentum dieses Sonnenjünglings findet Flex' Fanatismus zur transzendenten Gegenwelt seine Vollendung: Als erweckter Erwecker braucht die auf spirituelle Wiedergeburt vertrauende Figur des Wurche den Tod nicht zu fürchten. Die dreifaltige Innerlichkeit aus der Gottseligkeit des Pastors, der Vaterlandsseligkeit des Offiziers und der Überzeugungstreue des Wandervogels bildet den Stoff, aus dem der neue Mensch gemacht ist. An diesem soll zuerst Deutschland selbst, nach dessen Purgatorium der Rest der zivilisationsverderbten Welt genesen.

Freier Mensch, nicht politischer Bürger – solchem ins Gewand religiöser Sanftmut gehüllten, aggressiven Wiederverzauberungswillen hat Max Weber 1917 noch während des Krieges mehrmals eine Absage erteilt.[25] Wiederholt wandte sich Weber gegen die Ideale der Jugendbewegung und deren religiöser Aufwertung charismatischer Mächte des Außeralltäglichen – der Persönlichkeit, des Erlebens, des Gemeinschaftsgefühls. Den eskapistischen Antiinstitutionalismus kryptoreligiösen Charismas durch die unpersönliche Satzungsherrschaft und den Institutionenpluralismus des modernen Staates zu ersetzen, war das Ziel. Ein Plädoyer für die Rationalisierung innerweltlichen Handelns, das im Hinblick auf den asketischen Protestantismus Nordamerikas den Versuch machte, die neoromantischen Erbschaften einer weltflüchtigen lutherischen Gefühlskultur zu beenden. Bis sich Deutschlands Jugend von der Heilsgeschichte erlösender Hinterwelten trennte und – wie Max Weber 1917 während einer von dem lebensphilosophisch engagierten Verleger Eugen Diederichs veranstalteten Kulturtagung auf Burg Lauenstein geltend machte – das Parlament als einzigen Kampfplatz akzeptierte, sollte freilich noch viel Zeit vergehen.

Anmerkungen

1 Walter Flex am 28. 4. 1917, in: Walter Flex, Gesammelte Werke in zwei Bänden, München o. J., Band 1, Einleitung von Konrad Flex, S. XXI.

2 Vgl. Bernd Ulrich, Benjamin Ziemann: Das soldatische Kriegserlebnis, in: Wolfgang Kruse (Hg.) Eine Welt von Feinden. Der Große Krieg 1914–1918, Frankfurt/Main 1997, S. 127–158.

3 Konrad Flex, Walter Flex. Ein Lebensbild. Aus klaren Quellen, Bd. 30, Stuttgart 1937, S. 110.
4 Walter Flex, Gesammelte Werke, S. XXXVII.
5 Konrad Flex, Walter Flex.
6 Briefe von Walter Flex. In Verb. mit Konrad Flex hrsg. von Walter Eggert Windegg. München o. J., Einleitung von Konrad Flex, S. 40.
7 Walter Flex, Gesammelte Werke, S. 35.
8 Hans-Ulrich Wehler, Deutsche Gesellschaftsgeschichte 1849–1914, München 1995. S. 712–750.
9 Walter Flex, Gesammelte Werke, S. 17.
10 Raimund Neuß, Anmerkungen zu Walter Flex. Die ›Ideen von 1914‹ in der deutschen Literatur: Ein Fallbeispiel, Schernfeld 1992, S. 7.
11 Helmuth Plessner, Grenzen der Gemeinschaft, Bonn 1924, S. 10.
12 Walter Flex, Gesammelte Werke, S. 71.
13 Gert Sautermeister, Vom Werther zum Wanderer zwischen den Welten. Über die metaphysische Obdachlosigkeit der bürgerlichen Jugend, in: Thomas Koebner, Rolf-Peter Janz, Frank Trommler (Hg.), ›Mit uns zieht die neue Zeit‹. Der Mythos Jugend, Frankfurt/Main 1985. S. 462.
14 Gustav Wyneken, Der weltgeschichtliche Sinn der Jugendbewegung, in: Grundschriften der deutschen Jugendbewegung. Herausgegeben im Auftrage dcs Gemeinschaftswerkes Dokumentation der Jugendbewegung von Werner Kindt, Düsseldorf/Köln 1963, S. 151. Hervorgehoben von G.Wyneken.
15 Hinrich Jantzen, Namen und Werke. Biographien und Beiträge zur Soziologie der Jugendbewegung. 2 Bde. Frankfurt/Main 1974, Bd. 1, S. 318 (Quellen und Beiträge zur Geschichte der deutschen Jugendbewegung, Bd. 12).
16 Walter Flex, Der große Krieg in Einzeldarstellungen. Die Russische Frühjahrsoffensive 1916. Herausgegeben im Auftrage des Generalstabes des Feldheeres, Oldenburg 1919.
17 Ernst Jünger, Der Arbeiter. Herrschaft und Gestalt, Hamburg (2. Aufl.) 1932, S. 46–57.
18 Theodor Wilhelm, Der geschichtliche Ort der deutschen Jugendbewegung, in: Grundschriften der deutschen Jugendbewegung, S. 11.
19 Vgl. Wehler, S. 1097–1104.
20 Freideutsche Jugend. Festschrift zur Jahrhundertfeier auf dem Hohen Meißner. Der erste Aufruf. In: Grundschriften der deutschen Jugendbewegung, S. 92.
21 Sigrid Bias-Engels, Zwischen Wandervogel und Wissenschaft. Zur Geschichte von Jugendbewegung und Studentenschaft 1896–1920 (Edition Archiv der deutschen Jugendbewegung, Band 4), Köln 1988, S. 148.
22 Vgl. hierzu Sigrid Bias-Engels, S. 41–54.
23 Vgl. Thomas Mann, Deutschland und die Deutschen, und ders., Warum ich nicht nach Deutschland zurückgehe, in: ders., Aufsätze – Reden – Essays, Bd. 8, Berlin und Weimar 1983.
24 Vgl. Ulrich Bröckling, Disziplin. Soziologie und Geschichte militärischer Gehorsamsproduktion, München 1997, Kap. III. sowie George L. Mosse, Natio-

nalismus und Sexualität. Bürgerliche Moral und sexuelle Normen, München 1985.

25 Vgl. u. a. die bekannte, auf Einladung des Bundes Freier Studenten in München gehaltene Rede von Max Weber, Wissenschaft als Beruf (erstmals veröffentlicht 1919). Vgl. hierzu auch: Klaus Lichtblau, Kulturkrise und Soziologie um die Jahrhundertwende. Zur Genealogie der Kultursoziologie in Deutschland, Frankfurt/Main 1996, Kap. IV.

III.
Identitäten –
Tugenden und Verbrechen

Thomas Flemming

»Willenspotentiale«

Offizierstugenden als Gegenstand der Wehrmachtpsychologie

»Im Geiste unbesiegt« – so stand es auf zahlreichen deutschen Kriegerdenkmälern nach 1918, und viele Kriegsteilnehmer selbst wurden nicht müde, in ihren Erinnerungsbüchern die vermeintliche geistig-mentale Überlegenheit der deutschen Truppen zu betonen. »... vergessen wir nicht, daß in den Materialschlachten des Weltkrieges der Mut und die Tapferkeit des deutschen Soldaten der Übermacht der Artillerie, Tanks und Flieger bei unseren Feinden überlegen war.«[1] Auch künftig würden zuallererst »geistig-seelische« Eigenschaften über Sieg oder Niederlage entscheiden. »Die Zahl von Kämpfern und Waffen wird uns nie zum Retter werden. In der Überlegenheit des Geistes ... liegt unsere ... Siegesgewißheit ...«, heißt es 1936 in der vom Psychologischen Laboratorium des Reichskriegsministeriums herausgegebenen Zeitschrift »Soldatentum«.[2]

»Siegeswille« und »Angriffsgeist« wurden von der Militärführung seit geraumer Zeit als kriegsentscheidende Faktoren herausgestellt, nicht nur in Deutschland. General Foch, damals Leiter der französischen Militärakademie, erklärte 1906 militärisch knapp: »Sieg = Wille«.[3]

»Kampfgeist« und »Wille« mußten in besonderem Maße beim Offizierskorps vorhanden sein, denn »diese geistige Überlegenheit strahlt aus von der Führung ...«[4] Wenn mentale Eigenschaften von Offizieren und Truppe für nachgerade kriegsentscheidend erachtet wurden, hatte auch das Auswahlverfahren auf eben diese Eigenschaften besonderes Augenmerk zu legen.

Wie ließ sich aber feststellen, welche Bewerber für die Offizierslaufbahn über jene gewünschten psychischen Eigenschaften verfügten und damit besonders »geeignet« waren? Hier brachte sich die Psychologie mit dem Angebot ins Spiel, »objektive Auswahlkriterien« für den Offiziersnachwuchs zu entwickeln. Die Psychologie, eine noch junge akademische Disziplin, machte sich anheischig, mit wissenschaftlichen Methoden jene willensstarken, charakterfesten Führernaturen unter den Bewerbern herauszufiltern, die in der Armee als Offiziere gebraucht wurden.[5]

Nachdem erste Versuche mit Auswahlprüfungen bei der Marine zur Zufriedenheit der Militärführung verlaufen waren, konnte das »Psychologische Laboratorium des Reichswehrministeriums« am 1. April 1927 in Berlin seine Arbeit aufnehmen.[6] Erster wissenschaftlicher Leiter war der Psychologe Johann Rieffert, der aus dem Ersten Weltkrieg bereits Erfahrungen mit wehrpsychologischen Eignungstests hatte.

Unter nationalsozialistischer Herrschaft wurde parallel zur Aufrüstung auch die »Wehrmachtpsychologie« zunächst ausgebaut. Mitte 1937 gab es in Deutschland 16 Psychologische Prüfstellen der Wehrmacht (darunter zwei für die Marine), die jeweils von einem Generalmajor, Konteradmiral oder Oberst geleitet wurden. Bis 1940 wuchs die Zahl der Prüfstellen auf 22 mit insgesamt rund 200 Psychologen.[7] Die Prüfstellen waren den einzelnen Wehrkreiskommandos zugeordnet. Ab 1929 war jede Einrichtung einem nicht mehr aktiven Stabsoffizier unterstellt. Inhaltliche Weisungen erhielten sie vom Psychologischen Laboratorium in Berlin, das dem Reichskriegsministerium (Heeres-Personalamt) unterstellt war. Die Psychologen in der Zentrale, dem »Laboratorium« und in den Prüfstellen waren Heeresbeamte in Uniform, die meisten im Range eines Regierungsrats. Bis zur Einführung des Diplom-Examens für Psychologen im Jahr 1941 blieb die Promotion Ausweis der wissenschaftlichen Qualifikation. Die meisten Wehrmachtspsychologen waren Reserve-Offiziere. Der Personalbestand des Psychologischen Laboratoriums umfaßte rund 30 Mitarbeiter, darunter etwa 12 Heerespsychologen.[8] Fortan mußte sich jeder Offiziersbewerber bei den wehrpsychologischen Prüfstellen einer Beurteilung seiner körperlichen und seelisch-geistigen Eignung stellen. Die nach zweitägiger Prüfung formulierten Gutachten hatten jedoch nur beratende Funktion. Weiterhin lag die letzte Entscheidung über Annahme oder Ablehnung eines Offiziersbewerbers bei den Regimentskommandeuren, so daß der »Primat des Militärs« bei der Rekrutierung seines Offiziersnachwuchses nicht in Frage stand.

Die Einführung der wehrpsychologischen Eignungsprüfung bedeutete eine teilweise Abkehr von traditionellen Formen der Rekrutierung des Offiziersnachwuchses. Zu allen Zeiten sollten es selbstredend nur »die Besten« sein, die als Offiziere ihren Truppen voranmarschierten. Diesen Elite-Anspruch hat noch jedes Staatswesen an sein Offizierkorps gestellt. Weniger selbstverständlich waren schon Kriterien und Verfahren, nach denen diese »Besten« ihres Jahrgangs jeweils ermittelt wurden. Waren bis ins Kaiserreich noch adelige Herkunft bzw. Abstammung aus einer Offiziersfamilie die wichtigsten Voraussetzungen für eine Offizierslaufbahn, so gewannen nach 1890 auch andere Merkmale wie z. B. der »Charakter« an Bedeutung. Damit stand im Grundsatz auch nichtadligen Bewerbern die Offizierslaufbahn offen, sofern sie den »erwünschten Kreisen«, d. h. dem kaisertreuen Großbürgertum, insbesondere der hohen Beamtenschaft entstammten.[9] Nicht mehr allein die Herkunft, auch der »Adel der Gesinnung«[10] sollte zum Eintritt in das militärische Führungskorps berechtigen; oder wie es Wilhelm II. in einem Erlaß vom Januar 1905 zu formulieren geruhte: »Wirkliche Charaktere und ganze Männer tun Not ...«[11]

Auf die sozialgeschichtlichen Ursachen (und Konsequenzen) dieser Entwicklung, die schrittweise zu einer Erweiterung des »Anforderungskatalogs« und des Bewerberkreises für den Offiziersnachwuchs führten, kann hier nicht näher eingegangen werden. Als Stichworte seien nur die »Heeresvermehrungen« nach 1860 sowie die »Technisierung« des Kriegshandwerks und seine Professionalisierung genannt, die sowohl eine quantitative Erweiterung des Führungskorps als auch höhere Bildungsanforderungen an die Offiziere zur Folge hatten.[12]

Für das 100 000-Mann-Heer der Weimarer Republik stellte sich das quantitative Problem mit umgekehrten Vorzeichen. Den vergleichsweise wenigen Offiziersposten stand eine viel höhere Zahl an Bewerbern gegenüber. Individuelle Eigenschaften der jungen Männer mußten darum über Annahme oder Ablehnung entscheiden. Was die psychischen Eigenschaften betraf, die den Offizier auszeichnen sollten (»Offizierstugenden«), orientierte sich auch die Wehrpsychologie überwiegend an traditionellen Vorstellungen. Mut, Entschlossenheit, Selbstbeherrschung, Beharrlichkeit, Gehorsam, Eigenverantwortlichkeit, Willensstärke, Führungsfähigkeit waren auch für die Wehrpsychologen unabdingbare Persönlichkeitsmerkmale. Es fragte sich allerdings, mit welchen Methoden diese »Tugenden« im Rahmen eines objektivierbaren Auswahlverfahrens ermittelt werden konnten.

I. Theoretische Grundlagen

In ihrer praktischen Arbeit griffen die Wehrpsychologen u. a. auf Erfahrungen der waffentechnischen Eignungstests im Ersten Weltkrieg (für Kraftfahrer, Funker und Flieger) sowie auf Eignungstests in der Industrie zurück. Von Beginn an war die Wehrpsychologie dabei auf eine scharfe Abgrenzung von der sogenannten Psychotechnik bedacht. Mit deren quantifizierenden Meßverfahren im Hinblick auf isolierte Merkmale und Fähigkeiten – vor allem Zeit- und Bewegungsstudien – seien die seelisch-geistigen Eigenschaften eines Menschen nicht zu erfassen, so die in zahlreichen Publikationen betonte Auffassung der Wehrpsychologen. Sie propagierten dagegen den Blick auf die Gesamtpersönlichkeit und legten ihrer praktischen Prüfungstätigkeit eine ganzheitliche Sicht des Menschen zu Grunde, denn »alle seelischen Fähigkeiten wirken funktional zusammen. Am Denken ist auch Fühlen und Wollen beteiligt«.[13]

Auf der Basis von Ausdruckspsychologie und Charakterologie stellte die Wehrmachtpsychologie die Beleuchtung des Charakters in den Mittelpunkt ihres Prüfverfahrens, wobei es ihr erklärtermaßen um ein »verstehendes Erfassen der ganzen Persönlichkeit« ging.[14] »Daher ist die Ablösung des psychotechnischen durch das charakterologische Arbeitsprinzip notwendig.«[15] Beeinflußt war diese für die Wehrpsychologie grundlegende »Wendung der Diagnostik von messenden zu deutenden Verfahren« unter anderem von der Ganzheitspsychologie eines Felix Krueger, der »verstehenden Psychologie« Eduard Sprangers und nicht zuletzt von den »ausdruckspsychologischen« Arbeiten Ludwig Klages. Dessen Leib-Seele-Konzept lieferte den psychologischen Gutachtern zahlreiche Stichworte. Auch Philipp Lersch (»Gesicht und Seele«, 1932) trug mit seinen ausdruckspsychologischen Untersuchungen zu den theoretischen Grundlagen der Wehrpsychologie bei.[16]

II. Wie mißt man »Willensstärke«?

Wie sollte er beschaffen sein, der deutsche Offizier? Und – mit welchen Methoden konnte man die geeigneten Bewerber herausfinden? Dies waren die immer wiederkehrenden Fragen der Wehrpsychologie.

Das wehrpsychologische »Laboratorium« und die einzelnen Prüfstellen verstanden sich sowohl als praktisch arbeitende wie auch als forschende Institutionen. Sie gaben mehrere Schriftenreihen, etwa die Zeitschriften »Soldatentum« und die »Wehrpsychologischen Mitteilungen« sowie eine Vielzahl von weiteren Publikationen heraus. Nicht zuletzt zur Frage der Eignungskriterien, vulgo »Offizierstugenden« gab es darin immer wieder Wortmeldungen. Wie sich die Wehrmachtführung selbst ihren Offiziernachwuchs wünschte, geht aus einem Erlaß des Oberbefehlshabers des Heeres, Generaloberst von Brauchitsch, vom Dezember 1938 deutlich hervor: »Überzeugte Tatmenschen« mußten es sein, »stahlharte Persönlichkeiten, willensstark, widerstandsfähig.«[17] Gegenüber dem Ideal der »Kämpfernatur« traten Verstandeskräfte in den Hintergrund. »Daher wiegen im Kriege die Eigenschaften des Charakters schwerer als die des Verstandes«, heißt es in der Einleitung zur Heeresdienstvorschrift 300.[18]

1936 wurden in der Zeitschrift »Soldatentum« unter dem Titel »Betrachtungen über Führerauslese« vier Admiräle als Vorbilder gerühmt, deren wichtigstes Persönlichkeitsmerkmal war, »daß sie Kerle waren, Persönlichkeiten, bei denen die Kräfte des Verstandes untertan waren fester, männlicher Haltung«.[19] Als »Kardinal-Tugend« galt die Willensstärke. Es war darum ein Hauptanliegen der Wehrmachtpsychologie, in diesem Punkt treffsichere Prüfungsergebnisse, d. h. Gutachten von hohem prognostischem Wert zu erstellen. »Vom jungen Menschen, der Soldat zu werden beabsichtigt, wird eine Veranlagung zum kräftigen Einsatz seines Willens erwartet«, heißt es in einem Grundsatz-Artikel der Zeitschrift »Soldatentum«, wobei »Energie und Leistungsfähigkeit, Einsatzbereitschaft auch an der Grenze der Leistungsfähigkeit« als wesentliche Elemente der erwünschten »Willenshaltung« betrachtet (und geprüft) werden.[20] Ein Vertreter des Heerespersonalamtes forderte in der »Hauszeitschrift« der Wehrmachtpsychologie als künftige Offiziere »Tatmenschen mit raschem Zufassen ... voller Entschlußkraft, Verantwortungsgefühl und ausgeprägtem Willen«.[21]

Willenskraft und Selbstbeherrschung tauchten in den wehrpsychologischen Gutachten stets als positive Persönlichkeitsmerkmale auf. Gute Chancen hatte, wer sich bei den Prüfungsaufgaben »fest in der Hand hat« und von »männlich festgefügter Art« zeigte.[22] In der Prüfungspraxis erfolgte die Einschätzung des Willens vor allem in der sogenannten Lebenslaufanalyse (ab 1940 als Lebenslaufuntersuchung bezeichnet), sodann in der »Ausdrucksuntersuchung« und der abschließenden »Handlungsanalyse«. Für die ausdruckspsychologisch orientierte Wehrmachtpsychologie war der Wille »Haltung« – körperliche und geistige. Folgerichtig wurde eine enge Beziehung zwischen Muskelanspannung und Willenskraft gesehen. Straffe Körperhaltung, »zackiges« Auftreten, feste Bewegungen des Bewerbers interpretierten die Wehrmachtpsychologen als Zeichen großer Willensstärke. Als idealer Ausdruck hoher Willenskraft erschien der selbstbeherrschte, in Zucht genommene Körper, dessen – etwas überspitzt formuliert – »Selbstabrichtung als Voraussetzung der Fremd-Abrichtung« galt.[23]

Willensstärke kam nach Auffassung der Wehrpsychologie aber auch in der »Lebenshaltung« zum Ausdruck, weshalb der Blick »auf die Gesamtpersönlichkeit und ihre bisherige Lebensweise« eine effiziente Methode zur Feststellung der Willenskraft sei.[24] Dies geschah in der sogenannten Lebenslaufanalyse, bei der von der erkennbaren Zielstrebigkeit auf Durchsetzungskraft und Willen des Offiziersbewerbers geschlossen wurde. Denn vor allem an »der Art der Lebensführung und Lebensgestaltung erkennt man leicht jene Kämpfernaturen, deren Willensspannung gerade durch Widerstände gesteigert werden ...«[25]

Bei der Handlungsanalyse waren es erschöpfende körperliche Übungen (Kletterwand, Arbeiten auf beweglichem Untergrund), komplexe Arbeitsabläufe auf einem schwankenden Steg (»Handlungsreihe«) und die Anleitung anderer Gruppenmitglieder zu bestimmten Arbeiten (»Führerprobe«), die Aufschluß über die Willenskraft der Prüflinge geben sollten. Erläuternd heißt es dazu in der Zeitschrift »Soldatentum«: Der »Psychologe stellt Aufgaben, bei denen er Gelegenheit hat, den Prüfling bei der Durchführung von Willenshandlungen zu beobachten, die der Lebensform des Offiziers entsprechen. Planvolles Vorgehen, verbunden mit Überblick und Klarheit des Denkens, ... Energie und Ausdauer, Einsatzbereitschaft auch an der Grenze der Leistungsfähigkeit –, das sind Momente, die in der Beurteilung der Willenshaltung eines Menschen eine wichtige Rolle spielen.«[26]

Wenngleich sie die Erfassung der »Willenspotentiale« als einen zentralen Aspekt der Eignungsprüfungen sahen, machten Vertreter der Wehrmachtpsychologie gerade auf diesem Gebiet aber auch Einschränkungen. So schrieb etwa Max Simoneit: »Der Anteil des Gezogenwerdens, des Getriebenwerdens und des ichbestimmten Treibens am Wollenvollzug läßt das Willensphänomen sehr kompliziert erscheinen. Methodologisch ergibt sich daraus, daß es Willenstests elementarer und experimenteller Art nicht geben kann.«[27] Weil derartige Skrupel den Stand der Wehrpsychologie als angewandter Wissenschaft nicht gerade stärkten, tauchten in späteren Texten derlei Bedenken eher selten und verklausuliert auf.

III. Ablauf der Prüfungen

Der erste Weg eines Offizier-Bewerbers führte auch nach Etablierung der wehrpsychologischen Prüfung stets zu einem Regimentskommandeur. Wenn dieser nach einem Blick auf Alter, Herkunft, polizeiliches Führungszeugnis und politische Aktivitäten den jungen Mann grundsätzlich für akzeptabel hielt, wurde er von einer wehrpsychologischen Prüfstelle eingeladen. Die Prüfungen, an der jeweils fünf Bewerber teilnahmen, erstreckten sich in der Regel über zweieinhalb Tage. Die Prüfungskommisson bestand aus dem Kommandeur der Prüfstelle, zwei Offizieren und zwei Psychologen. Ab 1936 waren auch Psychiater an dem Auswahlverfahren beteiligt, was zu heftigen Kompetenzstreitigkeiten mit den Psychologen auf der Prüfstelle führte.[28] Nach Abschluß der Prüfungen formulierten die Beteiligten ihre Gutachten; am Schluß stand eine Empfehlung »geeignet«, »bedingt geeignet« oder »ungeeignet«.

Das Prüfungsverfahren begann mit der persönlichen Vorstellung des Bewerbers, dem Blick auf die *körperliche Erscheinung*. Es folgte die *Schicksalsanalyse* (Lebenslaufanalyse). Parallel dazu wurden im Rahmen der *Ausdrucksanalyse* Beobachtungen zu Mimik, Gestik und Sprachverhalten angestellt. Zu diesem Zweck wurden ohne Wissen des Prüflings Filmaufnahmen gemacht. Es folgten schriftliche Aufgaben zur Überprüfung der geistigen Fähigkeiten (logisches Denken; einen ausgearbeiteten Intelligenztest gab es bei den Prüfstellen allerdings nicht). Sie bestanden zum Beispiel in schriftlichen Organisationsaufgaben, in der Aufteilung vorgegebener Figuren nach bestimmten Merkmalen. Prüfaufsätze über Themen wie »Heimkehr ins Reich« oder »Natur und Kunst« sowie Bildbeschreibungen oder Gedichtinterpretationen sollten Einblick in Gefühlswelt und Ausdrucksfähigkeit des Prüflings geben.[29]

Im Zentrum des zweiten Prüfungstages stand die *Handlungsanalyse*, bei der die Prüflinge technische Aufgaben zu lösen, Reaktionstests und schwere körperliche Übungen zu absolvieren hatten. Letztere, als »Befehlsreihen« bezeichnet, gingen bis an die Grenzen der körperlichen Leistungsfähigkeit. Es war dies die Prüfungsphase, in der – wie erwähnt – die »Willensseite der Person« im Vordergrund stand. Die Leitfrage lautete: »Wie wird der Wille eingesetzt, wieviel Kraft steht ihm zur Verfügung, und was für eine Stellung hat er in der seelischen Gesamtveranlagung der Person?«[30] Diese Aufgabenstellungen firmierten unter der Bezeichnung »charakterologische Prüfung«. Deren Höhepunkte waren die »Führerprobe«, bei der die einzelnen Bewerber ihre Mitprüflinge bei der Bewältigung einer bestimmten Aufgabe anleiten mußten, und die abschließende *Exploration*. In dieser »Hauptaussprache« ging es den Kommissionsmitgliedern darum, sich einen Gesamteindruck vom Charakter des Bewerbers zu verschaffen.[31] Dabei sollte sich in einer Art »Zusammenschau« der bisherigen Prüfungsergebnisse ein Gesamtbild der Bewerber-Persönlichkeit ergeben, das dann zu einem abschließenden Votum der Kommission führte.

IV. Kriterium der Rasse

Es kann nicht verwundern, daß nach 1933 »rassenbiologische« Lehren in der Diskussion um Auswahlkriterien und Prüfverfahren einen wachsenden Stellenwert erhielten. Noch 1934 äußerte sich Max Simoneit auffallend zurückhaltend, was die Aussagekraft rassischer Merkmale für die Eignung zum Offiziersberuf betraf. In einer Rezension von Ludwig Ferdinand Clauß' »Rasse und Seele« schreibt er: »Vielleicht aber sieht er (Clauß, T.F.) die anderen Rassen zu sehr nur in ihren Unterschieden von der nordischen, die sich dann allzusehr als ›das Maß der Dinge‹ in der Forschung auswirkt. ... Hierin liegt die Grenze jeder Rassenlehre.«[32]

Seit etwa 1936 scheint es am Wehrpsychologischen Laboratorium beim Thema Rasse eine Art Arbeitsteilung gegeben zu haben. Während die meisten Psychologen, darunter auch Simoneit, seit 1931 wissenschaftlicher Leiter, weiterhin ihren »ganzheitlichen Blick« propagierten, setzte sich der Rassebiologe Erich Zilian in den Veröffentlichungen des Instituts energisch für die Einbeziehung rassischer Gesichtspunkte in das Prüfungsverfahren ein. Sie seien unerläßlich, um befähigten Offiziersnachwuchs, mithin Führerpersönlichkeiten, zielsicher »auszulesen«. Zur Untermauerung seiner rassebiologischen Thesen verwies Zilian vor allem auf die Zwillings-Forschung, welche angeblich die Erblichkeit charakterlicher Anlagen – darunter Mut, Willensstärke, Ehrgefühl – belegten.[33] Auch Simoneit erklärte 1938, daß die »Rasseart für die Anlageforschung von richtunggebender Bedeutung« sei; dies mag allerdings zum Teil ein taktisches Zugeständnis gewesen sein.[34]

1939 brachte das Laboratorium – inzwischen umbenannt in »Hauptstelle der Wehrmacht für Psychologie und Rassenkunde« – einen »Rassendiagnostischen Atlas« heraus, der den Psychologen der Prüfungsstellen als methodisches Hilfsmittel bei ihrer Gutachtertätigkeit dienen sollte. Der Atlas enthielt insgesamt 84 Bildtafeln zur genaueren Bestimmung von »Rassezugehörigkeit« bzw. »Rasseanteilen« bei den einzelnen Bewerbern. Sowohl körperliche als auch »geistig-seelische Eigentümlichkeiten« sollten durch Einsatz des »Rassendiagnostischen Atlas'« präziser als bis dahin bestimmt werden können.[35] Das bedeutete für die Praxis der Prüfverfahren, daß die Bewerber anhand des Bildmaterials bestimmten »rassischen Untergruppen« (»nordisch«, »fälisch«, »ostbaltisch« etc.) zugeordnet wurden, um durch Bestimmung der »Rasseanteile« – angeblich – genaueren Aufschluß über charakterliche Eigenschaften zu gewinnen. Die Benutzung jenes »Atlas'« sollte auch ermöglichen, die »stammesmäßigen« Unterschiede innerhalb des deutschen Volkes bei der Bestimmung – angeblich rassebedingter – Charaktereigenschaften stärker zu berücksichtigen. Da konnte es geschehen, daß bei der Begutachtung eines Bewerbers von beeindruckender Tatkraft und Willensstärke Einschränkungen wegen »ostischer« Einschläge gemacht wurden.

V. Anfeindungen und Auflösung

Die wehrpsychologischen Prüfstellen waren Zeit ihres Bestehens Kritik und Anfeindungen aus Militärkreisen ausgesetzt. Ressentiments gegenüber der Psychologie als unpräziser, »weicher« Wissenschaft spielten dabei ebenso eine Rolle wie die Enttäuschung von Vätern und Onkeln, womöglich altgediente Offiziere, wenn der Familiensproß als »nicht geeignet« eingestuft wurde. So galt Generalfeldmarschall Wilhelm Keitel als erklärter Gegner der Wehrmachtpsychologie, während etwa die Generäle Erwin Rommel und Albert Kesselring ihr angeblich sehr wohlgesonnen waren.[36] Bezeichnend für die ablehnende Haltung vieler Kommandeure gegen die Wehrpsychologie ist ein Schreiben des Dresdner Wehrkreis-Befehlshabers von 1933: »Die psychologische Prüfung ist auch nicht erwünscht, weil in ihr der Wissenschaftler und nicht der Offizier das Übergewicht hat. ... Wir sind auf dem besten Wege, einem Spezialistentum, das abseits des soldatischen Lebens steht, einen Einfluß auf die Auswahl unseres Offiziernachwuchses einzuräumen, der weder notwendig noch erwünscht ist.«[37] Ein weiterer Grund für Anfeindungen lag nach einer späteren Aussage Simoneits darin, daß die Wehrpsychologie es ablehnte, frühere HJ-Führer von vornherein als »geeignet« einzustufen. Auch aus dem Amt Rosenberg kamen immer wieder politische Angriffe, die vor allem gegen die von Simoneit vertretenen individual-psychologischen Ansätze in der Wehrmachtpsychologie zielten.[38]

Ausschlaggebend für das Ende der psychologischen Prüfungsstellen scheint jedoch die Entwicklung des Kriegsgeschehens gewesen zu sein. Mit dem Überfall auf die Sowjetunion im Juni 1941 stieg der Bedarf an Offiziernachwuchs sprunghaft an. So wuchs die Zahl der aktiven Heeresoffiziere zwischen Mai 1940 und Mai 1944 von rund 31 900 auf etwa 47 800 Mann. Bald gab es kaum noch eine persönliche Vorstellung des Offizier-Bewerbers beim Regimentskommandeur, und ab 1942 galt auch das Abitur nicht mehr als Voraussetzung für eine Offizierslaufbahn.

Die Wehrmachtpsychologie hatte unter diesen Bedingungen einen immer schwereren Stand, zumal ab 1941 gemäß dem Schlagwort »Kerls an die Front« die Frontbewährung zum entscheidenen Eignungsnachweis wurde. Alle anderen Eigenschaften und Fähigkeiten traten als Auswahlkriterien immer weiter in den Hintergrund, ganz im

Sinne der nationalsozialistischen Auffassung, daß »wahre Führernaturen« sich erst im »Stahlbad des Kampfes« zeigten.[39] Den psychologischen Prüfungsstellen war dadurch faktisch die Arbeitsgrundlage entzogen. Zum 1. Juli 1942 wurden das wehrpsychologische Laboratorium und die angeschlossenen Prüfstellen aufgelöst.

Anmerkungen

1 Otmar Frh. von Verschuer, Wehrwesen und Rassenbiologie, in: Soldatentum, 1941, H. 1, S. 22–29, hier S. 22.

2 Hansen, Betrachtungen über Führerauslese, in: Soldatentum, 1936, H. 6, S. 285–289, hier S. 285.

3 Zit. n. Oliver Storz, Die Schlacht der Zukunft, in: Wolfgang Michalka (Hg.), Der Erste Weltkrieg, München 1994, S. 252–278, hier S. 258.

4 Hansen, 1936, S. 285.

5 Vgl. Ulfried Geuter, Die Professionalisierung der deutschen Psychologie im Nationalsozialismus, Frankfurt/Main 1984, S. 229ff.

6 Max Simoneit, Deutsche Wehrmachtpsychologie von 1927–1942, in: Wehrpsychologische Mitteilungen, 1972, H. 2, S. 71–110, hier S. 72.

7 Max Simoneit, Einige Tatsachen zur ehemaligen deutschen Wehrmachtpsychologie, die für Heer, Kriegsmarine und Luftwaffe tätig war, in: Wehrwissenschaftliche Rundschau, 1954, H. 3, S. 138–141, hier S. 140.

8 Richtlinien für die Psychologischen Prüfstellen und für das Psychologische Laboratorium des Reichkriegsministeriums, Berlin 1937, Richtlinien für die Psychologischen Prüfstellen, S. 129.

9 Detlef Bald, Der deutsche Offizier, München 1982, S. 25f.

10 Kaiserlicher Erlaß vom 29. 3. 1902, zit. n. Bald, 1982, S. 39.

11 Vgl. ebd., S. 16–48.

12 Zit. n. Bald, 1982, S. 40.

13 Simoneit, 1972, S. 71.

14 Max Simoneit, Leitgedanken über die psychologische Untersuchung des Offizier-Nachwuchses in der Wehrmacht, Berlin 1938, S. 11.

15 Richtlinien für die Psychologischen Prüfstellen, S. 9.

16 Geuter, 1984, S. 153, S. 161.

17 Erlaß des Oberbefehlshabers des Heeres, Generaloberst von Brauchitsch, vom 18. Dezember 1938 zur »Erziehung des Offizierkorps«, zit. n. Manfred Messerschmidt (Red.), Offiziere im Bild von Dokumenten aus drei Jahrhunderten, Stuttgart 1964, S. 275.

18 Zit. n. Martin van Creveld, Kampfkraft. Militärische Organisation und militärische Leistung 1939–1945, Freiburg 1992, S. 199, Anm. 20.

19 Hansen, 1936, S. 289.

20 Charakterologische Eignungsprüfungen bei der Wehrmacht (Eine kurze Orientierung), in: Soldatentum, 1936, H. 4, S. 184–187, hier S. 186.
21 Kauffmann (Oberstleutnant), Der Offizier der Wehrmacht und die Ausgestaltung seiner Persönlichkeit, in: Soldatentum, 1934, H. 2, S. 95–100, hier S. 97f.
22 H. Masuhr, Ein weiterer interessanter Fall aus der Bewährungskontrolle, in: Wehrpsychologische Mitteilungen, 1939, H. 6, S. 27f.; ders., Ein interessanter Fall aus der Bewährungskontrolle, in Wehrpsychologische Mitteilungen, 1939, H. 3, S. 50–53, hier S. 50.
23 Geuter, 1984, S. 185.
24 Max Simoneit, Leitgedanken über die psychologische Untersuchung, S. 17.
25 Hillebrand, Zur Frage des kriegerischen Mutes, in: Soldatentum, 1941, S. 132–137, hier S. 137.
26 Charakterologische Eignungsprüfungen bei der Wehrmacht, in: Soldatentum, 1936, H. 4, S. 186.
27 Max Simoneit, Zur Willensuntersuchung in wehrmachtpsychologischen Eignungsprüfungen, in: Otto Klemm (Hg.), Gefühl und Wille, Jena 1937, S. 157.
28 Vgl. Karl Heinz Roth, Die Modernisierung der Folter in den beiden Weltkriegen: der Konflikt der Psychotherapeuten und Schulpsychiater um die deutschen »Kriegsneurotiker« 1915–1945, in: 1999. Zeitschrift für Sozialgeschichte des 20. und 21. Jahrhunderts, 1987, H. 3, S. 8–75, hier S. 34; E. Tiling, Der Psychiater auf der Psychologischen Prüfstelle, in: Der deutsche Militärarzt 1938, H. 12, S. 509–514, hier S. 512.
29 Wohlfahrt, Sammlung symptomatologisch interessanter Prüfaufsätze. Ein Fall von ungeformter Gefühlslebendigkeit, in: Wehrpsychologische Mitteilungen, 1939, H. 4, S. 14–20, hier S. 16, S. 18.
30 Max Simoneit, Die Bedeutung der Lehre von der praktischen Menschenkenntnis, Berlin 1934, S. 62.
31 Kröber, Über die Hauptaussprache (Exploration), in: Wehrpsychologische Mitteilungen, 1942, H. 4, S. 26–38, hier S. 38.
32 Max Simoneit, Rezension Clauß, »Rasse und Seele«, in: Soldatentum 1934, S. 114.
33 Erich Zilian, Art- und persönlichkeitsgemäße Auslese unter dem Gesichtspunkt der Rasse, in: Soldatentum, 1939, S. 45–49, hier S. 46.
34 Simoneit, 1938, S. 19.
35 Erich Zilian, Der Rassendiagnostische Atlas der Wehrmachtpsychologie, in: Soldatentum, 1939, S. 275–278.
36 Simoneit, 1954, S. 141.
37 Zit. n. Bernhard Kroener, Auf dem Weg zu einer »nationalsozialistischen Volksarmee«. Die soziale Öffnung des Heeresoffizierkorps im Zweiten Weltkrieg, in: Martin Broszat u. a. (Hg.), Von Stalingrad zur Währungsreform, München 1988, S. 651–682, S. 656.
38 Geuter, 1984, S. 290.
39 Kroener, 1988, S. 656ff.

Gudrun Schwarz

»Herrinnen der Zukunft«

SS-Offiziere und ihre Frauen

»Wichtig ist, daß SS-Gruppenführer Globocnik bald heiratet, um in diesem ruhelosen, ihn zermürbenden Pionierleben einen festen Pol in Heim und Frau zu haben. Dies würde unbedingt dazu beitragen, daß SS-Gruppenführer Globocnik mehr haushält mit seinen Kräften und damit heranreift für größere Aufgaben, zu denen er unbedingt das Zeug hat. Andernfalls besteht die Gefahr, daß er in dem rauhen und männlich betonten Pionierleben des Ostens sich zwar nicht verliert, aber doch Energien verbraucht, die er in der Zukunft besser gebrauchen kann«, mahnte im Mai 1943 der Chef des SS-Personalhauptamtes, Maximilian von Herff.[1] Es dauerte noch fast ein Jahr, aber im August 1944 hatte Odilo Globocnik endlich die »richtige« Braut gefunden, die er im Herbst desselben Jahres heiratete.[2]

Warum war es für die SS-Führung, für den Reichsführer-SS Heinrich Himmler, so wichtig, daß ihre SS-Führer heirateten? Eine erste Antwort bietet das Schreiben von Herff selbst. Er befürchtete, daß Globocnik ohne »Frau an seiner Seite« den Anforderungen am Einsatzort auf die Dauer nicht gewachsen sei. Globocnik war von Himmler die Verantwortung für den wichtigsten Teil der »Endlösung der europäischen Judenfrage« übertragen worden: die »Aktion Reinhard«, das heißt die Vernichtung der Juden im sogenannten Generalgouvernement und damit die Ermordung der großen Mehrheit des polnischen Judentums.

Die Forderung, Globocnik solle endlich heiraten, macht deutlich, welche Aufgaben den SS-Ehefrauen zugedacht waren. Die SS-Führung erwartete von ihren SS-Führern, daß sie mit ihren Frauen und Kindern an ihren jeweiligen Einsatzorten lebten. Sie war überzeugt, daß nur ein »normales« Familienleben vor Ort, nur die Fürsorge der Ehefrauen helfen könne, die Energien der Männer zu bündeln, um sie zu neuen, größeren Aufgaben innerhalb des Vernichtungsapparates der SS zu befähigen.

Doch nicht nur aus diesen Gründen forcierte die SS-Führung die Heirat von SS-Männern. Bereits Ende der zwanziger Jahre hatte Himmler, als er die Führung der SS übernahm, entschieden, daß die SS kein »Männerbund«, sondern eine »Sippengemeinschaft« von Männern und Frauen sein sollte. Dieses Gegenkonzept zum »Männerbund« setzte er trotz einiger Widerstände erfolgreich durch. Für Himmler hatte die Mitgliedschaft der Frauen in der SS-Sippengemeinschaft einen hohen Stellenwert, glaubte er doch, daß nur in der Verbindung des rationalen Enthusiasmus der Männer mit dem gefühlsbetonten Fanatismus der Frauen eine Gemeinschaft langfristig überlebensfähig sei.[3] Mit dieser Sippengemeinschaft wollte Himmler eine »Elite-Rasse« züchten und Europa zu einem germanischen Kontinent unter der Regierung Hitlers machen. Die Imagination einer großen, blonden, blauäugigen, sportlichen (nordisch-germanischen) »Rasse«, die den Auftrag habe, die Welt zu beherrschen und von allen anderen »Rassen« zu säubern, faszinierte bereits seit dem späten 19. Jahrhundert mehrere Generationen völkischer Gesinnungsträger. An diese Vordenker knüpfte Himmler an, als er sein Modell der Sippengemeinschaft entwarf.

Sie sollte als Avantgarde einer neuen Moral in einem selbstgeschaffenen Wertesystem lebend, modellhaft das nationalsozialistische Menschenbild und dessen Idee verkörpern. Besondere Ordensvorschriften und Aufnahmebedingungen, die sich an jener imaginären »maximalen rassischen Qualität« orientierten[4], wie bedingungslose Gefolgschaftstreue, Cliquenehre, Härte gegen sich selbst sowie andere besondere Privilegien (Errichtung von SS-Wohnsiedlungen und SS-Erholungsheimen), hielten die SS zusammen und gaben ihr eine eigene Prägung. Später kam der »Blutkitt« dazu: die Verbindung von Täterschaft und Mitwisserschaft, die die SS zusammenhielt. Folgerichtig war das Rasse- und Siedlungshauptamt das erste Hauptamt der SS, das 1931 durch Himmler gegründet wurde. Das Amt legte die Normen fest, die ab sofort Voraussetzung für eine Mitgliedschaft in der SS waren, bildete die sogenannten »Rassereferenten« aus, die SS-Angehörige musterten und entsprechend ihrer Normen »rassisch« einstuften, und verfaßte entsprechende Gutachten, wenn es Zweifel an der »rassischen Abstammung« eines SS-Angehörigen gab. Bis zur Gründung des »Rassenamtes« waren die Anforderungen an die SS-Bewerber zwar aberwitzig, aber im Vergleich mit späteren Auswahlkriterien noch recht bescheiden. Der männliche Bewerber mußte mindestens 1,70 Meter groß sein, da Himmler davon überzeugt war, »daß Menschen, deren Größe über einer bestimmten Zentimeterzahl liegt, das erwünschte Blut irgendwie haben müssen«, und ihre Gesichtszüge durften keine »Einschläge fremden Blutes« aufweisen.[5] Die »Rassekommission«, die sich aus »Führern der SS, aus Rassekundlern und Ärzten« zusammensetzte, erarbeitete immer engere Auswahlbestimmungen, so beispielsweise die fünf Kategorien, in die sie SS-Anwärter einordnete:

1. rein nordisch;
2. vorherrschend nordisch oder fälisch;
3. harmonisch gemischt mit leichten alpinen, dinarischen oder mittelmeerischen Zusätzen;
4. Mischlinge vorwiegend ostischen oder alpinen Ursprungs; und
5. Mischlinge außereuropäischer Herkunft.

Aufgenommen werden sollten nur Bewerber, die einer der ersten drei Kategorien angehörten. Zudem hatten die SS-Anwärter ihre »arische« Abstammung nachzuweisen: SS-Führer bzw. SS-Männer mußten an Hand von Dokumenten belegen, daß seit 1750 bzw. 1800 keiner ihrer Vorfahren der jüdischen Religion angehört hatte.[6]

Im Dezember 1931 erließ Himmler den »Verlobungs- und Heiratsbefehl«. Er war von grundlegender Bedeutung für die Organisation der SS und die giftige Wurzel der künftigen Politik Himmlers. Aus ihr erwuchs die Legitimation und Praxis der zwangsweisen Sterilisation, der »Euthanasie« und des Völkermords an jenen, die als rassisch unrein klassifiziert wurden. Der Befehl sollte sicherstellen, daß nur solche Frauen in die SS-Sippen einheiraten durften, die von gleicher imaginärer »maximaler rassischer Qualität« wie die Männer waren. Jeder SS-Mann, der sich verloben oder verheiraten wollte, mußte die »Heiratsgenehmigung« des Reichsführer-SS einholen. Sich verlieben, verloben und dann heiraten war fortan keine Privatangelegenheit mehr. Die Einhaltung des Verlobungs- und Heiratsbefehls forderte von SS-Männern zu lernen, daß sie nicht mehr selbst Herr über die Gestaltung ihres Lebens und ihrer Zukunft waren, daß sie ihre

Bräute und Ehefrauen nicht mehr in eigener Verantwortung wählen durften und sie die Entscheidung darüber an eine höhere Instanz, nämlich ihre direkten Vorgesetzten und das Rasse- und Siedlungshauptamt, abzugeben hatten. Wollten sie den Ansprüchen der SS genügen, mußten sie akzeptieren, daß die Aufnahme in die Sippengemeinschaft nur nach vorheriger »Auslese« und Prüfung erfolgen konnte. Eine Eheschließung ohne Genehmigung führte zum Ausschluß aus der SS.

Der Verlobungs- und Heiratsbefehl, der vom Rasse- und Siedlungshauptamt entworfen worden war, verlangte von den SS-Männern und ihren zukünftigen Bräuten ein hohes Maß an Bereitschaft, dem umständlichen und zeitraubenden Verfahren Folge zu leisten. Der Heiratswillige und seine Braut mußten den »Rasse-Fragebogen« ausfüllen, einen SS-Arzt aufsuchen, der beide auf Erbkrankheiten untersuchte, die »Familienvorgeschichte« abfragte, die »Zeugungs-, Empfängnis- und Gebärfähigkeit« prüfte und kontrollierte, ob die »Fortpflanzung im völkischen Sinne wünschenswert« war. Im »Ahnennachweis« mußte durch Urkunden nachgewiesen werden, daß es in keiner der beiden Familien jüdische Vorfahren gegeben hatte. Jeder Antrag auf Verlobungs- und Heiratsgenehmigung wurde vom »Heiratsamt« im Rasse- und Siedlungshauptamt peinlich genau geprüft. Der bürokratische Regelbedarf nahm stetig zu, der Zeitraum zwischen Antragstellung und Genehmigung wuchs.

Viele SS-Männer und deren Bräute hatten erhebliche Schwierigkeiten zu überwinden, um die notwendigen Papiere zu beschaffen, was aber ihren Eifer, Aufnahme in die SS-Sippengemeinschaft zu erlangen, nicht minderte. Ein SS-Führer und seine zukünftige Braut mußten allein für das korrekte Ausfüllen der »SS-Ahnentafel« mindestens 186 Dokumente herbeischaffen: jeweils 62 Geburtsurkunden oder Taufscheine, 31 Heiratsurkunden oder Trauscheine ihrer Eltern, Großeltern, Urgroßeltern, Ur-Urgroßeltern und Ur-Ur-Urgroßeltern sowie die eigenen Geburtsurkunden. Dazu kamen noch die Sterbeurkunden der Vorfahren, die zwar nicht zwingend vorgeschrieben, aber erwünscht waren.

Ungeachtet dieser Schwierigkeiten schwärmten die SS-Männer und die von ihnen auserkorenen zukünftigen Ehefrauen aus, versuchten ihre Ahnen lückenlos zu dokumentieren und mußten feststellen, daß das häufig unmöglich war. Obwohl sich Standesämter und Kirchen nach »besten Kräften« bemühten, die erforderlichen Geburts-, Heirats- und Sterbeurkunden in ihren Karteien und Kirchenbüchern ausfindig zu machen, gelang es vielen SS-Angehörigen nicht, die geforderten Unterlagen für die Ahnentafeln beizubringen. Fehlende Urkunden waren aber für die künftige SS-Sippe ein nicht zu tilgender Makel. Die nicht belegte »maximale rassische Qualität« führte dazu, daß die Ehegenehmigung nur »vorläufig freigegeben« und mit dem Nachsatz »Wiedervorlage nach dem Sieg, RFSS« versehen wurde. Diesem Paar wurde der Eintrag ins »Sippenbuch« der SS, das den Rang eines heiligen Buches einnahm, in dem für »alle Zukunft« der Stammbaum der SS festgeschrieben werden sollte, verweigert. Nur die »Sippen« mit dokumentarisch bescheinigter »maximaler rassischer Qualität« wurden in dieses Buch aufgenommen, zählten zu den »Stammvätern« und »Stammüttern« der SS. Nur ihre »Blutslinien« sollten für »künftige Generationen« als »wertvolles Bluterbe des deutschen Volkes erhalten bleiben und vermehrt« werden.

Wie viele Ehen lediglich mit einer »vorläufigen Freigabe« geschlossen wurden, ist nicht bekannt, es scheint aber keine kleine Gruppe gewesen zu sein. So gehörten beispielsweise auch die beiden prominenten SS-Ärzte und »Rasse-Experten« Josef Mengele und Friedrich Mennecke zu denen, die nur mit einer vorläufigen Freigabe heiraten durften. Sie erhielten keinen Platz im »Sippenbuch«.

Obwohl in den letzten 50 Jahren etliche WissenschaftlerInnen die Akten des Rasse- und Siedlungshauptamtes (Personal- und Heiratsakten) eingesehen und ausgewertet haben, wurden diese stets lediglich für die Rekonstruktion von Karriereverläufen von SS-Männern genutzt. Die in den Akten vorhandenen Informationen über die sogenannte »rassische« Qualität des SS-Mannes (bzw. der Ehefrau) wurden übersehen, die Implikationen bei bescheinigter mangelhafter »rassischer Qualität« ignoriert. Erst neuere Forschungen – beispielhaft: Andrej Angrick über die Einsatzgruppe D – nehmen diesen Komplex ernst und fragen, welche Bedeutung er für die SS-Männer, für ihr Selbstverständnis und ihr Verhalten hatte. So stellte Angrick fest, daß einige SS-Führer der Einsatzgruppe D zu derjenigen Gruppe zählten, die mit dem Makel der nicht »maximalen rassischen« Qualität behaftet waren, diesen aber durch besonderen Einsatz im Dienst (und dies bedeutete bei der Einsatzgruppe durch besonders aktive Beteiligung an den Massenmorden) wettmachen konnten. SS-Männer, deren »rassische Qualität« während des Einsatzes aufgewertet wurde, verloren ihren »Makel« und wurden dadurch zu »vollwertigen« SS-Führern.[7] Es scheint demnach einen Zusammenhang zu geben zwischen der als »rassisch makelhaft« qualifizierten Bewertung von SS-Männern und ihrer besonderen Einsatzfreudigkeit beim Massenmord. Möglicherweise trifft dies auch auf die SS-Führer und ihre Ehefrauen zu, die mit einer »vorläufigen Freigabe« heiraten mußten.

Zwischen 1931 und 1945 schlossen rund 240 000 Frauen die Ehe mit einem SS-Mann. Die Vorstellung darüber, was die SS-Ehefrauen im Sippenorden tun und welchen Platz sie einnehmen sollten, war zunächst inszenierte Tradition. Sie sollten »dem Patriarchat des Mannes als Schützers der Sippenehre und des Blutes«[8] unterstellt sein. Daher wurde in den ersten Jahren nach der Machtergreifung von den SS-Ehefrauen gefordert, ihre Berufstätigkeit aufzugeben, als Hausfrauen »das Heim zu hüten« und möglichst viele Kinder zu bekommen. Als »Heldenmütter« sollten sie den Nachwuchs für den heroischen Kampf aufziehen, ihre Männer und Söhne in ihrer Kampf- und Kriegsbegeisterung bestärken, sie stolz und sendungsbewußt in den Kampf/Krieg schicken, verwundete Kämpfer/Krieger pflegen und den Heldentod ihrer Männer als ein Geschenk für das Vaterland feiern. Mutterschaft und Opferbereitschaft für Volk und Vaterland waren die Attribute, die den Frauen als »höchste Verpflichtung« auferlegt wurden, aus denen aber auch die Frauen selbst ihren Wert bezogen. Sie erlaubten ihnen, sich als Teil der »rassischen Erneuerungsbewegung« zu fühlen, denn das SS-Frauenbild »forderte von vornherein und explizit die tätig werdende rassistische Identität der zugehörigen Frauen und damit ihre Bereitschaft, der Lehre von der Höherwertigkeit der eigenen ›Rasse‹ zuzustimmen und sich der letzteren zuzuzählen ... Passiv sollten Frauen sich der natürlichen Geschlechterhierarchie unterwerfen, aktiv sollten sie den Rassenkampf vorantreiben.«[9]

Mit Kriegsbeginn änderte sich dies allerdings grundlegend. Neben der »Heldenmutter« ist nun die »Arbeitskameradin«, die, neben ihrer Hausfrauentätigkeit, eine Erwerbsarbeit außer Haus verrichtet, das neue Leitbild für SS-Ehefrauen.[10] Zudem wurde von ihr erwartet, sich in der NS-Frauenschaft oder der SS-Fürsorge (Verwundetenbetreuung) zu betätigen. Die SS-Führung – oft Himmler persönlich – wachte nicht nur über die Auswahl der Ehepartner, sondern auch über die Lebensführung innerhalb der Ehe. SS-Männer mußten nicht treu sein, da Himmler der Ansicht war, daß es für einen Mann unzumutbar sei, ein Leben lang mit einer einzigen Frau auskommen zu müssen. Außereheliche Liebesbeziehungen wurden bei SS-Männern toleriert, vorausgesetzt die neue Frau, die »Zweitfrau«, konnte die geforderte »maximale rassische Qualität« nachweisen und war bereit, »gutrassige« Kinder zu gebären, und die Männer verhielten sich »ritterlich« ihren Ehefrauen gegenüber.

Zwar sollten die SS-Ehefrauen sich ihren Ehemännern unterordnen, vergolten wurde ihnen diese Akzeptanz jedoch dadurch, daß sie als Teil des SS-Ordens allen deutschen Männern, die nicht der SS angehörten, aber erst recht allen als »minderwertig« definierten deutschen und nicht-deutschen Männern »rassisch« übergeordnet waren – was die rassistische Umwertung der Gesellschaft innerhalb der Geschlechterhierarchie implizierte. Die SS-Ehefrauen sollten nach Himmlers Willen die Herrinnen der Zukunft sein und nach gewonnenem Krieg auf Gutshöfen im Osten über die als »minderwertig« definierte einheimische Bevölkerung herrschen.[11]

Es ist nicht bekannt, ob alle SS-Ehefrauen, die sich dem Ausleseverfahren unterwarfen und damit öffentlich ihre Zustimmung zur nationalsozialistischen rassistischen Ideologie bekannten, um die mörderischen Konsequenzen dieser Ideologie wußten. Ebensowenig wissen wir, ob alle SS-Männer bereits zum Zeitpunkt ihres Beitritts ahnten, daß sie zu Mördern werden würden. Wir können jedoch fragen, was die SS-Ehefrauen über die Tätigkeiten und politischen Einstellungen ihrer Männer – oder, vor der Eheschließung ihrer künftigen Männer – wußten, welches Verhältnis sie selbst zur nationalsozialistischen Politik hatten. Ich unterscheide folgende Typen von SS-Ehefrauen:

1. Frauen, die bereits in den zwanziger Jahren aus eigenem Antrieb zum rechtsradikalen Milieu gehörten, sich in einer der zahlreichen völkisch-antisemitischen Gruppen engagierten und hier ihren späteren Ehemann fanden.
2. Frauen, die sich in der sogenannten Kampfzeit (zwischen 1925 und 1933) als Mitglied der NSDAP für den Sieg der nationalsozialistischen Revolution einsetzten und bei Parteiveranstaltungen ihren späteren Ehemann trafen.
3. Frauen, die nach 1933 als Angestellte bei der SS arbeiteten und an diesem Arbeitsplatz ihrem späteren Ehemann begegneten.

4. Frauen, die in der Nachbarschaft eines Konzentrationslagers oder eines KZ-Nebenlagers wohnten und ihren späteren Mann dort kennenlernten.
5. Frauen, die in den vierziger Jahren heirateten und oft sehr schnell zu Witwen wurden. Diese im Verhältnis zu den anderen relativ jungen Frauen gehörten häufig vor der Eheschließung zur nationalsozialistischen Mädchenelite, waren BDM-Führerinnen oder Führerinnen im Arbeitsdienst der weiblichen Jugend (häufig auch hauptamtlich). Sie blieben auch nach der Eheschließung als »Arbeitskameradin« beruflich und politisch aktiv.

Betrachten wir diese Frauen als Subjekte mit eigenen Überzeugungen, fähig, die Politik der Nationalsozialisten zu bewerten und ihre Entscheidungen danach auszurichten, so wird deutlich, daß die Frauen an die gleichen rassistischen Konstrukte wie ihre Männer glaubten, ebenso überzeugt von der Superiorität der deutschen Herrenrasse waren und die rassistische Politik aktiv unterstützten.

Wie waren SS-Ehefrauen in diesen Prozeß der nationalsozialistischen Verfolgung und Vernichtung verwickelt? Manche Frauen blieben zu Hause, während ihre Männer an der Kriegsfront »im Einsatz« waren: Als Empfängerinnen von Briefen, in denen der Massenmord an den Juden ein wiederkehrendes Thema war, wurden sie zu Eingeweihten und Komplizinnen ihrer Männer. An der Heimatfront »stellten sie ihre Kräfte der SS zur Verfügung«, übernahmen die »Fürsorgearbeit«, kümmerten sich um verwundete SS-Männer, besuchten und betreuten SS-Witwen, engagierten sich beim Roten Kreuz oder erteilten im Rahmen der NS-Frauenschaft »weltanschauliche Schulung«.[12] Andere besuchten, oft wochenlang, ihre Männer an deren Einsatzorten, wo sie zu unmittelbaren Zeuginnen von Gewalt und Verbrechen wurden. Dabei führten sie sich wie »Räuberbräute« auf, »besichtigten« die Ghettos, nahmen geplünderte Waren an sich, fotografierten das Zusammentreiben der jüdischen Bevölkerung und deren gewaltsame Deportation und nahmen anschließend an den alkoholischen Exzessen teil. Wieder andere Ehefrauen lebten längerfristig an den Einsatzorten ihrer Männer: in den SS-Siedlungen der Konzentrationslager, den Dienstwohnungen der »Euthanasieanstalten«, den Häusern der Ghetto-Kommandanten, in den von der Gestapo und den SS-Einsatzgruppen beschlagnahmten Häusern, in Städten und Dörfern der besetzten und annektierten Gebiete. Gemeinsam mit ihren Kindern lebten sie in den Orten, in denen durch die Maßnahmen nicht nur der SS ein extrem rassistisches Klima geschaffen worden war, und wurden so zu Zeuginnen der hier ausgeübten Grausamkeiten, Gewalt und Verbrechen.

Einige Handlungsmuster von SS-Ehefrauen, die an den Einsatzorten wohnten oder ihre Männer dort besuchten, zeigen, daß diese als Komplizinnen ihrer Männer agierten und als Akteurinnen selbst zu Täterinnen wurden. Sie beuteten die Häftlinge der Konzentrationslager aus, die sie als Dienstpersonal verpflichteten, und partizipierten an der »Korruptionswirtschaft«, die in allen Konzentrationslagern herrschte. Sie beteiligten sich an der Ausraubung der jüdischen Bevölkerung in den besetzten Gebieten, lebten in den enteigneten Häusern, nahmen die Einrichtungsgegenstände und Kleidung der ehemaligen jüdischen Eigentümer in Besitz und benutzten »Arbeitsjuden« als Hauspersonal.

Welche Gründe die SS-Führung bewegten, Ehefrauen und Kinder von SS-Führern dort leben zu lassen, wo die SS ihre Verbrechen ausübte und sie somit zu Zeuginnen werden ließ, wurde bisher weder gefragt noch erforscht. Meine Forschungen erlauben folgende These: Die Anwesenheit der Frauen sollten eine »Normalität im Grauen« schaffen und den Rest an Unrechtsbewußtsein, den ihre Männer bei ihrer mörderischen Tätigkeit bewahrten, beschwichtigen. Durch die Herstellung eines stabilen häuslichen Rahmens sollte sie für seine seelische Balance sorgen, seine Kraftquelle sein und ihm emotionalen Halt geben.

Und genau das taten die Ehefrauen, sie gaben ihren Männern die emotionale Unterstützung, empfanden es keinesfalls als Zumutung, in der SS-Siedlung eines Konzentrationslagers oder in den besetzten Gebieten im Osten zu leben. Im Gegenteil, sie genossen die Exklusivität, den Komfort und Luxus, den das Leben am Einsatzort bot. Beispielsweise Hedwig Höß, Ehefrau des KZ-Kommandanten von Auschwitz: Ihr gefiel es in Auschwitz so gut, daß sie und ihre Familie auch noch nach der Versetzung des Ehemanns, im Frühjahr 1944, hier wohnen blieben. Erst im Herbst 1944 verließen sie bepackt mit Beutegut, für deren Beförderung vier Eisenbahnwaggons notwendig waren, die Villa.[13] SS-Männer und SS-Ehefrauen beschreiben ihr Leben dort als »idyllisch«[14], erklären, daß sie »sich wohl fühlten«, es »ihnen gut ging«. Die SS-Ehefrauen ignorierten die Leiden und das Sterben der

Opfer, Folge der von ihren Männern verübten Grausamkeiten. Sie partizipierten an der Macht ihrer Männer, unterstützten deren »über Leichen« gehenden Ehrgeiz und beschränkten Mitmenschlichkeit, Liebe und Fürsorge auf die eigene Familie.

Ruth Göth, Witwe von Amon Göth, Kommandant des Konzentrationslagers Krakau-Plaszow, erinnert sich Jahre später: »Ach ja, Plaszow ... Man wird Ihnen berichten, daß ich dort ein Pferd besaß ... Göth ... schenkte mir ein Pferd. Ich bin damals gern geritten. Ach ja, Göth – welch ein Traum von Mann ... Es war eine schöne Zeit ... Wir waren gerne miteinander. Mein Göth war König, ich war Königin. Wer würde sich das nicht gefallen lassen?«[15]

Anmerkungen

1 Aus der Beurteilung des Chefs im SS-Personalhauptamt, Maximilian von Herff, vom Mai 1943; abgedruckt in: Josef Wulf, Das Dritte Reich und seine Vollstrecker. Die Liquidation der Juden im Warschauer Ghetto. Dokumente und Berichte, Wiesbaden 1989, S. 271.

2 Vgl. Gudrun Schwarz, Eine Frau an seiner Seite. Ehefrauen in der »SS-Sippengemeinschaft«, Hamburg 1997.

3 Vgl. beispielsweise Himmlers Rede vor SS-Gruppenführern am 18. 2. 1937, wo er davor warnte, »Frauen möglichst von allen Veranstaltungen und Festen auszuschließen. Dieselben Leute beklagen sich aber dann darüber, daß die Frauen da oder dort an der Kirche hängen, oder nicht absolut 100prozentig für den Nationalsozialismus gewonnen sind. Die brauchen sich jedoch nicht zu beschweren, wenn sie die Frauen als Menschen zweiter Klasse behandeln und von allem unserem Innenleben fernhalten. Es braucht sich dann niemand zu wundern, wenn sie für dieses Innenleben noch nicht völlig gewonnen sind. Wir gerade müssen uns darüber klar sein, daß die Bewegung, die Weltanschauung dann Bestand hat, wenn sie von der Frau getragen wird, denn Männer erfassen alle Dinge mit dem Verstand, während die Frau alle Dinge mit dem Gefühl erfaßt. Die größeren Blutopfer in den Hexen- und Ketzerprozessen hat die deutsche Frau gebracht und nicht der Mann. Die Pfaffen wußten genau, warum sie 5–6000 Frauen verbrannten, eben weil sie gefühlsmäßig an dem alten Wissen und der alten Lehre festhielten und sich gefühlsmäßig mit dem Instinkt nicht davon abbringen ließen, während der Mann sich schon logisch gedankenmäßig umgestellt hatte: Es hat ja keinen Sinn. Wir gehen politisch unter, ich füge mich, ich lasse mich taufen.« Zit. n. Bradley F. Smith, und Agnes F. Petersen (Hg.), Heinrich Himmler. Geheimreden 1933 bis 1945 und andere Ansprachen, Frankfurt/Main 1974, S. 83.

4 Auch das preußische Offizierskorps hatte eigene Aufnahmebedingungen, doch orientierten sich diese an der sozialen Herkunft, dem Bildungsgrad und der Zugehörigkeit zu einer anerkannten christlichen Religionsgemeinschaft der Anwärter. Neben den Abkömmlingen aus Adels- und Offiziersfamilien besaßen die Söhne höherer Beamter und Akademiker die besten Aufnahmechancen.

5 Himmler in einer Rede vor Teilnehmern des »Nationalpolitischen Lehrgangs der Wehrmacht vom 15. bis 23. Januar 1937«; abgedruckt in: Léon Poliakov, Josef Wulf, Das Dritte Reich und seine Denker. Dokumente und Berichte, Wiesbaden 1989 (Neuauflage), S. 24 ff.

6 Im Krieg galten diese Forderungen nur noch als Idealmaßstab, und man machte viele Ausnahmen, um die Regimenter der Waffen-SS aufzufüllen. Aber Himmler blieb bis zum Schluß bei seiner Vision eines nach »rassischen« Kriterien auserlesenen Ordens. Pragmatisch stimmte er den Ausnahmeregelungen für die Waffen-SS während des Krieges zu, behielt sich aber vor, nach gewonnenem Krieg neu zu entscheiden. In den Akten schlägt sich dies durch den Vermerk »Wiedervorlage nach dem Krieg« nieder. Vgl. Akten des Persönlichen Stabes Reichsführer-SS, Bundesarchiv Berlin Best. NS 19.

7 Andrej Angrick, Die Einsatzgruppe D. Ein Kommando der Sicherheitspolizei und des SD in der deutschbesetzten Sowjetunion, hier: Kapitel 4.3., Der Mensch hinter der Uniform (im Erscheinen).

8 Das Schwarze Korps, 8. Jg., 1942, Folge 33, S. 4.

9 Christina Thürmer-Rohr, Die postmoderne Theorie vom »Tod der Geschichte«. Feminismus und der Holocaust, in: Ortrun Niethammer (Hg.), Frauen im Nationalsozialismus, Osnabrück 1996, S. 30.

10 In einem Leitartikel im Schwarzen Korps, 6. Jg., 1940, Folge 18, S. 2, heißt es exemplarisch für diesen neuen Trend: »Schauen wir uns um: weit über den Rahmen der Aufgaben am ›häuslichen Herd‹ ist die Mitarbeit der Frau im Aufbauprogramm überhaupt nicht mehr zu entbehren. Seit mit Beginn einer neuen Wirtschaftsform die Frau in allen Ländern mehr und mehr aus ihrem häuslichen Kreis heraustrat, hat auch die deutsche Frau vor allem um eins gekämpft: die freie Entfaltung der weiblichen Kräfte und ihre Ausbildung zu wertvoller Berufsarbeit.«

11 So Himmler in einem Gespräch mit seinem Masseur Felix Kersten. Vgl. Felix Kersten, Totenkopf und Treue, Hamburg o. J., S. 95.

12 Vgl. Ingeburg Schäfer und Susanne Klockmann, Mutter mochte Himmler nie. Die Geschichte einer SS-Familie, Reinbek 1999, S. 105.

13 Vgl. Schwarz 1997, S. 140, 142.

14 Als »idyllisch« beschreibt Irene Mengele in ihrem Tagebuch ihren Aufenthalt in Auschwitz. Vgl. Gerald L. Posner und John Ware, Mengele. Die Jagd auf den Todesengel, Berlin 1993, S. 49.

15 Tom Segev, Die Soldaten des Bösen. Zur Geschichte der KZ-Kommandanten, Reinbek 1992, S. 190. Göths Brutalität und Grausamkeit wurden weltweit durch Spielbergs Film »Schindlers Liste« bekannt.

Michael Wildt

Ethos der Tat

Claus Schenk Graf von Stauffenberg

»Und je klarer das Lebendige vor mir steht · je höher das Menschliche sich offenbart und je eindringlicher die tat sich zeigt · umso dunkler wird das eigene blut · umso ferner wird der klang eigener worte und umso seltener der sinn des eigenen lebens · wol bis eine stunde in der härte ihrer schlages und in der grösse ihrer erscheinung das Zeichen gebe.«
Claus von Stauffenberg an Stefan George, 1926

Wenn es einen geistigen Urheber des Attentats auf Adolf Hitler am 20. Juli 1944 gegeben hat, dann war es Stefan George. Niemand sonst hat Claus Schenk Graf von Stauffenberg so geprägt, intellektuell geformt wie jener Dichter, der die Tat forderte, um das Neue Reich zu verwirklichen.

Stauffenberg, am 15. November 1907 geboren, wuchs mit seinen beiden, zwei Jahre älteren Brüdern Berthold und Alexander in einem wohlsituierten, aufgeklärten und musischen Elternhaus auf. Der Vater aus altem schwäbischen, katholischen Adelsgeschlecht war Kammerherr, später Oberhofmarschall beim württembergischen König Wilhelm II.; die Mutter, in Wien geboren, stammte aus einer protestantischen Adelsfamilie, deren Vorfahren sich bis ins 13. Jahrhundert zurückverfolgen ließen. Zu ihren Ahnen gehörte auch der preußische Reformgeneral von Gneisenau, auf den sich Claus Stauffenberg später gern berief. Ihre Neigung galt der Literatur und Philosophie, sie las Goethe, Shakespeare und korrespondierte mit Rainer Maria Rilke.[1]

Die Dienstwohnung der Familie Stauffenberg befand sich im Alten Schloß in Stuttgart, dessen Räume, Salons und Gärten den Kindern bestens vertraut waren. Die Sommermonate verbrachte die Familie auf Schloß Lautlingen am Südfuß der Schwäbischen Alb. Diese Bindung an das Königshaus war aber wohl mehr für den Vater prägend als für die Söhne. Die Revolution 1919 und die Abdankung des Königs, den selbst die württembergischen Sozialdemokraten verehrten, erschütterten den Vater nachhaltig, so daß er sich in den folgenden Jahren mit der neuen Republik nicht mehr arrangieren konnte. Auf die Söhne hingegen machten die Tage des Umsturzes, außer daß sie abenteuerlich erschienen, offenbar keinen tieferen Eindruck, monarchisch waren sie jedenfalls in ihren späteren Lebensjahren nicht gesinnt.

Wie viele Jungen ihres Alters schlossen sich Berthold und Claus als Schüler den Neupfadfindern an[2], wanderten durch die Umgebung Stuttgarts, saßen am Lagerfeuer, lasen Gedichte von Hölderlin und Stefan George. Frank Mehnert, mit dem Claus in diesen Jahren eng befreundet war und der später als Bildhauer die bekannte Büste von Stauffenberg schuf, schrieb über die Wirkung der Gedichte Georges auf die Jungen damals: »Man fühlte, hier war eine dichtung, die man nicht bewunderte oder liebte, wie man auch anderes liebte und bewunderte, nein, sie ergriff einen mit der gewalt einer naturkraft.« Georges beherrschender Einfluß trat schon in den Gedichten hervor, die Claus noch als Schüler schrieb:

»Ich wühle gern in alter helden sagen
Und fühle mich verwandt so hehrem tun
Und ruhmgekrönten blute.
Ich könnte nicht die alten zeiten missen
Wo wäre dann dass ich mein leben schaute
Wenn nicht in höchster sein? [...]
Oft ist es mir als müsst ich pläne zeichnen
Von hohen unermesslichen palästen
Mit rotem marmor weissen treppenhäusern
Und märchenlangen lichtbesäten gängen. [...]
So ist in mir zu herrschen dunkles wissen
Und jugend künftig kraft und grösse ahnend.
Unglaublich ist was mich bewegt
Unfasslich ist was mich gezeugt.«[3]

Baumeister wolle er werden, schrieb er im selben Jahr in einem Schulaufsatz. Und jeder Bau solle ein Tempel werden, der dem deutschen Volk geweiht sei. »Des Vaterlandes und des Kampfes fürs Vaterland würdig zu werden und dann sich dem erhabenen Kampf für das Volk zu opfern; ein Wirklichkeits- und Kampfbewußtes Leben führen.« Selbst, wenn man die zeitgenössische Rhetorik in Rechnung stellt, ist die besondere Betonung des Kampfes, die Idealisierung des hehren Tuns, des Ruhms, des Erhabenen, Großen, die Hingabe wie die Opferbereitschaft in diesen Texten unverkennbar.

Im Sommer 1923 hatten Berthold und Alexander Stauffenberg Stefan George kennengelernt, der sie in seinen Kreis aufnahm. Der jüngere Claus begegnete George zum ersten Mal im Herbst 1924. Anders als im George-Kreis üblich erhielt er keinen besonderen Namen, sondern blieb »Claus«, als bedurfte seine bereits in jungen Jahren erkennbare Geschlossenheit keiner symbolischen Bezeichnung mehr. An ihm hatte George, so der Bildhauer und Freund Georges, Ludwig Thormaehlen, nie etwas auszusetzen gehabt, kaum eine Belehrung sei erfolgt: »In jenem Winter 1924–25 war Claus von Stauffenberg der Jüngste in der damaligen Umgebung Stefan Georges. Auch die Älteren anerkannten und liebten den Jugendlichen damals schon wegen seiner heiteren Rügen, seines drängenden Voran und seines entschlossenen Auftretens. Was sein Bruder Alexander nicht besaß: Schnelligkeit, Augenblicklichkeit des Handelns, ganz und sogleich zu tun, was sein Herz, die Einsicht und die Umstände forderten – das besaß Claus in vollem, in vollendetem Maße. Eine Trennung, einen Abstand zwischen Denken und Tun, Empfinden und Handeln gab es bei Claus nicht. Vielleicht besaß er nicht die Weite des Hintergründigen des Berthold, die Vielfalt und Fülle des Alexander, aber er war dafür aus einem Guß, ohne Gehemmtheit, dazu tief, lauter und kräftig.«[4]

Stefan George war zu diesem Zeitpunkt 55 Jahre alt und galt als einer der bedeutendsten zeitgenössischen Dichter, ebenso heftig diskutiert wie verehrt. Seine Anhänger, darunter die Stauffenberg-Brüder, nannten ihn »Meister«, hingen in schwärmerischer Hingabe an ihm. Die Sorge, daß die so innigen Beziehungen ihrer Söhne zu George auch homoerotische Züge besitzen könnten, trieb die Gräfin Stauffenberg noch im Sommer 1923 zu einem Gespräch mit George, der sie aber anscheinend beruhigen konnte. Die Bindung der Brüder war – gleich, ob nur mit beschworenem oder auch gelebtem Eros – tief und bedingungslos. George war für sie Herrscher, König, Erlöser, Heiland, Schöpfer. Noch 1959 bekannte Alexander, der als einziger der drei Brüder die Verfolgung nach dem gescheiterten Attentat 1944 überlebt hatte, in einem Vortrag seine »vorbehaltlose Verehrung und Bewunderung« Georges und pries dessen »Menschenbildnertum«. Claus Graf Stauffenberg selbst äußerte, er habe »den größten Dichter seiner Zeit zum Lehrmeister« gehabt. Er besuchte George immer wieder, auch nach seinem Eintritt in die Reichswehr. Mit Sicherheit nahm er an der großen Lesung im November 1928 teil, auf der George seinen letzten Gedichtband »Das Neue Reich« vorstellte und selbst die Hymne »Geheimes Deutschland« las:

»Wer denn · wer von euch Brüdern
Zweifelt · schrickt nicht beim mahnwort
Dass was meist ihr emporhebt
Dass was meist heut euch wert dünkt
Faules laub ist im herbstwind
Endes- und todesbereich:
Nur was im schützenden schlaf
Wo noch kein taster es spürt
Lang in tiefinnerstem schacht
Weihlicher erde noch ruht –
Wunder undeutbar für heut
Geschick wird des kommenen tages.«[5]

Als die Stauffenberg-Brüder von George für würdig befunden wurden, in seinen Kreis zu treten, war er kein ewig junger Gott mehr; er hatte Aufbrüche, Kämpfe, Trennungen hinter sich. Mit dem »Siebten Ring«, der 1907 in Stauffenbergs Geburtsjahr erschien, präsentierte sich George als scharfer Kritiker der Gegenwart und Künder der Zukunft. 1914 folgte »Der Stern des Bundes«, in dem er mit großer Gebärde die moderne Zivilisation, vor allem in Gestalt der flachen wilhelminischen Gesellschaft, verwarf. Die Betonung der »Deutschheit« hatte wenig gemein mit dem alten Nationalismus, der mit dem Krieg nach der Weltmacht greifen wollte, sondern zielte auf ein künftiges Reich, dessen Führer eine geistige Elite sein sollten, voller Kühnheit, Wagemut, Pflichtbewußtsein und ästhetischer Strenge. Kein herkömmlicher Obrigkeitsstaat, sondern die »natürliche« Herrschaft der Besten und Edelsten. Entsprechend verachteten George und sein Kreis die moderne Massengesellschaft und die Demokratie als Versuch, die Minderen zu Herrschern zu erheben. Technik, Verkehr, Massenwohlfahrt waren ihm ebenso verhaßte Synonyme für hohle Nützlichkeitsethik wie allgemeine Bildung, ewiger Friede oder die Emanzipation der Frau. Frauenverachtung, Männlichkeitskult und die Vergötterung des Leibes bestimmten die Atmosphäre im George-Kreis.[6] Als Claus Graf Stauffenberg später einmal von seiner Verlobten Nina von Lerchenfeld gefragt wurde, warum er sie heiraten wolle, antwortete er, daß sie die richtige Mutter für seine Kinder sei. Und seiner künftigen Schwiegermutter gegenüber äußerte er naßforsch, daß die Frau für einen Offizier ein notwendiges Übel sei.

Der neue Adel war ein männlicher, auch ein »rassischer« Adel, obgleich in den Worten Georges »eine neue, gute Rasse nur der Geist schafft, nicht eine Zuchtanstalt«. Wohl fanden sich in der Umgebung Georges auch jüdische Freunde wie Friedrich Gundolf, aber Georges Verhältnis gegenüber Juden war, wenn gleich nicht in der radikal antisemitischen Weise seiner Schüler Klages und Schuler, so doch deutlich von Distanz und Ressentiments geprägt.

Das Osteuropäisch-Slawische, das Mongolische wies er ab, konnte sich jedoch für das Nordische als Heilsbringer ebensowenig begeistern. »Das Gekrisch nach dem Übermenschen fördert nur die Heraufkunft des Untermenschen. Ist es nicht besser, ganz bescheiden dafür zu sorgen, daß einmal der Mensch wieder dem höchsten Anspruch genügt?«[7] Bereitschaft zum Dienst und zur Verantwortung, Fähigkeit zur Hingabe und zum Opfer, das waren die Eigenschaften, die George von dem neuen Adel verlangte, gleich aus welcher Schicht des Volkes er stamme. Als geistige Bewegung sollte diese Elite die Erneuerung Deutschlands herbeiführen.

Bei George erfuhren die Brüder Stauffenberg den Glauben an die Macht der Elite, die Verachtung der Massen, die Bedeutung des einzelnen, des Opfers und der Tat. Die aufkommende nationalsozialistische Bewegung wurde im George-Kreis aufmerksam beobachtet und diskutiert. George hielt sich mit öffentlichen Äußerungen zurück, war erkennbar kein Parteigänger der Nazis, aber lobte den »Mut jenes Mannes, der da in Süddeutschland der vertrockneten bürgerlichen Gesellschaft, den Anhängern der Tagesblätter und den wohlgenährten Volksvertretern die Wahrheit sagte«.[8] Die Vorstellung von Hitler als antibürgerlichem Revolutionär, der die Massen bändigte und die alten, überkommenen Strukturen zerschlug, fand im George-Kreis ihren Widerhall. In den Jahren 1931 und 1932 waren einige der jungen Freunde Georges völkisch gesinnt, mehrere gingen nach der »Machtergreifung« zu den Nationalsozialisten über. Er selbst hielt seine Schüler vor der Machtergreifung dazu an, das Positive im Nationalsozialismus nicht zu übersehen.

Das NS-Regime seinerseits bemühte sich, George an sich zu binden, und bot ihm im Frühjahr 1933 die Präsidentschaft der Sektion für

Dichtkunst in der Preußischen Akademie der Künste an. George lehnte zwar ab, fügte seiner Antwort jedoch hinzu: »die ahnherrnschaft der neuen nationalen bewegung leugne ich durchaus nicht ab und schiebe auch meine geistige mitwirkung nicht beiseite. Was ich dafür tun konnte habe ich getan · die jugend die sich heut um mich schart ist mit mir gleicher meinung.«[9] Den von offizieller Seite vorbereiteten Ehrungen zu seinem 65. Geburtstag im Juni 1933 entzog er sich und schwieg.[10] Es war dieses Schweigen Georges, das den Emigranten Klaus Mann bewog, ihm die Treue zu halten, obwohl Mann wußte, daß Georges Gedichte etliche beeinflußt hatten, die nun das Dritte Reich zu errichten begannen: »Das Heldentum, das er wollte, war nicht barbarisch. [...] Hitler – und Stefan George: das sind zwei Welten, die niemals zueinander finden können. Das sind zwei Arten Deutschland.«[11]

George kam dem völkischen Ideal der Nationalsozialisten zumindest sehr nahe, wenn er in einem Gedicht, das dem früh verstorbenen Dichter Graf Bernhard Üxkull-Gyllenband, einem Verwandten der Mutter Stauffenbergs, gewidmet war, schrieb:

> »Und wenn im schlimmsten jammer letzte hoffnung
> Zu löschen droht: so sichtet schon ein aug
> Die lichtere zukunft. Ihm wuchs schon heran
> Unangetastet von dem geilen markt
> Von dünnem hirngeweb und giftigem flitter
> Gestählt im banne der verruchten jahre
> ein jung geschlecht das wieder mensch und ding
> mit echten maassen misst · das schön und ernst
> froh seiner einzigkeit · vor Fremden stolz ·
> Sich gleich entfernt von klippen dreisten dünkels
> Wie seichtem sumpf erlogner brüderei
> Das von sich spie was mürb und feig und lau
> Das aus geweihtem träumen tun und dulden
> Den einzigen der hilft den Mann gebiert.
> Der sprengt die ketten fegt auf trümmerstätten
> Die ordnung · geisselt die verlaufnen heim
> Ins ewige recht wo grosses wiederum gross ist
> Herr wiederum herr · zucht wiederum zucht · er heftet
> Das wahre sinnbild auf das völkische banner

Er führt durch sturm und grausige signale
Des frührots seiner treuen schar zum werk
Des wachen tags und pflanzt das Neue Reich.«[12]

Das Gedicht erhält allerdings eine andere, neue Bedeutung, wenn man es in den späteren Kontext stellt, die Enttäuschung bedenkt, die Hitler und die »nationale Erhebung« bei den Stauffenberg-Brüdern hinterließ, als sich der neue »Führer« eben nicht als derjenige erwies, der »von sich spie was mürb und feig und lau«, nicht einem »jung geschlecht das wieder mensch und ding mit echten maassen misst« die Macht verlieh. Dann stand der Auftrag Georges noch aus, das »Neue Reich« zu pflanzen; dann mußten der falsche Führer gestürzt, die Ketten gesprengt und von den Trümmerstätten die alte Ordnung weggefegt werden. Am 4. Dezember 1933 starb Stefan George in Locarno. Unter den zwölf Wachen an seinem Totenbett waren auch die drei Brüder Stauffenberg.

Ohne Zweifel hat Claus Stauffenberg das neue Regime begrüßt. Ob er tatsächlich an der Spitze einer Eskadron die Hakenkreuzflagge am Bamberger Rathaus militärisch grüßen ließ, ist nach den jüngsten Forschungen eher unwahrscheinlich. Aber den Machtantritt der Nationalsozialisten begriff er als echte Volkserhebung. Am 21. Juni 1933 schrieb er an George: »Im übrigen hat die letzte – wie jede revolution – gelegenheit zu recht interessanten beobachtungen menschlicher werte gegeben. Bei aller verstellungskunst – bei revolutionen kann der bürger sich nicht mehr verstellen. Im übrigen: bei aller gleichschaltung und dem gesetz der totalität: für uns ist das alles nicht neu · und schon jetzt ist zu sehen: Keine partei sondern Herren machen umwälzungen · und jeder der für seine Herrschaft einen sicheren sockel sich baut ist ob seiner klugheit zu loben.«[13] Die Mordaktion gegen die SA-Führung am 30. Juni 1934, der gleichfalls rechtskonservative Gegner Hitlers wie Offiziere zum Opfer fielen, kommentierte Stauffenberg mit der Bemerkung, daß diese Vorgänge mit dem Platzen einer Eiterbeule zu vergleichen und damit endlich klare Verhältnisse geschaffen worden seien.

Mehr als alles andere mußte Claus Stauffenberg Hitler selbst im Blick gehabt haben. War er der Führer des »Geheimen Deutschlands«? Würde er die geistige Erneuerung herbeiführen, der eigentlichen Elite den ihr zustehenden Platz zuweisen? Bei der Reichspräsidentenwahl im April 1932 stimmte Stauffenberg für Hitler, weil Hindenburg zu alt sei und den bürgerlichen Parteien klargemacht werden müsse, daß ihre Herrschaft nicht von Dauer sei. In den Aufzeichnungen Rudolf Fahrners, eines engen Freundes Stauffenbergs, heißt es über diese Zeit: »Stauffenberg beobachtete und beurteilte als ein selbst zum Handeln Begabter und Getriebener Hitlers Emporkommen und Wirkung mit großem, sachlichen Interesse. Er sah in ihm den Typus eines modernen Massenbewegers mit einer erstaunlichen Potenz seines ›Trommelns‹, der zwar vielfach nur Gedanken, die ihm die Zeit bot, nach seinen Bedürfnissen übernahm, der aber fähig war, sie zu vereinfachen und politisch wirkungsfähig zu machen und damit eine große Gefolgschaft auch gegen ihren eigenen Vorteil für Hingabe und Opfer zu begeistern.«[14]

Claus Stauffenberg diente dem neuen Deutschland als Offizier. 1926 hatte er seine militärische Laufbahn beim 17. Reiter-Regiment in Bamberg begonnen. Nach Lehrgängen in Dresden und Hannover war er im August 1929 nach Bamberg zurückgekehrt und hatte dort als Leutnant eine Eskadron seines Regiments übernommen. Im Zuge der Modernisierung der Reichswehr wurde das Bamberger Reiterregiment 1934 aufgelöst, und Stauffenberg kam wieder zur Kavallerieschule in Hannover, wo er sich seinen Ruf als exzellenter Reiter erwarb. Zugleich besuchte er an der Technischen Hochschule Vorlesungen, beschäftigte sich mit Geopolitik. Er lernte Englisch, absolvierte eine Dolmetscherprüfung und reiste 1936 zweimal nach England. Er hob sich während dieser Zeit von seinen Kameraden ab und fiel seinen Vorgesetzten durch geistige Überlegenheit, Ehrgeiz und starkes Selbstbewußtsein auf. Sein Eskadronchef bescheinigte ihm 1933 unabhängiges Urteilsvermögen, ausgezeichnete geistige Anlagen, überdurchschnittliches taktisches und technisches Können, Energie und zähen Willen: »Berechtigt bei fortschreitender Entwicklung zu den besten Hoffnungen.«

Nach zehn Jahren Dienst trat er im Oktober 1936 zur zweijährigen Generalstabsausbildung in die Kriegsakademie Berlin-Moabit ein. Die forcierte Wiederaufrüstung, die Stauffenberg als Berufsoffizier selbstverständlich unterstützte, bedeutete beste Karrierechancen für junge Offiziere. 30 bis 40 Prozent der rund hundert Lehrgangsteilnehmer durften mit dem Aufstieg in den Generalstab rechnen. Stauffenberg zog mit seiner Frau und seinen 1934 und 1936 geborenen Söhnen Berthold und Heimeran[15] nach Berlin-Wannsee, nicht weit von der Wohnung seines Bruders Berthold. In den folgenden Jahren kamen die Stauffenberg-Brüder in Berlin über verwandtschaftliche Beziehungen in Kontakt zu Fritz-Dietlof Graf Schulenburg, Ulrich Graf Schwerin und Peter Graf York von Wartenburg, die später ebenso wie die Brüder Stauffenberg zur Opposition gegen Hitler zählen sollten.

Zwei Jahre dauerte die Ausbildung in der Kriegsakademie, und Stauffenberg erwarb sich dort viel Ansehen. Eberhard Finkh, der zu Stauffenbergs Lehrgang gehörte, schilderte diesen später im Gestapoverhör: »Er übertraf mit seinen geistigen Fähigkeiten sämtliche Teilnehmer und riß dadurch sowie durch sein Temperament und seine Redegewandtheit den gesamten Kurs fort.« In der Beurteilung des Heerespersonalamtes hieß es abschließend: »Gute takt. Veranlagung, unermüdlich fleißig, großes Organisationstalent. Über Durchschnitt.«

Seine erste – unwissentliche – Berührung mit dem militärischen Widerstand erfuhr Stauffenberg, als er 1938 als Generalstabsoffizier zur 1. Leichten Division unter Generalleutnant Erich Hoepner in Wuppertal abkommandiert wurde. Angesichts Hitlers Entschlossenheit zum europäischen Krieg planten Offiziere um den Generalstabschef Beck den Staatsstreich, da sie Deutschland gegen England und Frankreich als hoffnungslos unterlegen einschätzten. Hoepners Division hatte für diesen Fall die Aufgabe, etwaigen SS-Einheiten den Weg nach Berlin zu versperren. Durch das Münchner Abkommen vom September 1938 verpuffte das Vorhaben, Stauffenberg hatte von der Verschwörung nichts erfahren. Für ihn wie so viele andere stand Hitler erneut als erfolgreicher Außenpolitiker da, der zwar mit hohem Einsatz, aber enormem Gewinn spielte. Wie die handstreichartige militärische Besetzung des Rheinlandes 1936 und der »Anschluß« Österreichs im März 1938 fand auch die Annexion der sudetendeutschen Landesteile der Tschechoslowakei im Herbst 1938 die Zustimmung Claus Stauffenbergs. Aber, so bemerkte er seiner Frau gegenüber mißbilligend, es sei ein merkwürdiges Gefühl, ein gezogenes Schwert wieder in die Scheide zu stecken. Es scheint, als habe die Zögerlichkeit der alten Generalität durchaus im Kontrast zur Kriegsbereitschaft der jungen Generalstabsoffiziere gestanden, die im Krieg ihr Können erproben und Ruhm erwerben wollten. Kurz vor dem Überfall auf Polen äußerte Stauffenberg, daß trotz der Furchtbarkeit eines Krieges das Ausrücken

»doch auch eine Erlösung sei, der Krieg sei ja schließlich sein Handwerk von Jahrhunderten her«.

Stauffenbergs Division überschritt am 2. September 1939 die polnische Grenze und nahm an den Kämpfen im Süden Polens teil. Doch war der Krieg gegen Polen nicht allein ein militärischer Feldzug, Hitler hatte von Beginn an klargestellt, daß es sich um einen rassistischen Krieg handle, dessen Ziel in einer »völkischen Flurbereinigung« liege. Geringschätzung der Polen und Judenfeindlichkeit finden sich auch in den Briefen Stauffenbergs an seine Frau: »Die Bevölkerung ist ein unglaublicher Pöbel, sehr viele Juden und sehr viel Mischvolk. Ein Volk, welches sich nur unter der Knute wohlfühlt. Die Tausenden von Gefangenen werden unserer Landwirtschaft recht gut tun. In Deutschland sind sie sicher gut zu brauchen, arbeitsam, willig und genügsam.«[16]

Von dem raschen Sieg und dem Gefühl deutscher Überlegenheit war Stauffenberg ebenso mitgerissen wie andere junge Offiziere. Der Krieg gegen Frankreich im Mai 1940 wurde ihm zum Erlebnis immerwährenden Vorwärtsstürmens: »Nach dem Durchbruch durch die Maas-Stellung eine unaufhaltsame Verfolgung bis dicht ans Meer«, schrieb er seiner Frau. »Persönlich geht es uns ausgezeichnet; die Vorräte des Landes genießen wir in vollen Zügen und gleichen so etwas den mangelnden Schlaf aus. Eier zum Frühstück, herrliche Bordeaux, Burgunder und Heidsieck, so daß sich das Sprichwort ›Leben wie der Herrgott in Frankreich‹ durchaus bewahrheitet. Vor drei Tagen trank ich mit Ribbentrop Kaffee, der uns besuchte und einen ganz passablen Eindruck machte. Großer Löwe ist er allerdings nicht.«[17] Hier spricht jemand, der sich der deutschen Unüberwindlichkeit gewiß ist, der mit den Mächtigen des Regimes redet und sie lässig beurteilt, der sich nicht scheut, den Sieg auf Kosten der Besiegten zu feiern. In einem aus diesen Monaten erhaltenen Notizbuch voll mit militärischen Kürzeln findet sich inmitten der Zeichen das Wort »Gneisenau«. Und auf derselben Seite schrieb Stauffenberg von dem »Augenblick, in dem unser Land sich zu neuer Reichsgründung anschickt«. Das »Neue Reich« schien anzubrechen.

Mitten aus dem Vormarsch seiner Division wurde Stauffenberg in den Generalstab des Heeres kommandiert, eine »traurige Nachricht«, wie er anfangs seiner Frau schrieb, aber die entscheidende Sprosse seiner weiteren Karriere. Denn in der Organisationsabteilung des Generalstabs fiel der junge Hauptmann durch sein Talent und seinen Elan sogleich auf. Ende Juli 1940 eröffnete Hitler den Oberbefehlshabern des Heeres und dem Generalstabschef seine Absicht, statt England erst Rußland anzugreifen. Mitte Dezember erließ er die Weisung »Barbarossa«. Stauffenberg war mit ganzer Kraft bei seiner Aufgabe, die Reserven für das Heer zu mobilisieren. Von seiner konzentrierten, enorm angespannten Art des Arbeitens gab ein ehemaliger Regimentskamerad aus Bamberger Tagen, der in das Hauptquartier versetzt worden war, eine eindrucksvolle Schilderung: »Bei meinen Besuchen hatte er meistens einen zwölf-, auch vierzehn- bis achtzehnstündigen Arbeitstag mit Telephon, Vortrag, Diktat, Aktenstudium, Vortragsnotizen usw. hinter sich. Sein Arbeitstempo, seine Konzentration waren eisern, in diesen Nachtstunden so frisch wie am Morgen. Seine Nerven und seine Gesundheit, die er gewiss nicht schonte (er rauchte, was es gab, trank, soweit er Zeit hatte, er ritt beinahe jeden Morgen vor dem Dienst, er schlief wenig) waren beneidenswert.«[18]

Es gab auch Kritiker dieses jungen, brillanten Generalstabsoffiziers. Seine Gewohnheit, abends Gedichte von George zu rezitieren, trug ihm nicht nur den Ruf eines außerordentlichen und geistigen Menschen ein, sondern auch den Vorwurf der Undurchsichtigkeit. Vielleicht ließ Stauffenberg seine Umgebung spüren, daß er mehr als nur ein talentierter Offizier zu sein, sondern das »Geheime Deutschland« zu repräsentieren glaubte. Gegenüber einem Bekannten äußerte er, die anderen verstünden im Grunde gar nicht, um was es gehe. Heftig kritisierte Stauffenberg die ausweichende Berufung auf die Gehorsamspflicht. Ganz anderes sei nötig: Wer in einen führenden Rang rücke, habe für den Sinn des Ganzen zu stehen.

Aber noch trennte Stauffenberg zwischen dem immer offener zutage tretenden barbarischen Charakter des Regimes und der Person Hitlers. Im Herbst/Winter 1941/42 versuchte Helmuth James Graf von Moltke, Organisator des oppositionellen ›Kreisauer Kreises‹, an Stauffenberg heranzutreten und ihn für den Widerstand zu gewinnen. Über den Bruder Berthold richtete Moltke an Claus Stauffenberg seine Anfrage – und erhielt eine Absage. Stauffenberg ließ ausrichten, daß erst der Krieg gewonnen werden müsse. »Während des Krieges darf man so was nicht machen, vor allem nicht während eines Krieges gegen die Bolschewisten. Aber dann, wenn wir nach Hause kommen, werden wir mit der braunen Pest aufräumen.« In der schweren Niederlage des deutschen Heeres vor Moskau im Dezember 1941, in der Hitler selbst den Oberbefehl übernahm, unterstützte Stauffenberg Hitlers Kurs. Es habe vorher zuviel Reibungen gegeben, und die Entscheidungen über die Kriegführung habe sowieso bei Hitler gelegen, das liege »in der Natur einer derartig überragenden und willensstarken Persönlichkeit«.[19] Gegenüber einem Vertrauten behauptete er sogar, die Übernahme des Oberbefehls durch Hitler sei ein Geschenk an das Heer. Der Krieg sei noch nicht verloren, wenn auch vielleicht nicht mehr zu gewinnen.

Womöglich liegt in diesem Satz die Abkehr vom Regime und auch von Hitler begründet. Denn ein wahrer Führer, der Verantwortung für sein Volk trägt, lernt aus Rückschlägen, versucht nicht das Maßlose, sondern bemüht sich, unnötige Opfer zu vermeiden. Diese Erwartung an einen Führer des »Neuen Reiches« hatte Hitler bitter enttäuscht. Dessen Fehlentscheidung 1942, sowohl zur Wolga als auch zum Kaukasus vorzustoßen, die rassistische Weigerung der NS-Spitze, nationalistisch-antikommunistische Freiwillige aus den besetzten Ostgebieten als gleichberechtigte Einheiten gegen die sowjetische Armee aufzustellen, und nicht zuletzt die Entlassung Halders, den Stauffenberg sehr verehrte, als Generalstabschef Ende September 1942, wendeten die Kritik in Auflehnung. Es komme nicht mehr darauf an, Hitler die Wahrheit zu sagen, vertraute kurze Zeit darauf Stauffenberg einem befreundeten Offizier an, sondern ihn umzubringen, und er sei dazu bereit. Nicht so sehr das Entsetzen über die Greueltaten der Deutschen in den besetzten Gebieten führten Stauffenberg in den aktiven Widerstand als vielmehr die Einsicht in die Aussichtslosigkeit des Krieges und das Unvermögen Hitlers, die Konsequenzen aus den Tatsachen zu ziehen.

Stauffenberg bemühte sich im Winter 1942/43 um Gespräche zu führenden Generälen wie den verabschiedeten Generalstabschef Halder, den er im Dezember in Berlin besuchte, und den Befehlshaber der Heeresgruppe Don, Feldmarschall v. Manstein, den Stauffenberg im Januar 1943 um eine Unterredung bat, die offenbar Henning v. Tresckow, 1. Generalstabsoffizier der Heeresgruppe Mitte, der mit anderen Offizieren auf den Sturz Hitlers hinarbeitete, vorbereitet hatte. Stauffenberg beschwor Manstein, aus der Katastrophe von Stalingrad die Lehren zu ziehen, aber Manstein versagte sich Stauffenberg ebenso wie er es Wochen zuvor Henning v. Tresckow und dem 1938 aus dem

Amt gedrängten Generalstabschef v. Beck gegenüber getan hatte. »Die Kerle haben ja die Hosen voll oder Stroh im Kopf, sie wollen nicht«, kommentierte Stauffenberg die Unterredung mit dem Generalfeldmarschall zornig. Es wurde klar, daß ein Sturz Hitlers sich nicht auf die Oberbefehlshaber stützen konnte, sondern von der Initiative und Tatkraft einer kleinen, zu allem entschlossenen Gruppe abhängen würde.

Am 31. Januar 1943 ergab sich die 6. Armee in Stalingrad, eine Woche zuvor hatten Roosevelt und Churchill in Casablanca die bedingungslose Kapitulation Deutschlands als Ziel des Krieges proklamiert. Am 30. Januar 1943 traf der Befehl ein, daß Stauffenberg, seit Jahresbeginn Oberstleutnant, die Stelle des 1. Generalstabsoffiziers bei der 10. Panzerdivision in Tunis, Nordafrika, anzutreten habe. Sein Aufenthalt dort blieb jedoch nur von kurzer Dauer. Am 7. April geriet Stauffenbergs Wagen in einen Tieffliegerangriff, und er selbst wurde schwer verwundet. Das linke Auge war zerschossen, die rechte Hand verloren, und von der linken blieben nur Daumen, Zeige- und Mittelfinger erhalten. Stauffenberg war erst Ende April so weit transportfähig, daß er nach München ins Lazarett geflogen werden konnte.

So unmittelbar hatte er den Tod, das jederzeit mögliche jähe Ende erlebt, daß sein Entschluß zur Tat nun drängender, bestimmter wurde als zuvor. Seine Freunde, die ihn in München besuchten, nahmen die Veränderung bei Stauffenberg wahr, der nicht von den Schmerzen niedergedrückt als vielmehr von dem Gefühl beherrscht war, aus der Bahn geworfen worden zu sein, bevor er das von ihm Erwartete erfüllen konnte. Er bewarb sich bei General Olbricht, dem Chef des Allgemeinen Heeresamtes beim Befehlshaber des Ersatzheeres in Berlin, da Olbricht ihm als Regimegegner bekannt war und, wie er Rudolf Fahrner anvertraute, dieser Posten Möglichkeiten zum entschlossenen Eingreifen biete. Mit äußerster Konzentration und Willenskraft trieb Stauffenberg seine Genesung voran, übte das Schreiben mit nur drei Fingern der linken Hand und wurde Mitte Juli 1943 aus dem Lazarett nach Hause entlassen.

Am 10. August war er schon wieder in Berlin, um seine neue Stelle zu besichtigen. Olbricht brachte Stauffenberg mit Tresckow zusammen, der ihn sicherlich über die bislang fehlgeschlagenen Attentate auf Hitler informierte. Zwar waren sich Stauffenberg und Tresckow bereits im Sommer 1941 bei der Heeresgruppe Mitte begegnet und hatten sich wohl auch als Kritiker des NS-Regimes erkannt, aber erst jetzt, zwei Jahre später, trafen sie als Verschwörer aufeinander, als zur Tat Entschlossene, beide als Verehrer von Georges Gedichten.[20] Auch schien nach den vergeblichen Versuchen, Hitler zu töten, und den endlosen Debatten um die Ordnung der politischen Zukunft der Verschwörerkreis um Tresckow, Olbricht, Beck und Goerdeler auf den Einen zu warten, der den Willen zur Tat und die Fortune des Erfolgs besaß. Stauffenberg wurde in den kommenden Monaten zur zentralen Figur und zum Hoffnungsträger des militärischen Widerstands.

Die Zeit drängte. Mitte Mai 1943 hatten die deutschen Truppen in Nordafrika kapituliert, Anfang Juli waren die Alliierten auf Sizilien gelandet, Mitte des Monats scheiterte die letzte große Offensive der Wehrmacht an der Ostfront, Ende des Monats wurde Mussolini gestürzt, im September folgte die Kapitulation Italiens. Und im Innern Deutschlands gelang es der Gestapo, mehrere Widerstandskreise aufzudecken: Im August 1942 war die »Rote Kapelle« enttarnt worden, im Februar 1943 wurden die Mitglieder der Widerstandsgruppe »Weiße Rose« in München verhaftet und hingerichtet, im selben Monat wurden Hans von Dohnanyi und Dietrich Bonhoeffer verhaftet; eine der Schlüsselfiguren des Widerstands, Oberst Hans Oster im Amt Ausland/Abwehr des OKW unter Admiral Canaris, mußte gehen, sollte nicht das ganze Amt als Widerstandszelle gefährdet werden.

Claus Stauffenberg hatte seine Familie in Bamberg zurückgelassen und wohnte bei seinem Bruder Berthold in der Tristanstraße in Berlin-Nikolassee. Neben der zeit- und kraftraubenden täglichen Arbeit, Reserven für das deutsche Heer zu mobilisieren, ging es darum, Gleichgesinnte zu werben, die militärische Organisation des Umsturzes vorzubereiten, also entsprechende Befehle, Anweisungen, Dislozierungen für den Augenblick nach dem geglückten Attentat zu entwerfen, und die Hauptbeteiligten auf eine einheitliche politische Linie zu verpflichten. Gewissermaßen als Erkennungszeichen zitierte Stauffenberg bei einem Gespräch 1944 Georges Gedicht vom »Widerchrist« und überließ es dessen Wirkung, den Gesprächspartner für den Widerstand zu gewinnen.

Über Tresckow, der sich im September 1943 noch für einige Wochen in Berlin befand, bevor er wieder an die Ostfront versetzt wurde, lernte Stauffenberg den ehemaligen Leipziger Oberbürgermeister Carl Goerdeler, den zivilen Kopf des Widerstands, kennen; im Hause seines Vetters Graf York von Wartenberg traf er auf die übrigen Mitglieder des »Kreisauer Kreises«; andere Verbindungen öffnete Fritz-Dietlof Graf von der Schulenburg. Mit Julius Leber, einst sozialdemokratischer Reichstagsabgeordneter und jahrelang im Konzentrationslager inhaftiert, entwickelte sich bald ein intensiver Gedankenaustausch. In Leber fand Stauffenberg einen Gleichgesinnten, der nicht wie die konservativen Mitglieder des Widerstands um Goerdeler eine ständisch hierarchische Gesellschaft errichten, sondern den sozialen Volksstaat unter Führung einer geistig-politischen Elite aufbauen wollte.

Mitte Mai 1944 wurde Stauffenberg von Olbrichts Allgemeinem Heeresamt direkt zum Befehlshaber des Ersatzheeres versetzt und mit der Aufgabe des Stabschefs, also de facto des zweiten Manns nach General Fromm, betraut. In dieser Funktion besaß er nun unmittelbaren Zugang zu Hitlers Hauptquartier; Stauffenberg entschloß sich, selbst die Rolle des Attentäters zu übernehmen. Doch schon wenige Tage später machte die alliierte Landung in der Normandie am 6. Juni alle Hoffnung der Widerständler, mit dem Tod Hitlers könne der Krieg noch ehrenvoll beendet werden, zunichte. Am 22. Juni 1944 brach die sowjetische Großoffensive gegen die Heeresgruppe Mitte los, die den Zusammenbruch der Ostfront zur Folge hatte. Es war jetzt nur noch eine Frage der Zeit, bis die deutschen Armeen gegen die Übermacht im Zweifrontenkrieg unterliegen würden. Stauffenberg ließ Tresckow fragen, ob die Pläne überhaupt noch einen Sinn besäßen, und erhielt eine Antwort, die zu den denkwürdigen Zeugnissen des »geheimen Deutschlands« gehört: »Das Attentat muß erfolgen, *coute que coute*. Sollte es nicht gelingen, so muß trotzdem in Berlin gehandelt werden. Denn es kommt nicht mehr auf den praktischen Zweck an, sondern darauf, daß die deutsche Widerstandsbewegung vor der Welt und vor der Geschichte den entscheidenden Wurf gewagt hat. Alles andere ist daneben gleichgültig.« Die Tat um ihrer selbst willen, nicht mehr als Mittel zum Zweck, sondern durch sich selbst die Erfüllung, die Verwirklichung des geistigen Deutschlands – Stefan George hätte das Attentat nicht besser begründen können.

Am 7. Juni nahm Stauffenberg zum ersten Mal an einer »Führerbesprechung« auf dem Obersalzberg teil, erneut einen Monat später, am 6. Juli. Dieses Mal hielt Stauffenberg Vortrag über die »Walküre«-Maßnahmen, eben jene Pläne, die die Verschwörer als Deckmantel für den Staatsstreich benutzen wollten. Hitler stimmte zu. Stauffenberg hatte bereits an diesem Tag den Sprengstoff in seiner Aktentasche, aber zündete ihn nicht. Die Gründe, ob das Attentat an diesem Tag ernstlich erwogen worden war und warum es dennoch unterblieb, liegen im dunkeln. Fünf Tage später ergab sich eine neue Gelegenheit. Wieder nahm Stauffenberg die Bomben mit in das Hauptquartier, zögerte erneut, weil Himmler und Göring an der Lagebesprechung nicht teilnahmen, die zusammen mit Hitler dem Anschlag zum Opfer fallen sollten. »Herrgott, soll man nicht doch handeln?« Diese verzweifelte Frage richtete Stauffenberg an einen Mitverschworenen. Sie zeigt die kaum zu ertragende Anspannung, immer wieder mit den Bomben ins Hauptquartier zu fahren, stets in der Gefahr, entdeckt zu werden, das eigene Leben aufs Spiel zu setzen, ohne das Attentat ausführen zu können – Stauffenberg allein trug die Last der Tat.

Vier Tage später, am 15. Juli, wurde Stauffenberg erneut zur Lagebesprechung, diesmal ins ostpreußische Hauptquartier »Wolfsschanze«, gerufen. Von diesem Tag ist das einzige Foto überliefert, das Stauffenberg und Hitler gemeinsam zeigt: Hitler, der General Bodenschatz die Hand gibt, daneben Stauffenberg in gestraffter Haltung, den Blick auf Hitler gerichtet. In Berlin laufen bereits die »Walküre«-Maßnahmen an, wieder zögert Stauffenberg, löst den Zünder nicht aus, verläßt mit den Bomben das Hauptquartier. Was hinderte Stauffenberg? Sicher nicht mangelnder Mut, denn jeder neue Versuch, mit den Bomben im Gepäck die mehrfachen Sicherheitskontrollen zu durchqueren, erforderte enorme Kaltblütigkeit und eiserne Nerven. Seinem Bruder Berthold sagte er, daß er unerwartet habe Vortrag halten müssen und damit keine Gelegenheit gehabt habe, das Attentat zu verüben. Warum aber ließ er drei Gelegenheiten, am 6., 11. und 15. Juli, verstreichen, ohne die Tat zu vollbringen, das historische Scheitern stets vor Augen? Umgab Hitler noch immer die Aura, die Unantastbarkeit des Führers? Scheute Stauffenberg vor dem Sakrileg zurück, weil er allein nur noch Hitler gegenüberstand und seine Tat dieselbe geschichtliche Dimension zu besitzen schien wie dessen Untaten?

Am 18. Juli wurde Stauffenberg erneut für den 20. Juli in die »Wolfsschanze« befohlen. Wenige Tage zuvor hatten die drei Stauffenberg-Brüder in der Wohnung Bertholds einen gemeinsamen Schwur verfaßt, gewissermaßen das Bekenntnis ihrer Weltanschauung, der noch einmal alles zusammenfaßte, was ihnen wichtig, wertvoll und erstrebenswert galt. In diesem Sinn stellt der Schwur das Vermächtnis ihres Lebens dar: »Wir wollen eine neue Ordnung, die alle Deutsche zu Trägern des Staates macht und ihnen Recht und Gerechtigkeit verbürgt, verachten aber die Gleichheitslüge und beugen uns vor den naturgegebenen Rängen. Wir wollen ein Volk, das in der Erde der Heimat verwurzelt, den natürlichen Mächten nahe bleibt, das im Wirken in den gegebenen Lebenskreisen sein Glück und Genüge findet und in freiem Stolze die niederen Triebe des Neides und der Mißgunst überwindet. Wir wollen Führende, die, aus allen Schichten des Volkes wachsend, verbunden den göttlichen Mächten, durch großen Sinn, Zucht und Opfer den anderen vorangehen.«[21]

Am Abend des 20. Juli wurde Claus Schenk Graf von Stauffenberg zusammen mit Olbricht, Mertz von Quirnheim und Werner von Haeften von einem Exekutionskommando im Hof des Bendler-Blocks erschossen. Sein Bruder Berthold wurde am 10. August 1944 vom Volksgerichtshof zum Tode verurteilt und am selben Tag hingerichtet.

Mit den Brüdern Stauffenberg starb auch das »Geheime Deutschland«. Der heroische Versuch, die poetische Vision Wirklichkeit werden zu lassen, dem »Neuen Reich« wenn schon nicht mehr zum Durchbruch zu verhelfen, so doch der Welt zu zeigen, daß es nicht zerstört werden könne und kraftvoll genug sei, die entscheidende Tat zu wagen, war am Abend des 20. Juli gelungen und zugleich gescheitert. Vielleicht nicht zuletzt deshalb, weil das »Neue Reich« das alte war, die Zukunftsträume Stefan Georges und der Brüder Stauffenberg mehr an das versunkene Heilige Römische Reich Deutscher Nation erinnerten als an das Deutschland des 20. Jahrhunderts. Die Alternative zum Dritten war nicht ein Neues Reich, sondern die Republik.

Stauffenberg stieß spät zum Widerstand, vor allem aus Enttäuschung, daß Hitler Deutschland nicht zu neuer Größe, sondern geradewegs in das Verderben führte. Desto entschlossener zog er die Konsequenz. Der Mut und die Unbedingtheit, mit der Stauffenberg den Tod Hitlers und den Sturz des verbrecherischen Regimes vorbereitete und dafür sein eigenes Leben einsetzte, fand sich nur bei wenigen. Politisch hat uns Claus Schenk Graf von Stauffenberg heute nichts mehr zu sagen, an seiner Entschiedenheit werden wir auch weiterhin gemessen.

Anmerkungen

1 Dieses Porträt von Claus Graf von Stauffenberg verdankt viel den Studien von Eberhard Zeller, Oberst Claus Graf Stauffenberg. Ein Lebensbild, Paderborn 1994; Peter Hoffmann, Claus Schenk Graf von Stauffenberg und seine Brüder, Stuttgart 1992; Christian Müller, Oberst i. G. Stauffenberg. Eine Biographie, Düsseldorf 1971; Joachim Kramarz, Claus Graf Stauffenberg. 15. November 1907–20. Juli 1944. Das Leben eines Offiziers, Frankfurt/Main 1965. Daher wurde auf Einzelnachweise aus diesen Büchern verzichtet.

2 In deren Programm hieß es: »Wir Neupfadfinder sterben nach Erneuerung unseres inneren und äußeren Lebens im Glauben an eine kommende deutsche Kultur. Sie bedarf eines neuen Menschen, und sie führt in ein neues Reich.«, zit. n. Wolfgang Venohr, Stauffenberg. Symbol der deutschen Einheit. Eine politische Biographie, Berlin 1986, S. 36. Zur Resonanz von George bei den Neupfadfindern und deren Zeitschrift »Der weiße Ritter« vgl. Rainer Kolk, Literarische Gruppenbildung. Am Beispiel des George-Kreises 1890–1945, Tübingen 1998, S. 442–449.

3 Claus Stauffenberg, Abendland II. An seinen Bruder Berthold, November 1923, George-Nachlaß, zit. n.: Peter Hoffmann, Claus Graf Stauffenberg und Stefan George: Der Weg zur Tat, in: Jahrbuch der Deutschen Schillergesellschaft, 12. Jg., 1968, S. 520–542, S. 522f.

4 Ludwig Thormaelen, Die Grafen Stauffenberg, in: Festgabe für Robert Boehringer, Tübingen 1957, zit. n. Stefan George 1868–1968. Der Dichter und sein Kreis. Eine Ausstellung des Deutschen Literaturarchivs im Schiller-Nationalmuseum Marbach am Necker, 1968, S. 323f.

5 Stefan George, Geheimes Deutschland, in: Gesamt-Ausgabe der Werke, Band 9: Das Neue Reich, Berlin 1928, S. 59–65.

6 Vgl. dazu Stefan Breuer, Ästhetischer Fundamentalismus. Stefan George und der deutsche Antimodernismus, Darmstadt 1995.

7 Edgar Sahlin, Um Stefan George, Düsseldorf 1954, S. 271.

8 Zeugnis Ludwig Thormaelen, zit. n. Müller, Oberst i. G. Stauffenberg, S. 60.

9 Stefan George an Ernst Morwitz, 10. 5. 1933, Stefan George Archiv, Stuttgart, zit. n.: Hoffmann, Claus Schenk Graf von Stauffenberg und seine Brüder, S. 117.

10 Zu den zahlreichen Versuchen in den ersten Jahren des NS-Regimes, George als Wegbereiter des Nationalsozialismus zu reklamieren, vgl. Claude David, Stefan George. Sein dichterisches Werk, München 1967, S. 383–389.

11 Klaus Mann, Das Schweigen Stefan Georges, in: Zahnärzte und Künstler. Aufsätze, Reden, Kritiken 1933–1936, Reinbek 1993, S. 54–59, zuerst erschienen in: Die Sammlung, Amsterdam, 1. Jg., Heft 2, Oktober 1933.

12 Stefan George, Dem Dichter in Zeiten der Wirren, in: Das Neue Reich, S. 35–39.

13 George-Nachlaß, zit. n. Hoffmann, Claus Graf Stauffenberg und Stefan George, S. 535.

14 Bericht Rudolf Fahrners, zit. n. Zeller, Oberst Claus Graf Stauffenberg, S. 36.
15 Aus der Ehe gingen fünf Kinder hervor: 1934 Berthold, 1936 Heimeran, 1938 Franz Ludwig, 1940 Valerie und im Januar 1945, ein halbes Jahr nach dem Tod des Vaters, Konstanze.
16 Zit. n. Hoffmann, Claus Schenk Graf von Stauffenberg und seine Brüder, S. 189.
17 Zit. n. Zeller, Oberst Claus Graf Stauffenberg, S. 80.
18 Bericht Dietz von Thüngen, zit. n. ebda., S. 93–94.
19 Stauffenberg an Anna von Lerchenfeld, die Mutter seiner Frau, 11. 1. 1942, gedruckt in: Hoffmann, Claus Schenk Graf von Stauffenberg und seine Brüder, S. 460–462.
20 Vgl. Fabian v. Schlabrendorff, Offiziere gegen Hitler, Zürich 1946, S. 86 f.
21 Faksimile des maschinenschriftlichen »Schwurs« mit handschriftlichen Korrekturen von Claus Stauffenberg in: Hoffmann, Claus Schenk Graf von Stauffenberg und seine Brüder, S. 396 f., zur Interpretation: S. 463–472.

IV.
Kulissen – Friktionen der Kunst

Walter Erhart

Laufbahnen

Die Fiktionen des Offiziers

I. Der Wille zur Laufbahn, der Wille zur Männlichkeit

Ein Offizier ist eine Fiktion, die aus vielen Dienstgraden besteht. Studiert man die Tafel militärischer Rangstufen, wird deutlich, daß jeder Offizier in Wirklichkeit immer auch und immer zuerst etwas anderes ist: ein Leutnant oder Hauptmann, ein Major oder General. Der Offizier also repräsentiert stets ein Abtraktum, das erst durch die Anschaulichkeit des jeweiligen Dienstgrades mit Realität und mit Leben, mit einer militärischen Existenz gefüllt wird. Umgekehrt bemißt sich jeder Dienstgrad nach der Stufe, die er innerhalb dieser Rangordnung bezeichnet: Indem ein bestimmter Offiziersgrad eingenommen wird, entsteht ein Unten und ein Oben, eine Offiziersskala, auf der sich jeder Offizier irgendwo befindet und sich gleichzeitig (möglichst nach oben) bewegt. Offiziere sind »Willensmenschen« auch deshalb, weil sich ihr Aufstieg in der Skala der Rangstufen einer Anspannung des Willens verdanken soll: Mehr als handwerkliche Fertigkeiten und Ausbildungstechniken, mehr als bloßer Gehorsam und karrierefördernder Eifer ist es die innere Statur der Willensstärke, die den Aufstieg des Offiziers ermöglicht oder ihm als Verdienst zugerechnet wird. Wer in der Offizierslaufbahn ganz unten beginnt, entwirft immer auch ein Bild von sich selbst: von einem, zu dem er erst werden will, von einem Willen und einer Laufbahn, die ihn als Offizier nach oben bringt.

Der Soziologe Georg Simmel hat vor über hundert Jahren über Bezeichnungen von Männern nachgedacht, die nur vorläufig gelten. Über ein Wort wie »Bräutigam« zum Beispiel schwebe stets »ein leiser Hauch von Humor«, ebenso »über allen Verhältnissen von Männern, die einen Übergang, eine Halbheit, ein erst Werdendes bedeuten: Kandidat, Privatdozent, Aspirant usw«.[1] Auch die meisten militärischen Dienstgrade verweisen auf einen solchen Übergang, auf ein Werdendes und damit auch auf eine gleichermaßen ›halbierte‹ Männlichkeit: Der Unterschied zwischen einem Fähnrich und einem General ist genau deshalb weniger eine Frage des Alters als vielmehr des ›ganzen‹ Mannes. Jeder Dienstgrad ist nur das Bruchstück eines ›Ganzen‹, das die Offizierslaufbahn verspricht: Lohn einer erworbenen Männlichkeit, die nicht selten in ihrem höchsten Symbol gipfelt – dem General.

So ist es gewesen und so ist es noch: zu fast allen Zeiten und in fast allen Regionen der Welt. Am militärischen Rang bemißt sich auch die Männlichkeit, und was sich im System des Militärs offensichtlich von selbst versteht, wird im Begriff des »Willensmenschen« noch potenziert: Seit jeher ist auch die philosophische und psychologische Konzeption des Willens mit der Konstruktion von Männlichkeit verbunden, so daß jede Infragestellung der Männlichkeit auch im Zeichen einer ›Willensschwäche‹ steht, durch die der Mann seine Männlichkeit zu verlieren droht.[2]

So wie der Offizier eine Fiktion darstellt, die sich durch die Bewegung der Laufbahn buchstäblich erst realisiert, so dokumentiert sich die zum Vorschein kommende Männlichkeit in dieser Laufbahn als die Realisierung eines Willensmenschen, der lange Zeit Fiktion bleibt und sich erst zum Schluß vollendet. Fiktionen aber sind abhängig von Entwürfen und Bildern, an denen sich das Handeln orientiert: imaginäre Ziele, nachgeahmte Vorbilder, Größenphantasien, Leitsterne. Fiktive Zeichenwelten markieren auch einen Teil des Offizierslebens: nicht nur die Zeichen der Ehre und des Ranges, die Sterne, Abzeichen und Epauletten, sondern auch die der Laufbahn immanenten Vorstellungen des Weiterkommens, in denen die Phantasie stets einen großen Platz einnimmt. Das Wertesystem des Offiziers ist nicht selten phantasmatisch in diesem Sinn, und Kunst und Literatur haben dieser Phantasie ihren Ausdruck gegeben, indem sie den Offizier stets als Täter und als Opfer von Offiziersphantasien vorführten. Drei Beispiele aus drei Jahrhunderten seien hier näher betrachtet: die Geschichte des Majors von Tellheim in Lessings Komödie »Minna von Barnhelm« (1768), das tragische Ende eines preußischen Rittmeisters in Fontanes Erzählung »Schach von Wuthenow« (1882) und Zuckmayers Dramen über falsche Hauptmänner und echte ›ganze‹ Generäle: »Hauptmann von Köpenick« (1930) und »Des Teufels General« (1946).

Der Begriff der »Laufbahn« findet sich heute bekanntlich nur noch in Verbindung mit beruflichen Aufstiegsmöglichkeiten, mit einem

Laufbahnsystem. Eine Laufbahn ist insofern buchstäblich vorgeschrieben, als deren Ziele feststehen und nur noch ›durchlaufen‹ werden müssen. Wort und Begriff stammen aus der Tradition der Kosmologie, wonach die Erde sowie die Planeten und Kometen am Himmel die ihnen bestimmte »Lauff-Bahn« vollziehen. Von dieser Bedeutung her wurde der Begriff auf das soziale System der Stände und Berufe übertragen, wo die Laufbahn zuallererst das beruflich-soziale Tätigkeitsfeld definiert: den je nach Beruf und Stand festgelegten »Umfang von Gegenständen, mit denen wir uns beschäftigen.«[3] Wie in der Kosmologie ist hierbei in erster Linie an einen Kreislauf und an eine Kreisbewegung gedacht: Die Sicherheit und die Ordnung der »Lauff-Bahn« hat ihr Vorbild in einem System der gerundeten Harmonie, nach der sich alle Laufbahnen zu einem geschlossenen ständischen Kosmos ineinanderfügen. Das System der Laufbahnen ist in diesem traditionalen Sinne von Gott vorgezeichnet, wenn nicht gar gelenkt. Abweichungen sind nicht vorgesehen, verstoßen gegen die göttliche Ordnung und gereichen in erster Linie dem stigmatisierten und ›herausgefallenen‹ Außenseiter zum Schaden: »Ein iedes Ding wird gepeiniget, wenn es aus seinem Circkel gerucket wird.«[4]

Genau deshalb hält sich die Bezeichnung »Laufbahn« heute nur noch in jenen Berufsfeldern, deren vorgezeichnete Wege immer noch an das alte System der Standesgesellschaft erinnern: Beamtenstand, Verwaltung, Gericht, Militär. In der Moderne nämlich werden die Laufbahnsysteme immer stärker zugunsten der »Karriere« und des »Lebenslaufes« zurückgedrängt: moderne Bezeichnungen, die einen prinzipiell offenen Ausgang, einen gerade nicht mehr vorgezeichneten und vorbestimmten, sondern nur noch individuell auszufüllenden Weg nahelegen.[5] Die Laufbahn des Offiziers also enthält gewissermaßen einen vormodernen Kern, sie wird zu einer Fiktion auch in eben dem Sinn, daß sie mit den Realitäten des modernen Lebens nicht mehr im Einklang steht. All diese Fiktionen aber besitzen eine Macht und eine Gewalt, von denen nicht zuletzt die vielen fiktiven Spiele um Offiziersehre, um Glück und Leid des Offiziers erzählen.

II. Preußen 1763, die Schrecken der abgebrochenen Laufbahn

Die Bedeutung der militärischen Laufbahn kommt immer dann besonders in den Blick, wenn diese Laufbahnen abzubrechen drohen. Gotthold Ephraim Lessing hat in seinem Nachkriegsstück über »Minna von Barnhelm« – es erschien 1768 mit dem Zusatz »Verfertiget im Jahr 1763«, also unmittelbar nach dem Siebenjährigen Krieg – eine solche Laufbahngefährdung in den Mittelpunkt gestellt: Der Major von Tellheim hat im Krieg der Gegenseite notwendige Kontributionsgelder aus eigener Kasse vorgestreckt; nun ist ihm von der preußischen Kriegskasse das Delikt der Bestechung vorgeworfen worden. Als abgedankter Offizier glaubt Tellheim nunmehr seiner Ehre verlustig zu sein und will aus diesem Grund auch seiner Verbindung mit dem sächsischen Fräulein Minna von Barnhelm entsagen. Mittellos und ehrlos, zudem am Arm gelähmt, zieht Tellheim mit seinem Wachtmeister durch das preußische Nachkriegsgebiet und trifft in einem Gasthof auf Minna von Barnhelm: Sie ist ihm nachgereist und wird eben (hier beginnt das Stück) in jenes Zimmer einquartiert, das der Major auf Drängen des Wirtes verlassen soll – des zahlungskräftigeren Publikums willen.

»Minna von Barnhelm« ist die Geschichte des liebenden Edelfräuleins, das den verstockten Major wieder auf die rechte Bahn der Liebe bringt – indem sie ihm die überzogenen Ehransprüche deutlich macht, ihn durch Anmut und List auf die ›Sprache des Herzens‹ verpflichtet und so den guten Ausgang herbeiführt: Zuletzt spielt sie ihm die Komödie der entehrten Tochter vor, um an Tellheims Großmut und Beschützerinstinkte zu appellieren; gerade rechtzeitig kommt ein Schreiben des Königs, das Tellheim als Major rehabilitiert.[6]

Was für den Offizier Tellheim auf dem Spiel steht, zeigt die erste Begegnung zwischen ihm und Minna, in der Tellheim ein doppeltes Bild seiner selbst zeichnet – vor und nach der Abdankung. »Aber Sie meinen« – so versucht er Minna klarzumachen –, »ich sei der Tellheim, den Sie in Ihrem Vaterlande gekannt haben; der blühende Mann, voller Ansprüche, voller Ruhmbegierde; der seines ganzen Körpers, seiner ganzen Seele mächtig war; vor dem die Schranken der Ehre und des Glückes eröffnet standen (...).«[7]

Es ist dies das Bild eines preußischen Offiziers: Sein »Blühen« verweist auf die Zukunft, die Macht über Körper und Seele auf den Willen, die geöffneten Schranken auf die bevorstehende Laufbahn. Nur einige Monate später hat ein Wechsel der Identität stattgefunden: »Dieser Tellheim bin ich ebensowenig, – als ich mein Vater bin. Beide sind gewesen. – Ich bin Tellheim, der verabschiedete, der an seiner Ehre gekränkte, der Kriepel, der Bettler.«[8] Mit komischen Wortspielen versucht Minna – hier und während des ganzen Stückes – diese Diskrepanz aufzuheben, vermag es jedoch nicht, diese gespaltene Identität wieder zusammenzufügen. Kein Wunder, denn Tellheim markiert hier einen Unterschied, der über seine ganze Existenz entscheidet: zwischen einem Offizier und einem Nicht-Offizier. »Krüppel«, »Bettler« und »Verabschiedung« lautet die dreifache Losung, mit der Tellheim das Ende seiner Laufbahn beschwört.

Als der treue Wachtmeister Werner Geld vorstrecken will, lehnt Tellheim ab: »Du brauchst es, mehr als Wachtmeister zu werden; dich auf einer Bahn weiter zu bringen, auf der, ohne Geld, auch der Würdigste zurückbleiben kann.«[9] Mehr als das vordergründige Spiel um Ehre und Liebe vermuten läßt, handelt »Minna von Barnhelm« auch von der Notwendigkeit und den Zwängen des Geldes. Bezogen aber bleiben all diese Mängel auf das von Tellheim hier noch einmal genannte »Zurückbleiben«: Dies ist die eigentliche Gefahr, der eigentliche Makel des Soldatenlebens, das geheime Angst-Zentrum des preußischen Offiziers Tellheim. »O, über die wilden, unbiegsamen Männer, die nur immer ihr stieres Auge auf das Gespenst der Ehre heften! für alles andere Gefühl sich verhärten! Hierher Ihr Auge! auf mich, Tellheim!«[10] So versucht Minna den Blick des Offiziers von der abgebrochenen Laufbahn wieder auf die Liebe, auf sich selbst zu lenken. Vergebens – denn für die per Regieanweisung festgelegten »starren Augen« des Majors besitzt das Ehr-»Gespenst« allemal mehr Realität als die vor ihm stehende Minna.

Als Tellheim hingegen das Wesen der ihm abhanden gekommenen Ehre zu erläutern versucht, gehen ihm die Worte aus – was Minna zu der berühmt gewordenen Tautologie verleitet: »Nein, nein, ich weiß wohl. – Die Ehre ist – die Ehre.«[11] Allerdings haben gerade das Gespensterhafte und die Realitätslosigkeit der »Ehre« – ihr Fiktionsgehalt – bereits so viel Macht über Tellheim gewonnen, daß Minnas Humor, ihre Sprachkunst und ihre leibhaftige Anmut versagen, daß sie zum Äußersten greifen muß, nämlich zur Vorspiegelung ihrer eigenen Ehrlosigkeit: Schon als Tellheim das Schreiben des Königs erhalten hat und seine Ehre wiederhergestellt ist, dreht Minna den Spieß um und scheint ihrerseits auf ihre Ehre und auf Tellheim verzichten zu wollen. Tellheim hat mit dem Schreiben nicht allein seinen vorherigen Stand wiedererlangt, er ist vom König persönlich wieder auf seinen bereits abgebrochenen Weg zurückgebracht worden – und in diesem Moment ist es nun plötzlich Minna, die »zurückbleiben« will: »Sie treten wieder in seine Dienste; der Herr Major wird Oberstlieutnant, Oberster vielleicht. Ich gratuliere von Herzen. (...) Ich weise Sie in die große Welt, auf die Bahn der Ehre zurück, ohne Ihnen dahin folgen zu wollen.«[12]

Noch am Ende bleibt demnach die Bedeutung der vermeintlich bereits entlarvten Ehre bestehen und verweist auf jene »Bahn«, die das innere Wesen des Offiziers und der Männlichkeit (»ein blühender Mann«) als eine Laufbahn-Bewegung kennzeichnet. Und noch die von Tellheim selbst entworfene Alternative zu dieser Laufbahn bestätigt die Gewalt der militärischen Ideale. Als Minnas Plan – und der Plan von Lessings Stück – aufgeht, Tellheim angesichts des entehrten Fräuleins alle Ehrsucht in den Wind schlägt, auf alles verzichtet und zuletzt gar zum Beweis seiner unerschütterlichen Liebe das Schreiben des Königs zerreißen will, als die Verwandlung des »starren«, »unbiegsamen« Mannes also vollzogen scheint, vergißt Tellheim seine militärische Existenz und sucht »in der ganzen weiten bewohnten Welt« nur noch »den stillsten, heitersten, lachendsten Winkel (...), dem zum Paradiese nichts fehlt, als ein glückliches Paar.«[13]

Auch dieses Bild ist eine Fiktion – wie wiederum Minna erkennt, wenn sie solchen »verliebten Träumereien« sarkastisch hinzufügt, daß der »ruhmvolle Krieger« nun in einen »tändelnden Schäfer« verwandelt worden sei.[14] Für einen kurzen Moment wird ein »Soldatenglück« – so der Untertitel des Dramas – außerhalb der militärischen Laufbahn sichtbar und bleibt doch an einen Ort gebunden, der gänzlich außerhalb dieser Welt liegt: in der literarischen Sphäre der Idylle und des »Paradieses«, im Motiv des *locus amoenus*, im Bannkreis der Unwirklichkeit.

Die Wiedererlangung der Ehre, der etwas aufgesetzt wirkende glückliche Dramenschluß soll zuletzt lediglich die innere Verwandlung des nunmehr zur Liebe geläuterten preußischen Offiziers äußerlich komplettieren: Als solch humane und aufklärerische Botschaft ist Lessings Komödie stets interpretiert worden.[15] Am Ende stehen sich jedoch zwei Fiktionen gegenüber: die »militärische Ehre« und die »paradiesische Zweisamkeit«. Die Komödie bringt alles zum guten Ende, doch gerade an diesem Ende zeigt sich noch einmal, wie stark und wirksam die Fiktion der Laufbahn bleibt: unwirklich scheint der Fluchtweg, wirklich bleibt nur das Happy-End. Minna verhindert die Zerstörung des Königsbriefes, sie scheint dem empfindsamen Paradiestraum keineswegs zu trauen, und am Ende ist Tellheim wieder Offizier – hängt doch sein Lebensglück allemal davon ab.

Es folgt ein Epilog: Ganz zuletzt befinden sich zwei Nebenfiguren, der Wachtmeister Werner und Minnas Dienerin Franziska, im amourösen Dialog, und noch einmal wird die Laufbahnfrage verhandelt. Auch Werner findet sein »Soldatenglück« in der Liebe und in der Beförderung: »Geb Sie mir ihre Hand (...) Topp! – Über zehn Jahr ist Sie Frau Generalin, oder Witwe!«[16] Wie zuvor wiederholt sich in diesen letzten Worten des Stückes die tragische Alternative zwischen Offizier und Nicht-Offizier, zwischen Laufbahn und Tod: ein Beweis dafür, daß in dieser Komödie einzig vom Zwang und vom Glück der militärischen Bahn erzählt wird. Die Triebkraft der »Ehre« bleibt übermächtig, die unerträgliche Realität des entehrten Tellheim bewegt sich stets nahe an der Tragödie, die Schrecken der abgebrochenen Laufbahn sind noch einmal, gerade noch abgewehrt. Die Wette und die Prophezeiung des Wachtmeisters – »Frau Generalin oder Witwe« – erneuert dieses nicht stillgelegte eigentliche Spiel, um das sich das »Soldatenglück« weiterhin dreht. Lessings »Minna von Barnhelm« versucht deshalb von der Nichtigkeit der »Ehre« zu erzählen und rehabilitiert doch die dabei zugrundegelegte Bewegung: die männliche »Bahn« des Offiziers, in die der Major zuletzt doch wieder eintreten kann.

III. Aus der Bahn »gerissen« – Vom Freitod eines Offiziers

Theodor Fontane hörte 1862 in Berlin von einem weniger fiktiven und weniger glücklich ausgehenden Liebes- und Ehekonflikt eines preußischen Majors. 1815 hatte sich ein Major von Schack in seiner Berliner Wohnung erschossen, und dabei kam eine ungewöhnliche Geschichte ans Tageslicht: Der leichtlebige Offizier begann im Hause der verwitweten Kammerrätin von Crayen ein Verhältnis mit der als häßlich geltenden fünfzehnjährigen Tochter Victoire und sah sich Jahre später infolge eigener Schulden und einer Schwangerschaft des Mädchens zur Heirat eher gezwungen als motiviert. Acht Tage nach der Verlobung, dem Spott der Kameraden und des ganzen Berliner Militärs ausgesetzt, erschoß sich von Schack auf einer Hintertreppe in der Nähe der Crayenschen Wohnung.

Fontane nahm diesen Stoff zum Anlaß einer »Erzählung aus der Zeit des Regiments Gendarmes« (so der Untertitel); er versetzt »Schach von Wuthenow« (erschienen 1882) zu diesem Zweck in das Jahr 1806, um an diesem einzelnen Fall das symbolische Ende des preußischen Militärs zur napoleonischen Zeit zu erzählen: ein Nachkriegsstück wie Lessings »Minna von Barnhelm«, eine neue Probe auf das Exempel preußischer Offiziersehre, ein neues Kapitel der preußischen Männlichkeitsdämmerung. Auch der Rittmeister Schach von Wuthenow sieht seine Ehre bedroht, nachdem er die junge Victoire von Carayon verführt hat und nun – von der Mutter und vom König persönlich – zur gesellschaftlich notwendigen Heirat gemahnt wird. Schon zuvor ist im Text mehrfach von Schachs »Eitelkeit«[17] die Rede; nun fürchtet sich der Rittmeister, »rettungslos dem Spott und Witz der Kameraden« preisgegeben zu sein. Vom König auf die Regeln der öffentlichen Moral, auf »Pflicht und Ehre«[18] verwiesen, durch die ihm drohende »Landehe« an den gesellschaftlichen Rand gedrängt, von der Berliner Gesellschaft verspottet: In dieser Situation geraten die Ehransprüche des Majors in einen unausweichlichen Konflikt, in dem ihm nur noch der Tod einen Ausweg zu eröffnen scheint, im spektakulären Selbstmord am Hochzeitstag.

Fontane hat den realen Fall in seiner Erzählung fast detailgetreu übernommen, ihn jedoch genau nach jenen Seiten hin ausgestaltet, von denen die Zeitungsnotizen und die Berliner Klatschgeschichten kaum berichten können: der Vorgeschichte, den Hintergründen, der inneren Stimmigkeit. Freilich bleibt Schachs Tat auch bei Fontane ein Rätsel: Die Innenwelt des Rittmeisters Schach bleibt so gut wie ausgespart, und wie die Figuren im Roman, so müssen auch die Leser letztlich über die Gewalt jener Notlage spekulieren, die einen preußischen Offizier so schnell in den Tod treiben.[19] Uwe Johnson hat in seinem Roman »Jahrestage« eine Szene aus einem Deutschunterricht in der DDR der fünfziger Jahre nachgestellt, als »Schach von Wuthenow«

auf dem Lehrplan stand – eine spannende Geschichte, so finden die Schüler, jedoch mit unverständlichem Ausgang: »Uns allen war sein Kneifen einsichtig und unerfindlich.«[20]

»Einsichtig« ist Schachs Fall, weil sich in ihm jener Konflikt abzeichnet, mit dem Fontane die Lessingsche Kritik an einem äußerlichen militärischen Ehrprinzip fortsetzen und dadurch auch zum Schulbuchautor der DDR werden konnte. Schach sei »krankhaft abhängig, abhängig bis zur Schwäche, von dem Urteile der Menschen«, ein »Pedant und Wichtigtuer«, »Verkörperung« der größten preußischen »Beschränktheit«[21] – so kraß drückt es schon im Text der »ehemalige Stabskapitän« Bülow aus. »Unerfindlich« aber bleibt das Verhalten Schachs doch. Angedeutete Auswege gäbe es genug – nur werden sie vom undurchsichtigen Schach allesamt nicht gewählt: eine Konvenienzehe, Gleichgültigkeit, das Vertrauen darauf, daß der skandalöse Vorfall in Vergessenheit gerät.

Fontane aber hat die Motive des Offiziers Schach vielleicht auch deshalb im dunkeln gelassen, weil auch dieser Offizier von der äußeren Haltung, der Fassade und überhaupt von jener Äußerlichkeit lebt, die ihm auch den Makel dieser Hochzeit so schrecklich vor Augen malt. Schon in die Verführungsszene – Victoire ist allein zu Hause – wird Schach regelrecht hineingestoßen, weil er zufällig von einem Diner beim Prinzen kommt, der von Victoires verborgenen Reizen geschwärmt hatte, *beauté de diable*, die mehr »Energie, Feuer, Leidenschaft« verspreche als jede gewöhnliche Schönheit.[22] Solcherart motiviert, verhält sich Schach angesichts der blatternnarbigen Victoire wie ein Liebhaber, erblickt in Victoire jenes Märchenwesen, das ihm die Laune des Prinzen eben noch suggeriert hatte, und findet sich ein einziges Mal außerhalb der ihm zur zweiten Natur gewordenen Regelhaftigkeit und Distanziertheit eines preußischen Offiziers.[23] Danach ist es schon zu spät: Als Schach von seiner Umwelt nun in ein Verhalten gedrängt wird, das ihn äußerlich zum Objekt der Satire zu machen droht, ist mit dem Glanz der äußeren Fassade auch die Identität zerstört.

Wie tiefgreifend dieser Konflikt ist, wie sehr auch hier die Fiktion des Offiziers die Bedeutung des Lebens übersteigt, zeigt die von Fontane erfundene Episode einer Heimkehr des Rittmeisters in sein Elternhaus. Schach kehrt zu seinem elterlichen Schloß nach Wuthenow zurück; die Eltern aber sind schon lange tot, und die Heimat bietet keinen Schutz vor der drohenden Schmach. Mehr noch: Bei der Besichtigung der Ahnengalerie wird Schach an die militärische Größe seiner Familie erinnert, an die Generäle, »in hohen Stellungen der Armee«, hinter deren Rang er – mit Victoire, nach dem Skandal – auch in der Gemäldegalerie nur zurückfallen kann: »Und zwischen die Generäle rück ich dann als Rittmeister ein, und zwischen die schönen Frauen kommt Victoire.«[24] Mit der Rückkehr zum elterlichen Ort kommt nun auch die eigene Geschichte in den Blick: die Laufbahn, auf deren Strecke der Rittmeister zurückzubleiben droht, deren Bahn durch einen einzigen Augenblick des Sich-Vergessens unterbrochen ist. Mit diesem Bruch aber ist zugleich die eigene Existenz – wie bei Major Tellheim – in die Nähe des Nichts gerückt, und Schach zieht jene tödliche Konsequenz, die aus dem Identitätsverlust beinahe zwangsläufig erfolgt.

Am Schluß der Erzählung stehen zwei Briefe, in denen der Preußenkritiker Bülow und die Witwe Victoire noch einmal zwei unterschiedliche Mutmaßungen über den rätselhaften »Schach-Fall«[25] vorlegen. Bülow formuliert erneut die Außenseite des gesellschaftlichen Skandals, Victoire befindet sich mittlerweile in Rom, mit dem in jener Nacht gezeugten Sohn Schachs. Der »Kultus einer falschen Ehre« – so Bülow – habe sich mit Schachs »Eitelkeit« verbunden und darüber hinaus jene ganze »Welt des Scheins« zum Vorschein gebracht, die das militärische Preußen kennzeichnet: »Und dies beständige Sprechen von Ehre, von einer falschen Ehre, hat die Begriffe verwirrt und die richtige Ehre tot gemacht.«[26]

Das »Sprechen über die Ehre« also hat deren Realität zerstört und längst etwas Fiktives an deren Stelle gesetzt: eine Unwirklichkeit, die mächtig genug ist, um Menschen wie Schach in den Tod zu treiben. Victoire hingegen, die in den Augen ihres Sohns wieder die blauen Augen ihres geliebten Schach erblickt, spekuliert über das Innere jenes Rittmeisters, das durch Disziplin und Kontrolle unter Verschluß gehalten worden ist. Sie rehabilitiert den Offizier, gerade weil er im Begriff stand, die inneren und äußeren Werte der militärischen Laufbahn zu vereinen und auf den Gipfel zu führen. Ohne Zweifel nämlich wäre Schach dazu »bestimmt« gewesen, »der Halbgott eines prinzlichen Hofes zu sein«, und dies wäre auch zum allgemeinen Nutzen gewesen: »Denn er war ein guter Mensch, und auch klug genug, um immer das Gute zu wollen. An dieser Laufbahn als ein prinzlicher Liebling und

Plenipotentiaire hätt' ich ihn verhindert, ja, hätt' ihn (...) aus all und jeder Karrière herausgerissen und ihn nach Wuthenow hingezwungen (...).«[27] Es sind die in Schachs Selbstgesprächen formulierten Worte, die Victoire hier wiederholt – und damit noch einmal das Leben und Sterben ihres Offiziers zusammenfaßt.

Triebkraft und Katastrophe auch dieser militärischen Existenz war das Laufbahndenken, und sowohl die Zukunft als auch der Tod des Offiziers standen im Zeichen des Imaginären: Die Laufbahn war vorgezeichnet, der Abbruch ausgemalt. Im Tod freilich entzieht sich Schach von Wuthenow jeder Alternative, und während Lessings Tellheim zuletzt auf sein männliches Ziel zurückbefördert wird, ist bei Fontane nicht allein die Laufbahn, sondern auch die männliche Ehre des Helden gründlich zerstört. Wer die Laufbahn nicht fortführt, hat das Offiziersziel nicht erfüllt: »Er flieht also« – wie Bülow despektierlich bemerkt –, »löst sich feige von Pflicht und Wort.«[28] Noch im Tod ist Schach jemand, der die Laufbahn des Offiziers nur als imaginäres Ziel vor Augen hat und sich doch als zu willensschwach dafür zeigt, der keineswegs etwa als tragischer Held standhaft scheitert, wie es jedem Offizier möglich ist, im Krieg, im ehrenhaften Selbstmord aufgrund einer ausweglosen Lage oder im Duell.[29] Fontanes »Schach von Wuthenow« dokumentiert gerade in der fast unausgesprochenen Kritik um so deutlicher die Abwesenheit jener Tugenden und heroischen Eigenschaften, die den Offizier auszeichnen und ihn auf die Bahn des militärischen Erfolgs verweisen. Eine zeitgenössische Rezensentin hat deshalb den vielleicht größten Mangel des rätselhaften Schach bündig formuliert: »Aber wir können den Unglücklichen nicht bedauern, denn ihm fehlt jeder männliche Zug des Charakters.«[30]

IV. »Wo kein Mann herzeigen muß« – Über Uniformen und Laufbahnen, um 1945

»Na ja, in Uniform, (...) da macht man Figur, das gibt'n kolossalen Halt, da is man'n ganz anderer Mensch.«[31] So spricht Hauptmann von Schlettow, einer der Figuren in Carl Zuckmayers Drama »Der Hauptmann von Köpenick«, und bringt damit das Thema des Stückes auf den Punkt. In der Komödie um den arbeitslosen Schuster Wilhelm Voigt, der sich als Hauptmann von Köpenick ausgibt und dabei alle preußischen Amtsträger narrt, stehen weniger Figuren als vielmehr Uniformen im Mittelpunkt: die Maskeraden der Offiziere, die sich längst verselbständigt haben und zum ganzen Inhalt des Offizierslebens, zum regelrechten Fetisch geworden sind. Während bei Lessing und bei Fontane eine kaum aufzulösende Identität von Offiziersehre, Männlichkeit und Laufbahndenken zum Vorschein kommt und in dieser Form entweder direkt zum Happy-End oder zur Katastrophe führt, hat die Offizierssatire des 20. Jahrhunderts die Gewalt und das Geheimnis des Soldatentums einzig in die Maskerade und die Magie der soldatischen Uniform verwandelt. Die Verwandlung des Schusters in den respektheischenden Hauptmann führt die Macht dieser Äußerlichkeit vor Augen, alle Figuren des Stücks aber sind bis in ihre Identität hinein von dieser Macht überzeugt und geprägt. Nicht von ungefähr steht der Militärschneider Wormser im geheimen Zentrum des Stückes, ist es ihm doch übertragen, durch seine Kleiderkunst Menschen, Männer und Offiziere erst zu produzieren – und dies zugleich seinen Kunden einzureden: »Wissen Sie, ich sage immer: vom Gefreiten aufwärts beginnt der Darwinismus. Aber der Mensch, der Mensch fängt erst beim Leutnant an, is nich so, is nich so?«[32]

Die Uniform besitzt hier nicht nur äußerliche Qualität, sie prägt und formiert auch die dazugehörigen Identitäten und Körper, ja sie schafft erst jene Werte, die vermeintlich im Innern entstehen: Menschlichkeit und Männlichkeit. Was der Major Tellheim noch unbeschadet der Umstände im Inneren besaß und was bei dem Rittmeister Schach nur noch als Rätsel einer abwesenden Innenwelt sichtbar war: Hier, beim »Hauptmann von Köpenick«, ist es schlichtweg durch die Kunst und Fertigkeit des Militärschneiders ersetzt. Die Uniform sei ein »Kunstwerk«, versichert der Zuschneider dem Hauptmann: »Det is keen Rock mehr, det is 'n Stick vom Menschen. Det is de bessere Haut, sozusagen.« Der Blick des Uniformierten auf den Spiegel zeigt in diesem Stück deshalb auch stets eine gänzlich neue Person, deren Inneres sich bis in die »Knochen« hinein als diszipliniert und einheitlich, buchstäblich uniformiert zeigt: »Da reißt der Spiegel de Knochen zusammen.«[33]

Die soldatischen Willensmenschen sind in Zuckmayers Stück also grundsätzlich von ihrer Kleidung geformt, und die Effekte der Uniform – Haltung, »Zusammenreißen«, Künstlichkeit – sind die einzig übriggebliebenen Bedingungen der militärischen Karriere. »Willy, halt dich grad! (...) Wenn du so weitermachst, kommste nie zum Militär.« So ermahnt der Schneider seinen Gehilfen, um ihm wenig später den Hauptmann von Schlettow als leuchtendes Gegenbeispiel vorzuführen: »Woher hat er die Figur? Er hat sich gradegehalten.«[34] Der eben zum Leutnant der Reserve ernannte Bürgermeister Obermüller kann deshalb die Worte des Schneiders über die Menschwerdung des Leutnants ohne Umstände auf seine bürgerliche Karriere beziehen: »Das möchte ich nicht gerade behaupten – aber – für meine Laufbahn ist es natürlich außerordentlich wertvoll.«[35]

Wie schnell und übergangslos die militärischen Zeichen hier dafür sorgen, auf den bürgerlichen und soldatischen Laufbahnen »vorwärtszukommen«[36], zeigt die unglaubliche Karriere des Wilhelm Voigt, die Beförderung des Schusters zum Hauptmann – und zuletzt jene militärisch-politische Eroberung des städtischen Rathauses, die alle satirischen und komödiantischen Effekte des Dramenschlusses motiviert.[37] Der Fetisch der Uniform sorgt jedoch auch dafür, daß die Bestrebungen fast aller Personen dieses Stücks auf Gewinn und Besitz jener äußeren Zeichen ausgerichtet sind – stets begleitet vom Traum über die dadurch ermöglichte ›Bahn‹ zum eigentlichen ›Menschsein‹ und – nicht zuletzt – zur Männlichkeit. Abweichungen werden als militärische Ordnungswidrigkeiten geahndet, etwa wenn von Schlettow seinen »Burschen« maßregelt: »Stillgestanden! Nehmense sich zusammen, Deltzeit. Sie sind doch 'n Mann.«[38]

Oder wenn Voigt sich in einer Bahnhofstoilette zum Offizier umkleidet, während ein Bahnbeamter aufgrund eines dringenden Bedürfnisses an der Türe rüttelt: »Wer scheißt denn hier so lange!«[39] Dieser Ausbruch des Bahnbeamten – undiszipliniert, von einem ›natürlichen Bedürfnis‹ dirigiert, unbeherrscht – fällt angesichts der plötzlich in der Toiletten-Tür erscheinenden Hauptmannsuniform nicht nur in sich zusammen, sondern erfährt jene deutliche disziplinarische Strenge (»Wo habense gedient?«), die einzig dem Militär zusteht: »So, jetzt können se austreten. 's nächste Mal nehmense sich 'n bißchen zusammen.«[40]

Die männlichen Körper unter der Uniform, die natürlichen Bedürfnisse ebenso wie die Gefühle und sogar die »Knochen«, müssen in einer Weise zusammengenommen werden, die sehr viel über die Ängste vor den insgeheim ›zerfließenden‹, ›haltlosen‹, sich auflösenden und zerfallenden Körpern der soldatischen Männer erzählen.[41] Zwischen den ›formlosen‹ Körpern und der künstlichen Maskerade der Uniform bleibt für den Offizier, für den Menschen wie für den Mann, offensichtlich wenig Raum. Die Ideale des Tellheim und die Ideale des Rittmeisters Schach werden hier ganz auf jene Fassade reduziert, die bereits in den beiden frühen preußischen Offiziersschicksalen zur puren Äußerlichkeit zu werden drohte. Die Komödie des Hauptmann von Köpenick beruht gänzlich auf dem schnellen und dennoch wirksamen Umschlag von einem Extrem ins andere: von der Nacktheit zur Uniform, vom Nichts zum Offizier.

Der Schuster wird zum Hauptmann: Was bei diesem Umschlag fehlt, ist die Laufbahn, jene Bahn, die den Weg zwischen den beiden Oppositionen beschreibt – vom Nichts eines ›haltlosen‹ Körpers zur »Figur« eines Offiziers. Zwischen dem Schuster Voigt und dem durch Verkleidung erzeugten Hauptmann klafft eine Lücke, fehlt ein Weg, dessen militärisches Prinzip doch alle voraussetzen: die unsichtbare militärische Laufbahn des Hauptmanns. Eine respektable militärische Laufbahn findet sich in Zuckmayers Satire nirgends: Wo einst die militärische Existenz triumphierte, glänzt nun die Uniform. Was aber die zum künstlichen Fetisch entstellte Uniform verbirgt – darüber ist kaum etwas gesagt, darüber läßt sich so trefflich spekulieren wie über jedes Nichts. Die Satire gilt der Uniform, nicht ihrem Inhalt; was zählt, sind die äußeren Zeichen, nicht die Rechtmäßigkeit der Laufbahn, denen sie gilt.

Genau umgekehrt ist es in Carl Zuckmayers Nachkriegsstück »Des Teufels General«, in dem Zuckmayer seine Kritik am Militär, diesmal im aktuellen Bezug auf das nationalsozialistische Deutschland fortführt: Der Held Harras hat es schon vor Beginn des Stückes zum General gebracht, ja er ist durch seine Fliegereinsätze bereits zu einem Kriegsheld geworden. Gerade deshalb wird er vom Regime auch dann noch verschont, als sich Zweifel an seiner ideologischen Linientreue melden. Als er aber einer Reihe von Sabotageakten in seiner eigenen Flugstaffel nachgehen soll und sich sein Hauptingenieur dabei als ein aufrechter Widerstandskämpfer entpuppt, stürzt sich Harras – solidarisch und desillusioniert – mit einer der defekten Maschinen in den sicheren Tod.

Wie im »Hauptmann von Köpenick« werden militärische Äußerlichkeiten und Lächerlichkeiten – ob preußischer oder nationalsozialistischer Art – satirisch entlarvt, in der Regel von dem ›unpolitischen‹, schnoddrigen General Harras, der sich in einer Mischung aus blinder Flugleidenschaft und Naivität seinem teuflischen Dienstherrn Hitler verschrieben hat, ohne ihn recht eigentlich ernst zu nehmen. Das Laufbahnprinzip aber bleibt gerade hier in Takt, hat Harras sich doch aus purer Leidenschaft für das Fliegen bis zum General hochgedient: »Mein Lebensinhalt – das war immer die Fliegerei. Das hab ich gemacht von der Pike auf – schon als Freiwilliger im Jahre 14 – und nu kann ich's nicht mehr bleiben lassen.«[42] Harras ist zwar Hasardeur, der auch die militärischen Prinzipien kaum ernst nimmt und deshalb die Sympathien der Leser und Zuschauer gewinnen soll. Seine Laufbahn hat er jedoch nach allen Regeln der militärischen Kunst erfolgreich absolviert, ja sie beruht darüber hinaus auf all jenen Tugenden und Eigenschaften, die dem Prinzip der militärischen Laufbahn und dem Charakter des Harras unverkennbar eingeschrieben sind: den männlichen. Harras ist ein Frauenheld, und die einzelnen Szenen lassen keinen Zweifel daran, daß Harras gerade in seinen Geschlechtseigenschaften seine Gegenspieler weit überragt. Seine Freundin Olivia entlarvt genau zu diesem Zweck alle militärischen und nationalsozialistischen Widersacher des Generals als neiderfüllte ›halbe‹ Männer, die ihren Mangel mit Uniformen verbergen: »Deshalb wollen sie auch dauernd Krieg führen und die großen Männer markieren, lauter Krampf. Da, wo kein Mann herzeigen muß, was er wirklich wert ist, da hilft kein gestählter Körper. Und keine eiserne Energie. Das hat einer von Natur – oder gar nicht.«[43]

Der wahre General ist ein ganzer Mann, und dort aber, »wo kein Mann herzeigen muß«, was ihn zum Manne macht, hat Harras gerade seinen Erfolg bei Frauen. Deshalb auch kann Harras den durchaus eindeutigen Bemerkungen Olivias über den »Bettneid« der Rivalen und die gravierenden Mangelerscheinungen Napoleons und Hitlers überaus vergnügt beipflichten, schließlich habe Olivia das Recht ihrer Erfahrung und das Recht der Geschichte auf ihrer Seite: »Du hast eine durchaus gesunde Geschichtsauffassung.«[44]

Zuckmayers Nachkriegsstück ist ein Widerstandsdrama vom Heldenmut eines ›wahren‹ und eines männlichen Generals. In diesem Antikriegsstück, letztlich auch über ein vom Teufel verführtes Volk, konnte sich die frühe Bundesrepublik kritisch bespiegeln, gleichzeitig aber auch moralisch entlasten und mit Hilfe des Dramenhelden sich sogleich eine ideale Gegenfigur des Hitler-Regimes imaginieren. Die mächtigste Fiktion in Zuckmayers Drama ist auch hier die Laufbahn des Harras, die gegenüber den Nazi-Schergen und Mitläufern zeigt, wie jemand aufgrund innerer männlicher Werte vor 1945 zum General aufsteigt, und wie es möglich war, zu jenem Helden zu werden, der als fiktives Vorbild – nach 1945 – die Identifikationswünsche und die Phantasien eines erniedrigten und besiegten (Männer-)Volkes bündeln und dessen Ehre wieder aufrichten kann. Die Uniformen mögen lügen, die Laufbahn jedoch bringt es an den Tag.

»Des Teufels General« wurde nach 1945 – wie übrigens auch Lessings »Minna von Barnhelm«[45] - zu einem der meistgespielten Dramen der frühen Nachkriegszeit (mit 3238 Inszenierungen allein zwischen 1947 und 1950)[46] und 1954 schließlich mit Curd Jürgens als General Harras in jedem Sinne adäquat verfilmt.[47] Durchaus analog zur Bewußtseingeschichte der bundesrepublikanischen Gründerjahre sollte hinter der Unheilsgeschichte des Dritten Reiches ein ›anderes‹ Deutschland sichtbar werden, mit dem sich die Aufbaujahre identifizieren konnten. In dieser geheimen Verdrängungs- und Verarbeitungsgeschichte der Nachkriegszeit bleiben gerade die Fiktionen des Offiziers unangefochten – ja werden noch einmal neu aufgerichtet durch den Mythos eines Widerstands, der die nationalsozialistischen Uniformen als Äußerlichkeit entlarvt, den Nationalsozialismus theatralisch verabschiedet und die ›inneren‹ Werte der Männlichkeit als neues Credo des ›guten‹ Offiziers befestigt.

Zwei Jahre nach der Verfilmung von »Des Teufels General« wurde auch »Der Hauptmann von Köpenick« verfilmt, als deutscher Beitrag auf der Biennale von Venedig 1956 gefeiert und schließlich als ein früher Exportschlager der deutschen Filmkunst in ganz Europa gezeigt. Im selben Jahr wird in Deutschland die allgemeine Wehrpflicht eingeführt. Das militärische Laufbahnwesen kehrt dadurch wieder in die deutsche Gesellschaft zurück. Der dabei propagierte »Staatsbürger in Uniform« sollte genau jene Uniformen neu definieren, deren preußisch-nationalsozialistische Vergangenheit die Zuckmayer-Stücke eben der Lächerlichkeit preisgegeben und in die historische ›Vorzeit‹ befördert haben. Ins neue Recht gesetzt wurden aber gerade in jenen bundesrepublikanischen Jahren erneut solche Bestandteile der militärischen Fiktionen, die schon immer für die Zierde der Offiziersuniform gesorgt hatten: die Zeichen der Laufbahn und die Zeichen der Männlichkeit.

Anmerkungen

1 Georg Simmel, Zur Psychologie der Frauen, in: Schriften zur Philosophie und Soziologie der Geschlechter, Frankfurt/Main 1985, S. 27–59, S. 44f.

2 Vgl. John Smith, Wie ›männlich‹ ist der Wille? Ein philosophischer Grundbegriff, andersherum gedacht, in: Walter Erhart, Britta Herrmann (Hg.), Wann ist der Mann ein Mann? Zur Geschichte der Männlichkeit, Stuttgart/Weimar 1997, S. 114–133.

3 Art. »Lauf-Bahn«, in: Oeconomische Encyklopädie, zit. in: Georg Stanitzek, Genie: Karriere/Lebenslauf. Zur Zeitsemantik des 18. Jahrhunderts und zu J. M. R. Lenz, in: Jürgen Fohrmann (Hg.), Lebensläufe um 1800, Tübingen 1998, S. 241–255, hier S. 244.

4 Daniel von Czepko: Cosolatio ad Baronissam Cziganeam (17. Jahrhundert), zit. in: Fohrmann 1998, S. 246.

5 Vgl. Rudolf Stichweh, Lebenslauf und Individualität, in: Fohrmann 1998, S. 223–234.

6 Ein Überblick über die germanistische Forschung zu diesem Drama findet sich jetzt in kompakter Form bei Wolfgang Albrecht, Gotthold Ephraim Lessing, Stuttgart, Weimar 1997, S. 52–60.

7 Gotthold Ephraim Lessing, Werke 1767–1769, hg. v. Klaus Bohnen, Frankfurt/Main 1985, S. 45.

8 Lessing 1985, S. 45f.

9 Lessing 1985, S. 61.

10 Lessing 1985, S. 84.

11 Lessing 1985, S. 86.

12 Lessing 1985, S. 99, S. 101.

13 Lessing 1985, S. 100.

14 Lessing 1985, S. 100f.

15 Zur kontroversen Diskussion des Dramenschlusses vgl. Wilfried Barner, Gunter E. Grimm, Helmuth Kiesel, Martin Kramer, Lessing. Epoche–Werk–Wirkung, München 1987, S. 266ff.

16 Lessing 1985, S. 110.

17 Theodor Fontane, Große Brandenburger Ausgabe, hrsg. v. Gotthard Erler. Das erzählerische Werk. Bd. 6. Schach von Wuthenow, Berlin 1997, S. 49.

18 Fontane 1997, S. 139.

19 Die germanistische Forschung hat sich sehr häufig und mit sehr unterschiedlichen Resultaten an dieser Motivsuche beteiligt. Vgl. zuletzt etwa Hugo Aust, Theodor Fontane. Ein Studienbuch, Tübingen, Basel 1998, S. 85ff.

20 Uwe Johnson, Jahrestage, Bd. 1-4, Frankfurt/Main 1988, S. 1704.

21 Fontane 1997, S. 24f.

22 Fontane 1997, S. 68.

23 Gabriele Brandstetter, Gerhard Neumann, »Le laid c'est le beau«. Liebesdiskurs und Geschlechterrolle in Fontanes Roman »Schach von Wuthenow«, in: Deutsche Vierteljahresschrift 72, 1998, S. 243–267.

24 Fontane 1997, S. 119 f.
25 Fontane 1997, S. 153.
26 Fontane 1997, S. 153 ff.
27 Fontane 1997, S. 158.
28 Fontane 1997, S. 154.
29 Vgl. Ute Frevert: Ehrenmänner. Das Duell in der bürgerlichen Gesellschaft, München 1991.
30 [Ludovica Hesekiel:] Schach von Wuthenow. In: Neue Preußische Zeitung 1882. Zit. in: Theodor Fontane. Schach von Wuthenow. Erläuterungen und Dokumente. Hg. v. Walter Wagner, Stuttgart 1980, S. 78.
31 Carl Zuckmayer, Der Hauptmann von Köpenick. Ein deutsches Märchen in drei Akten, Frankfurt/Main 1995, S. 24.
32 Zuckmayer 1995, S. 54.
33 Zuckmayer 1995, S. 38.
34 Zuckmayer 1995, S. 10.
35 Zuckmayer 1995, S. 54.
36 Zuckmayer 1995, S. 55.
37 Anthony Grenville: Authoritarianism subverting democracy: The politics of Carl Zuckmayer's »Der Hauptmann von Köpenick«. In: Moderne Language Review 91, 1996, S. 635–647.
38 Zuckmayer 1995, S. 37.
39 Zuckmayer 1995, S. 112.
40 Zuckmayer 1995, S. 113.
41 Klaus Theweleit, Männerphantasien. 2 Bde., Hamburg 1980.
42 Carl Zuckmayer, Des Teufels General. Drama in drei Akten, Frankfurt/Main 1996, S. 19.
43 Zuckmayer 1996, S. 99.
44 Zuckmayer 1996, S. 100.
45 Über die Inszenierungen von »Minna von Barnhelm« als »Heimkehrer- und Nachkriegsstück« nach 1945 vgl. Barner u. a. 1987, S. 278 ff.
46 Vgl. Dirk Niefanger, Die Dramatisierung der ›Stunde Null‹. Die frühen Nachkriegsstücke von Borchert, Weisenborn und Zuckmayer, in: Walter Erhart, Dirk Niefanger (Hg.), Zwei Wendezeiten. Blicke auf die deutsche Literatur 1945 und 1989, Tübingen 1997, S. 47–70, hier S. 49.
47 Zum durchaus zwiespältigen Erfolg Zuckmayers in der frühen Bundesrepublik vgl. Hannelore Schlaffer, Dichtet für Deutschland. Carl Zuckmayers Werke vor und nach dem Krieg, in: Merkur 578, 1997, S. 456–461.

Karin Wieland

Die Offizierstochter

Marlene Dietrich aus Berlin

In keinem ihrer Filme war Marlene Dietrich preußischer als in dem 1961 gedrehten »Judgement at Nuremberg«. Sie spielt darin die unnahbare Witwe eines deutschen Generals, der von den Amerikanern seiner Verbrechen wegen hingerichtet worden ist. Ihr Gegenspieler, den sie von der Unschuld des deutschen Volkes überzeugen will, ist der amerikanische Richter Dan Haywood, dargestellt von Spencer Tracy. Er kam nach Nürnberg, um über Richter, die mit den Nazis kooperiert hatten, Recht zu sprechen. Dan ist fasziniert und angezogen von der Haltung und Schönheit der Witwe Bertholt. Sie macht ihn mit deutschem Moselwein und deutscher Musik bekannt. Sein Mitgefühl weist sie zurück. Was eine deutsche Offizierstochter ausmacht, erklärt sie ihm beim Zubereiten des über den Krieg geretteten Bohnenkaffees:

»Ich bin nicht zerbrechlich. Mein Vater war Offizier. Und was das bedeutet, wissen Sie sicher. Es bedeutet, ich habe Disziplin gelernt, eine unerbittliche Disziplin. Als ich ein Kind war, pflegten meine Eltern mich bei ihren Ausflügen aufs Land mitzunehmen. Aber es wurde mir nicht erlaubt, mit anderen Kindern zusammen zum Limonadenstand zu laufen. Bezwinge deinen Durst, bezwinge deinen Hunger – beherrsche deine Gefühle. Das half mir später«.

Die Soldatenwitwe und Offizierstochter nimmt für sich in Anspruch, das bessere Deutschland zu verkörpern: Sie betont ihre antinazistische Einstellung und die Notwendigkeit zu vergessen. Doch was sein Rechtsempfinden betrifft, bleibt der Amerikaner unbestechlich. Er verurteilt alle Angeklagten zu lebenslänglichem Zuchthaus. Die Witwe Bertholt verzeiht ihm nicht. Am Ende vermag sie trotz ihrer Willensstärke ihren Haß auf die Amerikaner nicht zu bezwingen. Die Soldatentochter weigert sich, sich dem universalistischen Prinzip der Amerikaner zu beugen. Sie beharrt auf der nationalen Unversehrtheit der Deutschen. Ihre ablehnende Haltung Hitler gegenüber begründet sie allein mit ihrer Herkunft. Sie ist Teil eines Deutschland, in dem nur der Stand zählt. Der Offiziersstand galt im wilhelminischen Deutschland als der »erste Stand im Staate«. Ihm anzugehören, verpflichtete zu Haltung, Kultur und Sieg.

Diesen Grundsätzen treu zu sein, reklamierte auch die Künstlerin Dietrich für sich. Sie hat nicht nur ihren Mythos auf dem Bild von der deutschen Offizierstochter aufgebaut, die »schöne Kunst der Marlene Dietrich« (Dolf Sternberger) ist ohne ihren militärischen Hintergrund nicht zu verstehen.

I. Die Generation

Marlene Dietrich wurde am 27. Dezember 1901 in Schöneberg geboren; sie gehört zur »überflüssigen Generation«. Man unterscheidet drei durch den Krieg geprägte Generationen: die junge Frontgeneration der 1890er Jahre, welche die Vorkriegsjugendbewegung einschließt, die »überflüssige Generation« der 1900 bis 1907 Geborenen und schließlich die Nachkriegsgeneration der nach 1910 zur Welt Gekommenen. Die »überflüssige Generation« hatte eine Kriegsjugend verbracht und fand sich im Frieden wieder. Der Krieg war eine feste Koordinate in ihrem Leben. Sie waren geschult im Denken in internationalen Zusammenhängen, kannten die Landkarte Europas, auf der sie die Fähnchen der Siege und Niederlagen verteilt hatten. Der Vertrag von Versailles ist Teil ihres Erziehungsromans, sie werden sich auskennen in »Neuer Sachlichkeit«, dem Kinoprogramm und den Diskussionen über den Ödipus-Komplex. Sie sind für den Krieg erzogen worden, ohne das Erlebnis des Krieges für sich beanspruchen zu können. Sie suchten nicht wie die Vorkriegsjugendbewegten den weltabgewandten Rückzug in die Gemeinschaft und den Auszug »aus grauer Städte Mauern«. Die Zeit zur Ausbildung eines autonomen Individualismus fehlte ihnen, denn sie fanden sich ausgesetzt in eine Welt des Untergangs und der Auflösung. Liest man die Eintragungen in ihrem 1912 begonnenen Tagebuch, so wird deutlich, wie sehr der Krieg das Leben des Mädchens Marlene geprägt hat.

»26. September 1914
Krieg! Vater ist verwundet. Schrapnellenschuß, rechter Arm, ist nach Braunschweig gekommen.

9. Oktober 1914
Onkel Willy hat das ›Eiserne Kreuz‹, famos.«[1]

»28. Juni 1917
Ich habe ein Gedicht geschrieben über ›tapfere U-Boote‹.«[2]

In dem Tagebuch zeigt sich uns ein aufgewecktes, junges Mädchen, das voller Ungeduld das Ende des Krieges erwartet. Krieg bedeutete für sie gähnende Leere in einer feldgrauen Welt. Die Mutter hielt fest ihre Hand, wenn sie die Listen der Toten und Vermißten durchging. Dem Kind teilte sich die bange Hoffnung und Verzweiflung der Mutter täglich mit. Krieg, das bedeutete Frieren und Hungern. Krieg war für die Erwachsenen und für die Kinder eine Schicksalsprüfung. Lob oder Anerkennung für vollbrachte Leistungen waren nicht zu erwarten. Man lebte in einer Welt der notwendigen Selbstverständlichkeiten. Von ihrer Mutter wurde sie zur Pflichterfüllung erzogen, sie schulte ihren Willen an den täglichen Entbehrungen und Lieblosigkeiten.

Die andere Seite Marlenes, die in den Tagebüchern festgehalten ist, besteht aus ihren Träumen von Verehrern, Vergnügungen und Freuden. Sie bummelt gerne, läßt sich von jungen Offizieren beim Eis verwöhnen, verliebt sich alle Tage und schwärmt für die Schauspielerin Henny Porten. Doch der Schatten des Krieges ist übermächtig, und ihre prägenden Eindrücke sind die einer kriegerischen Welt.

Richard Alewyn hat 1929 darauf hingewiesen, daß es der Erste Weltkrieg war, der den Generationsbegriff in den Rang eines »historischen Prinzips« erhob. »Freilich hat es wohl noch nie ein so allgemeines (sowohl alle Völker als alle Schichten umfassendes) und dabei chronologisch so scharf markiertes Generationserlebnis gegeben, wie es der Weltkrieg war.«[3] Er prophezeit, die generationsgeschichtliche Betrachtung werde zunehmen und merklich an Einfluß gewinnen. Das gilt in der wissenschaftlichen Literatur allerdings nur für die Männer. Zugespitzt kann man formulieren, daß nur dasjenige Geschlecht Berücksichtigung findet, das das Zeug zum Bürger hat, also Steuern zahlt und Wehrdienst leistet. So gesehen bleibt das Generationenkonzept dem 19. Jahrhundert verhaftet. Es wird übergangen, daß die umwälzenden Veränderungen für Frauen und Mädchen sich gerade zwischen den Jahrhunderten beziehungsweise vor und nach dem Ersten Weltkrieg ereigneten: das Recht auf Bildung und die Teilnahme an der Politik. Gerade für die zwischen 1890 und 1910 Geborenen ist das Geschlecht entscheidendes Kriterium für die Definition sich polar gegenüberstehender Generationseinheiten im gemeinsam erlebten Generationszusammenhang. Selten ist der durch Gesellschaft und Politik vorgegebene Rahmen für Männer und Frauen so anders und gleichzeitig so bestimmend gewesen wie in dieser durch Krieg und Emanzipation geprägten Zeit. Die Revolution von 1918 entläßt die Frauen als Figuren des öffentlichen Lebens. Die 1901 geborene Marlene Dietrich kann als idealer Fall für ein weibliches Modell offensiver Subjektivierung vor dem Hintergrund von Emanzipation und Krieg gelten. Aber um dies zu verstehen, gilt es außer Generation und Geschlecht noch die Frage der Herkunft zu klären.

Karl Mannheim betont in seinem berühmten Generationenaufsatz die Notwendigkeit des Tradierens ererbten Kulturguts. Die neue Generation wächst in die von der Familie vermittelten Lebenshaltungen und Gefühlsgehalte hinein. Diejenigen Einstellungen, die nach Mannheim den »Fonds des Lebens« ausmachen, werden ungewollt übernommen. »Deshalb ist auch jener Fonds, der in der ersten Jugendzeit durch ›Milieuwirkung‹ einfach einsickert, oft die historisch älteste Schicht im Bewußtsein, die als solche die Tendenz hat, sich als natürliches Weltbild festzulegen und zu stabilisieren.«[4]

Marlene Dietrich war die Tochter zweier preußischer Offiziere. Ihr leiblicher Vater, Louis Erich Otto Dietrich, wird als ein typischer Wilhelminer beschrieben. Er wurde 1868 im selben Jahr wie Gustav Noske geboren. In den neunziger Jahren dient er bei den Ulanen, einer Reitertruppe, die seit dem Einigungskrieg 1870/1871 einen hohen Symbolwert genoß. In den Karikaturen des französischen »Erbfeindes« werden sie zumeist als Inbegriff des preußischen Militarismus dargestellt: mit fiesen Visagen, Monokeln und langen Lanzen. Nach der Ableistung eines fünfjährigen Dienstes bei dieser Truppe wurde Dietrich Polizeioffizier in Schöneberg. Auf dem Hochzeitsfoto von 1898 sieht man einen untersetzten dreißigjährigen Mann mit nach oben gezwirbeltem Schnurrbart in Uniform. Seine rechte Hand ruht auf dem Knauf seines Säbels, linkerhand von ihm sitzt seine zarte

Braut Josephine. Sie stammte aus einer wohlhabenden Berliner Uhrmacherfamilie, und die Heirat mit dem mittelmäßig begabten Polizeioffizier bedeutete für sie eher einen gesellschaftlichen Abstieg. Die Ehe scheint nicht glücklich gewesen zu sein, denn bereits 1906 sind sie mit unterschiedlichen Anschriften im Berliner Adreßbuch eingetragen. Dietrich starb 1907. In der Erinnerung seiner berühmten Tochter wird nicht zwischen dem leiblichen und dem Stiefvater getrennt, sie verschmelzen zu einer Figur in Uniform. »Mein Vater: hohe, imposante Statur, Ledergeruch, glänzende Stiefel, eine Reitpeitsche, Pferde. Meine Erinnerung war verschwommen, undeutlich, in Dunkel gehüllt von einer Macht, die eine klare Vorstellung von ihm nicht zuließ.«[5]

1911 heiratet die Witwe Dietrich den zweiten Offizier. Dieses Mal war es ein gesellschaftlicher Aufstieg, denn sie avancierte von der Haushälterin des Eduard von Losch zu dessen Gattin. Der neue Stiefvater war adelig, wohlhabend und Berufsoffizier bei den Königlichen Grenadieren, einer Elitetruppe der Infanterie. Die siegreichen Einigungskriege hatten den Offiziersstand aufgewertet. Vor allem in Preußen waren die Offiziere das gesellschaftlich bestimmende Vorbild, was Habitus, Werte und Normenkanon anbelangt. Auch noch am Ende des 19. Jahrhunderts dominierte in Preußen der Adel im Offizierkorps. Das Herkunftsprofil des preußischen Offizierkorps blieb zwischen Revolution und Erstem Weltkrieg konstant. In keinem der westlichen Länder besetzte das Militär einen derartig hohen Rang in der Prestigehierarchie wie im kaiserlichen Deutschland. Durch die Heirat mit einem adeligen Offizier entkam die Uhrmachertochter der nüchternen Bürgerlichkeit ihrer Herkunft. Zum Zeichen ihrer herausragenden Stellung war den Offizieren unter Wilhelm II. das Ziviltragen verboten. Die Frau hatte mit einem Offizier als Ehemann immer auch einen an seiner Uniform erkennbaren Ehrenmann neben sich. Von Losch stammte aus einer reichen Dessauer Familie und befand sich im Range eines Hauptmanns. In ihren Erinnerungen beschreibt Marlene Dietrich den Lebensstil in ihrem Elternhaus als durchaus standesgemäß: Die Mutter wird in Verbindung gebracht mit Klavierspiel, Abendkleidern und Parfüm; der Vater sitzt in der Bibliothek und raucht eine Zigarette. Sie und ihre Schwester werden von Gouvernanten erzogen und lernen gutes Deutsch.

Es wird Krieg, und der neue Vater muß ins Feld. Liest man Marlene Dietrichs Tagebucheintragungen der Kriegsjahre, so gewinnt man den

Eindruck, als habe die Abwesenheit des Vaters ihre Liebe und Bewunderung für ihn verstärkt, während sie unter der strengen Zucht der Mutter zunehmend litt. Es war nun der Mutter übertragen, den Stand des Vaters zu vertreten. Sie kommt ihrer Aufgabe nach, indem sie auch in der schwierigen Kriegssituation Haltung bewahrt und den Kindern gegenüber den Tugendkanon der Offiziere hochhält. Das nützliche Leben, die Pflichterfüllung, Disziplin und die Ausbildung eines starken Willens stehen dabei im Mittelpunkt. Am 16. Juni 1916 fällt Eduard von Losch an der Ostfront.[6] Marlene bleibt zurück in einer vaterlosen Welt. Es war nicht nur ihr zweiter Vater gestorben, sondern mit der Niederlage der Deutschen und der November-Revolution ging dem Offiziersstand sein allmächtiger Bezugspunkt, der Kaiser, verloren. Wilhelm II. als das ideologische und persönliche Zentrum des Offizierkorps floh nach Holland und ließ seine Getreuen führerlos zurück. Marlene notiert am 9. November 1918 in ihrem Tagebuch:

»Warum muß ich diese schreckliche Zeit miterleben. Ich wollte doch eine goldene, frohe Jugend haben. Und nun ist es so gekommen. Der Kaiser tut mir so leid und all die andern! Heute nacht soll es schlimm hergehen. Der Mob fällt über jeden her, der im Wagen fährt. Wir hatten ein paar Damen zum Tee gebeten, keine ist durchgekommen. Nur die Gräfin Gersdorff. Ihrem Mann ist von bewaffneten Soldaten auf dem Kurfürstendamm die Kokarde abgerissen worden. Wo man hinsieht rote Fahnen. Was das Volk nur will. Es hat doch jetzt, was es will.«[7]

Die Offizierstochter wuchs auf mit dem Gebot der absoluten Pflicht und Treue gegenüber dem Kaiser. Seit der Herausbildung des neuzeitlichen Offizierskorps blieb das Recht der Ernennung sämtlicher Offiziere dem herrschenden Fürsten vorbehalten. In Preußen gründete ihre Sonderstellung gerade darin, daß sie als Repräsentanten der absoluten Macht des Fürsten galten. In den protestantischen Ländern war der Fürst zudem der Oberste der Landeskirche, was die Bindung an ihn im Gegensatz zu den katholischen Ländern noch verstärkte. Ihm allein war der preußische Offizier verpflichtet. Wie man an der Tagebucheintragung sieht, fühlt sich auch Marlene Dietrich qua Herkunft in besonderem Maße mit dem Monarchen verbunden und nicht dem Volk zugehörig. Sie wurde in der Tradition des ersten Standes im Staate erzogen, doch alt genug, um eine gesellschaftliche Stellung einzunehmen, ist der Vater als Standesvertreter tot und der Staat, in dem sie zu den ersten gehören soll, schmählich untergegangen. Der echte Offizier und Stiefvater hatte ihr das »von« im Namen hinterlassen und damit auch die Verpflichtung, angemessen zu leben. Materiell war dies nicht mehr möglich, und die zweimal verwitwete Mutter versuchte, mit Sitte und Anstand dem gesellschaftlichen Abstieg zu trotzen. Bei Marlenes älterer Schwester Elisabeth zeitigten ihre Bemühungen einen bescheidenen Erfolg: Sie wird Lehrerin und heiratet. Marlene dagegen gehört der neuen Zeit an: Sie wählt die Unabhängigkeit und den Glamour.

II. Der Anschluß

Die Weimarer Republik begann für Marlene Dietrich mit dem Entschluß der Mutter, die Tochter ins Internat zu stecken. Als Gegenpol zum dekadenten Berlin wählte sie Weimar. Vielleicht wollte sie damit anknüpfen an die Tradition der Weimarer Klassik, die letztlich auch nichts anderes als eine Reaktion auf eine Krisenerfahrung gewesen war. Durch den universalen Anspruch der Weimarer Klassik gelang im 18. Jahrhundert die Kompensation der kleinstaatlichen Realität. Die fehlende nationale Identität wurde durch ein hehres Kunstprogramm ersetzt. Auch Marlene sollte nach dem Wunsch der Mutter in Weimar zur Künstlerin werden; sie setzte dort ihre in Berlin begonnene musikalische Ausbildung fort. 1921 holt sie Josephine von Losch zurück nach Hause. Sie erhält weiterhin Geigenunterricht, bis ein Nervenleiden im Arm sie zwingt, den Traum von einer seriösen Künstlerkarriere zu begraben. Sie schreibt in ihrer Autobiographie, ihre Mutter hätte sicherlich gern einen Mann an ihrer Seite gehabt, der ihr geholfen hätte zu entscheiden, was mit dieser Tochter werden soll. »So erstaunlich das auch scheinen mag, an die Stelle meines Vaters trat ich – und zwar gegen den Willen meiner Mutter«.[8]

Marlene Dietrich markiert mit ihrem gegen den Willen der Mutter gefaßten Beschluß, zum Theater zu gehen, den Beginn ihrer selbstexperimentellen Phase. Sie nutzt das Paradox ihrer Generation, ihres Geschlechts und ihres Standes: Der Krieg hatte ihrem gesellschaftlichen Status ein Ende bereitet und gleichzeitig bot die neuentstandene Republik jungen Frauen ungeahnte Chancen der öffentlichen Teilnahme.

Für Robert Musil war es der Krieg, der den Frauen die Scheu vor den Idealen des Mannes genommen hatte: »Die Frau ist es müde geworden, das Ideal des Mannes zu sein, der zur Idealisierung nicht mehr die rechte Kraft hat, und hat es übernommen, sich als ihr eigenes Wunschbild auszudenken.«[9] Der ritterliche Liebesbegriff der deutschen Männer, die auszogen, um ein Reich zu erobern, war in den Materialschlachten des Ersten Weltkrieges untergegangen. Die Frauen gewannen dadurch neue Bewegungsfreiheit und konnten sich von den Zwängen der Kaiserzeit befreien. Betont wurden nicht mehr wie zu wilhelminischen Zeiten das Dekolleté, die Hüften und die Taille, sondern die Beine. Die Frauen gaben mit ihren nylonbestrumpften Beinen das Tempo der neuen Zeit an. Die Technik des Films und der Fotografie machte sie zu professionellen Darstellerinnen ihrer selbst, die den Blick des Mannes nicht erleiden, erhoffen oder hinnehmen, sondern diesen selbstbewußt einfordern oder herstellen. Von Joseph Roth stammt die Feststellung, diese Zeit in Berlin habe man nicht malen, sondern nur fotografieren können. Der Platz des Zentralobjekts »Kaiser« war leer, und so fiel in dieser deutschen Nachkriegszeit die Wirklichkeit in viele Dimensionen und einzelne Aspekte auseinander. Der Verlust der starren politischen Rahmung brachte eine neue politische Kultur hervor. Kultur und Politik der Weimarer Republik sind untrennbar mit dem Bild Berlins und dem der »neuen Frau« verbunden.

Marlene Dietrich wird eine der vielen Theaterdebütantinnen aus gutem Hause. Sie fällt weniger durch ihr Talent, denn durch ihre Garderobe und ihr hübsches Gesicht auf. Als Offizierstochter weiß sie um den hohen Wert der Ausstattung, und sie beginnt früh, sich eine Art eigene Requisitenkammer anzulegen. Im Gegensatz zu ihrer Mutter hat sie begriffen, daß es nicht mehr darum geht, den Schein zu wahren, sondern mit dem verlorenen Schein zu spielen, ihn in der neuen Republik ironisch zu kommentieren. Bestes Beispiel für den Umgang Marlenes mit dem wilhelminischen Offizierserbe der Väter ist ihre Verwendung des Monokels. Sie berichtet, das Monokel habe in den zwanziger Jahren als »der Gipfel der ›Makabren‹« gegolten und ihre Mutter, die den Film ebensowenig wie das Theater mochte, habe ihr das väterliche Monokel für ihre Schauspielerei überlassen. Ihr späterer Mann, der Filmproduktionsassistent Rudolf Sieber, sei der Ansicht gewesen, sie wirke »aufreizender« mit Monokel. Das Monokel galt als unverzichtbares Symbol eines wilhelminischen Ehrenmannes. Ohne das Monokel wirkte das Gesicht eines Wilhelminers nackt. Das Tragen eines Monokels war dem männlichen Geschlecht und darunter nur den Ehrenmännern vorbehalten. Das Monokel drückt eine ganz bestimmte Kommunikationsform aus. Es existiert eine an einen bestimmten Ehrenkodex gebundene Verständigung unter den Monokelträgern, die alle diejenigen ohne Monokel ausschließt. Das Monokel ist symbolischer Ausdruck für das Selbstverständnis eines höchstrangigen Standes, der sich deutlich sowohl vom anderen Geschlecht als auch von anderen Teilen der Gesellschaft abheben will. Monokelträger sind unter sich, sie signalisieren durch diese eigentümliche Maskierung ihres Gesichts, daß sie ihre Umgebung nach ihnen vorbehaltenen Kriterien wahrnehmen. Wird das Monokel fallengelassen, so ist dies ein Zeichen dafür, daß man nichts gesehen hat oder sieht. Diese Reaktion ist vorwiegend an unehrenhafte Situationen im Zusammenhang mit Sexualität gebunden. So würden zwei Ehrenmänner bei einem zufälligen Treffen im Bordell ihre Monokel fallenlassen, und ihre Ehre bliebe dadurch gewahrt.

Wenn die Offizierstochter Marlene Dietrich mit einem Monokel und in einem freizügigen Kleid ihren Auftritt hat, so drückt sie damit aus, daß sie in die Sonderkommunikation der Ehrenmänner eingeweiht ist. Die Frau bricht ein in das dem Manne vorbehaltene Feld der Ehre. Deutlich sichtbar nutzt sie das einstige Symbol männlicher und ständischer Überlegenheit als Accessoire einer *femme fatale*, die die Wünsche und Regeln der Männer kennt und der kein Ehrenmann etwas vormachen kann. Das Ideal des Mannes ist beschädigt, und die Weltbilder von einst haben ihre Prägekraft eingebüßt. Die Werte der ehemaligen Standesvertreter wirken wie makabre Relikte in der neuen und schnellen Republik. Die Offizierstochter Marlene Dietrich setzt das väterliche Erbe des Wilhelminismus ein, um es ironisch zu zerspielen. Sie begründet darauf ihren Erfolg, der sich dem Hang der Zeit zur Maskierung und zum Surrogat verdankt.

In den zwanziger Jahren dreht sie siebzehn Stummfilme und wirkt in zahlreichen Theaterproduktionen mit. Sie ist verheiratet mit dem bereits erwähnten Rudolf Sieber und hat eine kleine Tochter. In ihrem Tagebuch finden sich Eintragungen darüber, daß sie gutes Geld verdient, ihr Kind über alles liebt und doch so etwas wie eine innere Leere verspürt. Die Zeiten werden immer aufregender und schneller, doch ihr Leben und ihre künstlerische Karriere scheinen zu stagnieren.

Das sollte sich 1929 mit dem Auftreten des österreichischen Regisseurs Josef von Sternberg ändern. Er war von Hollywood nach Berlin gekommen, um für die »Erich-Pommer-Produktion« einen Film zu drehen. Aus Hollywood kamen auch der Hauptdarsteller Emil Jannings und die Technik des Tonfilms. Der Filmstoff war deutsch: Man einigte sich auf den 1905 erschienenen Roman »Professor Unrat« von Heinrich Mann. Wer nun eigentlich von Sternberg zu seiner Lola führte, bleibt nach wie vor umstritten. Fest steht, daß er die Dietrich gegen die ausdrückliche Abneigung seines Hauptdarstellers durchsetzte. Berlin, die Kulisse seiner Entdeckung, empfand der Regisseur als eine Stadt, der alle normalen Maßstäbe abhanden gekommen waren. Hunger, Inflation, politisches Chaos und der Verlust aller Werte führten dazu, daß Moral zu einer Seltenheit wurde. Berlin wollte Unterhaltung, und in den Nachtklubs, Theatern und Kabaretts drängten sich Schauspieler, die darauf warteten, entdeckt zu werden. Für die Rolle der Lola hatten sie sich alle beworben, doch keine gefiel dem kleinen Mann aus der Neuen Welt. In dem Stück »Zwei Krawatten« schließlich sah er Marlene Dietrich auf der Bühne. »Sie lehnte sich mit kalter Verachtung für die grotesken Possen an die Kulissen. Das stand in deutlichem Gegensatz zu dem Übereifer der anderen, denen man gesagt hatte, sie müßten mir ein Beispiel der großen Schauspielkunst auf deutschen Bühnen liefern. Sie wußte auch, daß ich mich unter den Zuschauern befand, aber das schien sie nicht zu berühren, und meine Anwesenheit war ihr gleichgültig.«[10]

Auch bei der Vorstellung in von Sternbergs Büro behält Frau Dietrich ihre auffällige Lethargie bei. Er mußte feststellen, daß sie in der Theater- und Filmwelt nicht unbekannt war: »Offenbar hatte sie jeder in Berlin schon lange vor mir ›entdeckt‹.«[11] Josef von Sternberg suchte für die Lola die Doppelgängerin einer Figur, die Félicien Rops in einem anderen Land und in einem anderen Jahrhundert gezeichnet hatte. Rops war ein Seelenverwandter seines französischen Bewunderers Charles Baudelaire. Er gibt in seinen Graphiken und Gemälden die Ekstase der Desillusionierung wider und führt dem Betrachter die Sinnlosigkeit des Begehrens vor Augen. In Marlene glaubte von Sternberg das Duplikat einer Rops-Figur gefunden zu haben. Seine Wahl sollte sich als richtig erweisen, er schuf mit dem »Blauen Engel« nach seinen eigenen Worten ein »Denkmal auf Zelluloid«. Es ist dies sowohl ein Denkmal für Marlene Dietrich als auch für die Weimarer Republik. Was ist nun das Einmalige an dem Film und seiner Hauptdarstellerin?

Der Gymnasialprofessor Raat trifft in Gestalt der Lola auf ein Wesen, das einer anderen Macht unterstellt ist. »Er erstarrte – sie war kein entlaufener Schüler, der sich widersetzen wollte und sein Leben lang unter die Fuchtel gehörte; so waren alle in der Stadt, alle Bürger. Nein, sie war etwas Neues. (...) Sie war eine fremde Macht und augenscheinlich fast gleichberechtigt.«[12] Professor Raat als Vertreter des hohenzollernschen Machtstaates ist der Fremde, der sich in der »Halbwelt« des Kabaretts verfängt. »(...) die Kultur- und Zivilisationsmuster der Gruppe, welcher sich der Fremde nähert, sind für ihn kein Schutz, sondern ein Feld des Abenteuers, keine Selbstverständlichkeit, sondern ein fragwürdiges Untersuchungsthema, kein Mittel um problematische Situationen zu analysieren, sondern eine problematische Situation selbst und eine, die hart zu meistern ist.«[13] Im Film geht Raat zu Grunde, es gelingt ihm nicht, mit seiner selbstverschuldeten Degradierung fertig zu werden.

Carl Schmitt hat in einem Text über seine Berliner Jugend 1907 den Habitus seiner Professoren beschrieben. Sie schwankten zwischen »ästhetischer Ich-Entfesselung« und »ethischer Ich-Panzerung«[14]. Professor Raat, der Ich-gepanzerte Standesvertreter erliegt der mephistotelischen Figur einer Frau, der er seine Ich-Entfesselung verdankt. Lola ist das Unbewußte, sie ist eine Versuchungsfigur des Untergangs. Lola bringt den Hüter von Zucht und Sitte dazu, sein anderes Ich zu zeigen. Im Film erinnert am Ende nichts mehr an die stolze Selbstgewißheit des einstigen Repräsentanten wilhelminischer Tugenden. 1929, im Jahr des Börsenkrachs, steht Professor Raat als dummer August auf der Bühne des »Blauen Engels«. Er ist dem Gespött der Kleinstadthonoratioren preisgegeben. 1930 gehen die Nationalsozialisten als zweitstärkste Partei aus den Wahlen hervor, und »Der Blaue Engel« erlebt in Berlin seine Uraufführung. In Raat konnten die Deutschen ihren eigenen Niedergang widergespiegelt sehen. Die im »Blauen Engel« dargestellte Krisensituation eines einzelnen wurde als Ausdruck des sozialen Dramas einer Nation verstanden.

Josef von Sternberg kam mit dem Erbe Wiens nach Berlin. »Mitten in dem großen Topf Europa liegt eine alte Stadt. Sie war einst Mittelpunkt eines mächtigen Reichs. (...) Ein großer Teil des Dramas in meinem Leben, das mich zu vielen, weit voneinander entfernten Plätzen geführt hat, ereignete sich in Wien. Als Kind habe ich dort gehungert, und in (für mich, nicht für Wien) besseren Zeiten saß ich in einsamer

Pracht in der Opernloge, die einst dem Herrscher über das österreichische Kaiserreich vorbehalten war.«[15] Von Sternberg wurde 1894 als Jonas Sternberg in der Hauptstadt des Habsburgerreichs geboren. Als er 14 Jahre alt ist, siedelt die Familie über nach New York. Vom Regieassistent, Autor und Cutter billiger Hollywoodproduktionen arbeitet er sich hoch zum gefragten Mitarbeiter der Paramount. Wien bleibt lebenslang die Stadt seiner Träume und die Quelle seiner Phantasie. Von Sternberg inszenierte sich als einen vornehmen und arroganten Melancholiker aus dem Alten Europa. Die gepflegte Langeweile und das Leiden an der Welt war ebenso wie das dem Namen zugefügte »von« Ausdruck einer nachgeholten Selbstnobilitierung. Er suchte die Gleichgestimmtheit mit einer Monarchie, die Selbstmord begangen hatte. Hugo von Hofmannsthal schrieb 1893: »Wir haben nichts als ein sentimentales Gedächtnis, einen gelähmten Willen, und die unheimliche Gabe der Selbstverdoppelung. Wir schauen unserem Leben zu.«[16] Josef von Sternberg hat den mentalen Zustand des bürgerlich-aristokratischen Ästheten der Wiener Dekadenz ins 20. Jahrhundert hinübergerettet. Doch fand er seine Dramatik nicht wie Hofmannsthal in der Pseudogemeinschaft mit seinem inneren Spiegelbild, er erschuf sich mittels Technik sein eigenes Spiegelbild. In einem Filmportrait für die französische Serie »Cinéaste de Notre Temps« betont er noch als alter Mann die Zweitrangigkeit des Schauspielers. Er ist es, der diesen dazu zwingt Dinge zu tun, die er sich ausgedacht hat. Der Schauspieler ist seinem Willen unterworfen, und der Regisseur gibt ihm seinen Atem ein.

Marlene Dietrich bezeichnete sich selbst als sein »Geschöpf«. Von Sternberg fügte ihr, die als eine unter ihren Stand Gesunkene mit kalter Verachtung und demonstrativer Gleichgültigkeit auf ihre Umgebung reagiert, jene alteuropäische Aura zu, die sie zu ihrer Entfaltung als Bild brauchte. Er hatte in ihr nicht nur eine sehr schöne Frau gefunden, er spürte in ihr eine eigentümliche Mischung aus Vitalität und Depression. 1928 hat Hofmannsthal für ein amerikanisches Magazin einen Text über »habsburgische« Begabungen verfaßt. Als die Basis der in Wien entwickelten Psychoanalyse bezeichnet er »Gefühl für den anderen, Aufmerksamkeit für seine zarteren Regungen«.[17] Mit Hilfe des Takts und dessen emotionaler Logik spürt der Psychoanalytiker das Unbewußte des Patienten auf. Von Sternberg verfügte über diese »habsburgische« Begabung. Instinktiv wußte er, daß Marlene eine Art

Medium der Deutschen war. Das ganze Land befand sich in einem Zustand der Vitalität und Depression. Im hohenzollernschen Machtstaat hatte im Gegensatz zum habsburgischen Vielvölkerstaat der Wille nach Weltbeherrschung und nicht das Weltverständnis dominiert. Es bestand ein Mißverhältnis zwischen den inneren und äußeren Bildern der eigenen Größe. Von Sternberg findet die richtigen Bilder für das beschädigte Größenselbst. Genüßlich berichtet er, daß Fräulein Dietrich in denjenigen Filmen am besten gewesen sei, in denen sie nicht wußte, um was es ging. Marlene Dietrich und Josef von Sternberg drehten sieben Filme miteinander. Da der Schöpfer zunehmend seinem Geschöpf verfiel, gestaltete sich die Zusammenarbeit immer schwieriger. Am Set jedoch blieb alles gleich: Die Schauspielerin folgte den Anweisungen ihres Regisseurs.

Das Geheimnis von Marlene Dietrich, der Offizierstochter aus Berlin, und von Josef von Sternberg, des Melancholikers aus Wien, liegt darin, daß durch ihre Zusammenarbeit eine Art großdeutscher Ästhetik entstand. Sie speiste sich aus dem 19. Jahrhundert, konnte jedoch nur umgesetzt werden mit Hilfe der Technik des 20. Jahrhunderts. Im technisch reproduzierten Bild verschmolzen die Tugenden Preußens mit der Dekadenz Habsburgs. So entstand eine großdeutsche Illusion auf Zelluloid.

III. Der Sieg

1944 verließ Marlene Dietrich Hollywood und ging zur Armee. Sie meldete sich zur Truppenbetreuung bei der USO (United Service Organisations) und erhielt Anweisung, sich in deren New Yorker Hauptquartier zu Proben einzufinden. Kaum in Europa angekommen, entledigte sie sich der zivilen Tracht der USO. Sie trug zwei verschiedene Uniformen: das goldene Paillettenkleid auf der Bühne, und die Eisenhower-Jacke, geschmückt mit diversen Abzeichen, GI-Helm, Kampfstiefel und maßgeschneiderten Hosen im Alltag. Ihre zahllosen Zigaretten pflegte sie mit einem GI-Feuerzeug aus Flugzeugmetall anzuzünden. Die Verwandlung war gelungen: Marlene Dietrich wollte weder einer Krankenschwester noch einer Stewardeß ähneln, sie fühlte sich als »one of the boys«, als Soldatin. Ausführlich schildert sie in ihren Memoiren das Leben im Krieg mit Ratten, Filzläusen, Angst und Bomben. Es war ihre

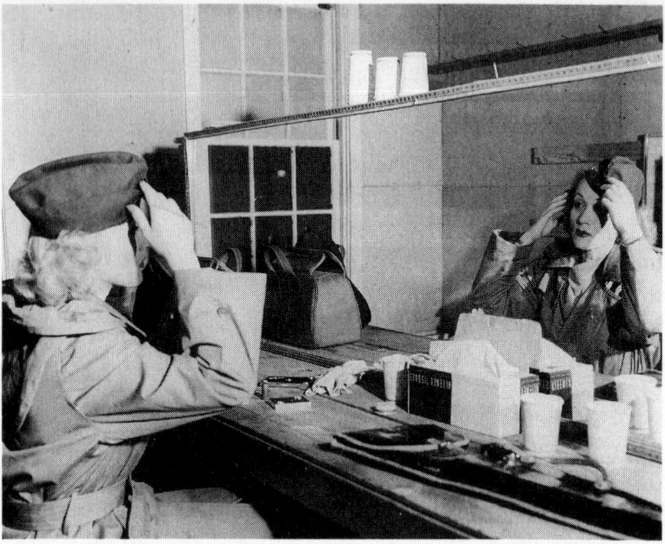

Abb. 3 Marlene Dietrich als »one of the boys« in US-amerikanischer Uniform, 1944.

Aufgabe, die tapferen Jungs zu unterhalten und sie an ihre Heimat zu erinnern. Die Offizierstochter aus Berlin hatte die Rolle gefunden, die sie am liebsten spielte: Sie war der geschätzte Kamerad und die begehrte Frau zugleich. Das von ihr seit Jahren bevorzugte Wechselspiel zwischen den Geschlechtern findet seinen Höhepunkt in der existentiellen Situation des Krieges. Mit ihrer »prachtvollen, warmherzigen Cameraderie« (Carl Zuckmayer) verbreitete sie eine preußische Offizierstugend unter den GIs. Karl Demeter zufolge galt die systematische Pflege und der Geist wahrer Kameradschaft als die vornehmste Pflicht eines jeden preußischen Offiziers im 19. Jahrhundert. Man glaubte, die Kameradschaft stärke die Kampfkraft und wirke sich positiv auf das kollektive Gruppenethos aus.

Marlene Dietrich war 1937 amerikanische Staatsbürgerin geworden. Sie ließ keinen Zweifel an ihrer Verachtung für das nationalsozialistische Deutschland. Der plebejische Snob Adolf Hitler hatte das deutsche Offizierkorps seines Kavalier- und Gentlemanideals beraubt. Die Nazis gaben diese Tradition einem fragwürdigen Volksgemeinschaftsideal preis. Das Vorbild in der Wehrmacht war der Soldat als »politischer Willensträger seines Volkes«, der loyal und in Liebe mit seinem Führer verbunden war. Dietrich setzte diesem angeblich klassenlosen Ideal die Tugenden des preußischen Offiziersstandes entgegen. Paula Kronheimer betont in ihrer Studie über »Grenzglieder des Standes«, daß das ständische Prinzip der Veränderbarkeit zuwiderläuft und daß das Leben nach ständischen Richtlinien immer auch das Vorhandensein bestimmter durch Disziplin erworbener Qualitäten beinhaltet. Dadurch wird auch nach Auflösung des Standes das ständische Ideal am Leben erhalten.[18] Officer Dietrich besiegte mit Haltung, Kultur und ihrem eisernen Willen Hitler. Sie wurde mit der »Medal of Freedom« und drei Orden der französischen Ehrenlegion ausgezeichnet.

Marlene Dietrich bewahrte sich ihre Kameradschaft mit den Soldaten über den Krieg hinaus. Sie ist sicherlich der einzige weibliche Filmstar, der sich mit den Heimgekehrten identifizierte und bereit war, deren Geschichten zuzuhören. Es waren Geschichten aus einem Krieg, die niemand mehr hören wollte. Doch noch etwas blieb ihr aus dem »Großen Krieg« erhalten: Sie hatte die Bühne und den Gesang entdeckt. Die zweite Karriere der Marlene Dietrich als Chanteuse ist ohne den Krieg nicht zu denken. Mit ihren Liedern hielt sie die Erinnerung an das Berlin ohne Hitler und das Gedenken an Krieg und Widerstand wach: Marlene Dietrich ist die Stimme, die Hitlers Gebrüll besiegt hat.

Anmerkungen

1 Maria Riva, Meine Mutter Marlene. München 1992, S. 22.

2 Riva, S. 33.

3 Richard Alewyn, Das Problem der Generation in der Geschichte, in: Zeitschrift für deutsche Bildung 5, 1929, S. 519–527.

4 Karl Mannheim, Das Problem der Generationen, in: ders., Wissensoziologie. Auswahl aus dem Werk. Eingeleitet und herausgegeben von Kurt H. Wolff, Berlin/Neuwied 1964, S. 538.

5 Marlene Dietrich, Ich bin, Gott sei Dank, Berlinerin, Berlin o. J., S. 40.

6 Mitarbeitern der Stiftung Deutsche Kinemathek – Marlene Dietrich Collection Berlin, verdanke ich die Angabe des genauen Todesdatums. Sowohl bei Riva als auch bei anderen Dietrich-Biographen sind die Angaben über die Väter fehlerhaft.

7 Riva, S. 41.
8 Dietrich, S. 59.
9 Robert Musil, Die Frau gestern und morgen, in: F. M. Huebner (Hg.), Die Frau von morgen wie wir sie wünschen, Frankfurt/Main 1990, S. 85–93.
10 Josef von Sternberg, Das Blau des Engels. Eine Autobiographie, München/Paris/London 1991, S. 264.
11 Sternberg, S. 266.
12 Heinrich Mann, Professor Unrat, Hamburg 1995, S. 44.
13 Alfred Schütz, Der Fremde. Ein sozialpsychologischer Versuch, in: ders., Gesammelte Aufsätze. Studien zur soziologischen Theorie, Den Haag 1972, S. 53–69.
14 Carl Schmitt, Berlin 1907, in: Eclectica 47, 1988, S. 11–21.
15 Sternberg, S. 46.
16 Hugo von Hofmannsthal, Prosa I, Frankfurt/Main 1956, S. 148.
17 Hugo von Hofmannsthal zit. nach Gisela von Wysocki, Peter von Altenberg – Bilder und Geschichten des befreiten Lebens, München 1979, S. 3.
18 Paula Kronheimer, Grenzglieder des Standes, in: Kölner Vierteljahreshefte für Soziologie, VI. Jg., 1926/27, S. 248–268.

Hans Richard Brittnacher

Priester und Paria

Der Offizier in der Literatur des Fin de siècle

Die Erfahrung des Ersten Weltkrieges hat die Koordinaten ästhetischer und sozialer Wahrnehmung grundlegend verschoben – 1918 war die Lebenswelt der Belle Epoque endgültig verabschiedet, der Zusammenbruch dynastischer Konstruktionen auch militärisch besiegelt. An die Stelle der Empathie, der beherrschenden kulturellen Einstellung, war die Begeisterung für Militanz und Aktivismus getreten – jenseits der Opfer und seiner Leiden hatten Literatur und Bildende Kunst die Faszination entdeckt, die von Tat und Tätern ausging.

Die Veränderungen am ästhetischen Bild des Offiziers lassen den Wandel der gesellschaftlichen Einstellung zur Gewalt erkennen. Der Offizier des 19. Jahrhunderts war ein letzter Nachzügler des mittelalterlichen Ritters, der noch im Zeitalter der Moderne einem archaischen Ehrbegriff die Treue hielt. Durch schneidiges Verhalten und elegantes Auftreten schimmert das Bild des fahrenden Aventuriers. In der Operettengestalt des Husaren mit Tschako und roter Jacke, Augenklappe und blankgewichsten Stiefeln, der mit dem Säbel in der Hand seine Feinde dezimiert und Frauenherzen dutzendweise bricht, hat dieses Bild des Offiziers im Repertoire der Populärkultur überdauert. Die Untadeligkeit seiner Manieren, der akkurate Sitz der Uniform und der Respekt vor Rang und Ordnung verweisen auf die unbedingte Geltung aristokratischer Prinzipien in der militärischen Lebenswelt. Wie die Orientierung an Gott dem Leben des Priesters seine Richtung gibt, so ist das Leben des Offiziers exklusiv von der Idee des ergebenen Dienstes für seinen Monarchen bestimmt. Die Bereitschaft, für ihn im Kampf zu sterben, ist Privileg seines Standes und Vollendung seines Lebens.

Der Erste Weltkrieg hat seine Spuren in der Mentalität der neuen

Militärs hinterlassen. Der Offizier des 20. Jahrhunderts denkt in den Kategorien von Strategie und Effizienz, nicht in denen der Ästhetik und Religion. Er versteht sich nicht als Statthalter eines Monarchen, sondern als Funktionär militärischer Gewalt im Dienste eines Nationalstaates. Zwar ist auch in diesem Selbstverständnis hinreichend Platz für Heldenmut, aber das leidenschaftliche Interesse des modernen Offiziers gilt weniger dem Selbstopfer als dem Töten anderer. Er zügelt nicht die Gewalt, indem er sie auf sich fokussiert und stirbt, sondern bündelt und organisiert sie im Interesse einer verheerenden Destruktivität. Das Fin de siècle ist die Bruchstelle, an der dieser Einstellungswechsel auch seinen literarischen Niederschlag findet. Rilkes »Weise von Liebe und Tod des Cornets Christoph Rilke« mit seiner pathetischen Zustimmung zum Heldentod, wie ihn der junge Offizier vorbildlich erleidet, atmet noch den Geist des 19. Jahrhunderts (I). Joseph Roths »Radetzkymarsch« führt die unheilbaren Schäden der alteuropäischen Lebenswelt an der Pathographie seiner Offiziersgestalten vor Augen (II). Ein Text wie Walter Flex' »Der Wanderer zwischen beiden Welten« schließlich versucht, die ästhetische Konvention des selbstlosen Opfers auch unter dem neuen Paradigma von Tat und Militanz zu behaupten (III).

I. Dulce et decorum est

Rilkes »Weise von Liebe und Tod des Cornets Christoph Rilke«, nach Auskunft des Autors 1899 in einer stürmischen Herbstnacht niedergeschrieben, wurde nach anfangs nur zögerlichem Absatz zu einem literarischen Sensationserfolg. Später hat Rilke seinen »Cornet« gegen kriegsbegeisterte Zustimmung verwahren wollen, auch seine 1914 geschriebenen bellizistischen »Gesänge« kaum sechs Wochen nach Ausbruch des Krieges bedauernd widerrufen. Aber während Rilke öffentlich auf Distanz zur poetischen Mobilmachung seiner vom Ausbruch des Kriegs wie euphorisierten Dichterkollegen geht, muß er selbst erleben, daß eine poetische Fiktion seiner Jugend ein von seinem Willen unabhängiges Eigenleben angenommen hat.[1] Die Ironie der Rezeptionsgeschichte verwandelte den »Cornet« zum Bestseller: 1912 waren 30000, 1918 bereits 160000 Exemplare verkauft, 1959 wurde die Millionenauflage erreicht. Als Feldausgabe begleitete der »Cornet« die

Soldaten des Ersten und des Zweiten Weltkrieges und belegte in ihrer Lesegunst nach dem »Neuen Testament« und Goethes »Faust« den dritten Platz.

Das Prosagedicht beschreibt in einer suggestiven, von seinem Gegenstand fast berauschten Sprache in 26 unverbundenen Szenen die letzten Tage im Leben des blutjungen Christoph Rilke, im Text zumeist »der von Langenau« genannt, als eine unaufhaltsame Reise in den Tod. Zusammen mit anderen Adligen des christlichen Abendlandes reitet der jugendliche Held tage- und nächtelang durch die Pußta, um sich einem Feldzug gegen die »türkischen Hunde« (238)[2] anzuschließen. Seine Erinnerungen kreisen um unterschiedliche Frauen, er schließt Freundschaft mit einem französischen Marquis, der ihm eine Rose schenkt, und wird mit den rauhen Sitten des Soldatenlebens bekannt: »Kommen Dirnen mit purpurnen Hüten im flutenden Haar. Winken. Kommen Knechte, schwarzeisern wie wandernde Nacht. Packen die Dirnen heiß, daß ihnen die Kleider zerreißen.« (239) Endlich begegnet er dem berühmten Heerführer Spork, der ihm seinen militärischen Rang zuweist: »Neben seinem Schimmel ragt der Graf. Sein langes Haar hat den Glanz des Eisens. (...) Der Spork ist vor allem. Sogar der Himmel ist fort. Da sagt Spork, der große General: ›Cornet‹. Und das ist viel.« (240)

Seine erste Bewährungsprobe besteht der zum Cornet – dem niedrigsten Offiziersrang einer Eskadron, einem Fähnrich vergleichbar – ernannte Jüngling, als er ein von den Türken mißhandeltes Mädchen befreit: »Es bäumt sich ein Leib / den Baum entlang, und ein junges Weib, / blutig und bloß, / fällt ihn an: Mach mich los! / Und er springt hinab in das schwarze Grün / und durchhaut die heißen Stricke; / und er sieht ihre Blicke glühn / und ihre Zähne beißen. / Lacht sie? / Ihn graust. / Und er sitzt schon zu Roß / und jagt in die Nacht. Blutige Schnüre fest in der Faust.« (240 f.) Nach dieser unheimlichen Begegnung mit der Gewalt eines offenbar unbezähmbaren weiblichen Eros schreibt der Cornet voller Stolz seiner Mutter: »Meine gute Mutter, / seid stolz: Ich trage die Fahne«. (241) Um sich von den Strapazen des kriegerischen Lebens zu erholen – »Nicht immer Soldat sein. Einmal die Locken offen tragen« (242) – quartiert er sich auf einem Schloß ein und träumt von soldatischem Ruhm: »Und da träumst du: Geschmückt sein mit ihnen und anders beglückt sein und dir eine Krone verdienen für deine Stirne, die leer ist.« (243) Mit der Schloßherrin verbringt der Cornet eine Liebesnacht. Im Morgengrauen wird das Schloß angegriffen, der Cornet muß die Fahne aus den Flammen retten: »Er läuft um die Wette mit brennenden Gängen, durch Türen, die ihn glühend umdrängen, über Treppen, die ihn versengen, bricht er aus dem rasenden Bau. Auf seinen Armen trägt er die Fahne wie eine weiße, bewußtlose Frau.« (247) Mit der Fahne stürzt er sich in die Meute seiner Feinde: »Es ist viel Fremdes, Buntes vor ihm. Gärten – denkt er und lächelt. Aber da fühlt er, daß Augen ihn halten und erkennt Männer und weiß, daß es die heidnischen Hunde sind –: und wirft sein Pferd mitten hinein. Aber, als es jetzt hinter ihm zusammenschlägt, sind es doch wieder Gärten, und die sechzehn runden Säbel, Strahl um Strahl, sind ein Fest./Eine lachende Wasserkunst.« (248)

Die Zitate dürften eine ungefähre Vorstellung jener eigentümlichen Mischung aus frühgenialischer Formkunst, stilisierter Todessehnsucht und juvenilen erotischen Sensationen vermittelt haben, die Rilkes Prosagedicht zu seiner einzigartigen, kultischen Rezeption verholfen haben. Die formale Virtuosität, auch wenn sie gelegentlich ans Peinliche grenzt, verleiht dem Text das nötige Maß an Klangzauber, Unbestimmtheit und Schicksalhaftigkeit, um die Weise vom Sterben des jugendlichen Offiziers ins Genus des Heldenlieds zu überführen.[3] Das immer wieder an den Satzbeginn plazierte »und« läßt die Monotonie des Kriegerlebens nachempfinden: »Und der Mut ist so müde geworden«. (235) Unpersönliche Satzkonstruktionen geben noch alltäglichen Belanglosigkeiten den Charakter des Elementaren: »Kommen Dirnen (...). Kommen Knechte« (239). Volksliedhafte Schlichtheit und äußerste sprachliche Verknappung verleihen selbst banalen Ereignissen die Prägnanz schicksalhafter Dichte. Der Verzicht auf grammatikalische Vollständigkeit, die Konzentration von Sätzen auf nur ein Wort, wie »Punktum.« oder »Hornruf.«, suggeriert Dringlichkeit, die keine Zeit zu verlieren hat. Selbst Nichtssagendes erscheint, wird es ostentativ ausgespart, als existentiell bedeutsam: »Magdalena, – daß ich immer *so war*, verzeih!« (438) Auch die eigenwillige Interpunktion – »und endlich aus den reifgewordenen Takten: entsprang der Tanz« (242 f.) – gehört in den Bereich der schönen Geste, die besondere Bedeutung erheischt.[4] Der exzessive Gebrauch von Alliterationen rückt den Text in die Nähe magischer Formeln und stimmt den Leser darauf ein, einem Geschehen von besonderer, ja sakraler Bedeutung zu lauschen. Die sentenzenreiche Sprache schließlich gibt Banalitäten als ideelle Preziosen aus: »Kürzer sind die Gebete im Bett. Aber inniger.« (244) In der exemplarischen Welt dieses Heldenlieds ist für Individualität kein Platz: die Frau, die Mutter, der Marquis, Bauern, Dirnen und Knechte sind Typen, keine Individuen. Sie haben die Funktion, eine Welt zu arrondieren, in der das Schicksal sich für Gestalten wie Spork oder »den von Langenau« aufgespart hat.

Dem hochgestimmten Pathos der Sprache entspricht die eigentümliche Unbestimmtheit und Exklusivität ihres Gegenstandes: Nicht um einen bestimmten Feldzug geht es in diesem Gedicht, sondern um den Krieg als solchen. In ihm hat der Tod nur als festliches Erlebnis Platz, nicht als gemeines Sterben. Auf dieser schwärmerisch-vitalistischen Lesart hat Rilke auch später noch in seiner poetischen Selbstauslegung seines »Cornet« bestanden: »Da war nicht Krieg gemeint, da ich dies schrieb,/in einer Nacht. Kaum Schicksal war gemeint,/nur Jugend, Andrang, Ansturm, reiner Trieb/und Untergang, der glüht und sich verneint.«[5] Mit seinem von Todessehnsucht beseelten Protagonisten liefert Rilke seinen Beitrag zur Kulturgeschichte des frühvollendeten Helden, dessen Leben im Verglühen eine Parabel beschreibt: Erwachsenwerden, Gemeinschaft, Eros und Heldentod.

Zwar schweigt der Text vom Anlaß des Krieges und von den Werten, die er verteidigt – aber die Denunziation des Gegners, der türkischen und heidnischen Hunde, die Bauernmädchen blutig und nackt an Bäume binden, ist unverzichtbar, um den lauteren Heldenmut des Cornets herauszustreichen. Die Metaphorik des Textes bringt seinen Tod gar in Verbindung mit dem Selbstopfer von Jesus Christus: Rosenblätter werden wie Hostien gebrochen, die Freundin des Cornet heißt Magdalena wie die Sünderin der Evangelien, vor der Gräfin steht der Cornet »nackt wie ein Heiliger« (244) und schließlich ist auch immer wieder von Wein und Blut, den kultischen Elixieren des christlichen Abendmahls, die Rede. Das kurze Leben des Cornet erscheint als erotischer Kreuzweg, unterschiedliche Verkörperungen des Weiblichen bilden seine Stationen: die Mutter, Magdalena, das blonde Mädchen, die Madonna, die Dirnen mit ihren »purpurnen Hüten« (239), das geschändete und dennoch erotisch provozierende Mädchen, und schließlich die Schloßherrin, in der sich die Imagines von Mutter, Madonna und aristokratischer Geliebten zusammenschließen.[6] In der Begegnung mit ihr ist dem Cornet endlich »das Kindsein (...) von den Schultern gefallen«. (244) Mit nur einem Wort, seinem

»Cornet« (240), hat Spork, die gottgleiche Vaterimago, den jugendlichen Offizier erschaffen[7], die Liebesnacht mit der Gräfin hat ihn endgültig ins Leben entlassen. Die Verbindung des Heldentodes mit der in den Armen der Schloßherrin vollendeten erotischen Initiation insinuiert, der Held sei gewissermaßen im Vollbesitz des Lebens gestorben. Die Schönheit seines Todes in der Schlacht verdankt sich der Reinheit des Lebens, das er opfert: dem gerade erst zum Eros des Lebens erwachten Jüngling ist zum Sündigen keine Zeit geblieben. Seine kurze Frist hat er genützt, um die Fahne zu retten und unter den Säbeln seiner Feinde zu fallen. Alles Profane ist diesem Leben erspart geblieben.

Die mit dem Bild des Offiziers zwingend verbundenen Qualitäten von Männlichkeit, Tatkraft, Energie, Selbstbewußtsein und Autorität verblassen häufig bei ihren literarischen Konterfeis – auch bei Rilkes Cornet. Obwohl ihn die Rezeptionsgeschichte zum mustergültigen Helden beförderte, widerspricht er dem Klischee des männlichen Kriegers: Anders als Spork, der eisengraue Haudegen, ist der Cornet weich und weiblich, mit Locken, die er offen tragen möchte, von schlankem Körperbau, fast kindlich noch, mit heller Stimme und hellem Haar; seine militärische Beförderung verdankt er einer Gunst, nicht eigenem Verdienst. Charakteristisch ist sein zögerliches Handeln bei der Befreiung des gequälten Mädchens: erst als sie ihn anschreit, bindet er sie los und ergreift, noch bevor sie ihm danken könnte, auch schon die Flucht. Eher wird der Cornet zum Handeln genötigt, als daß er aus eigener Kraft handelt, auch die Verführung im Schloß geht von der Gräfin aus, selbst den Tod sucht er nicht willentlich, eine diffuse Gewalt treibt ihn in die Säbel seiner Feinde.

Der unklare Drang, den Tod zu suchen, ist die Externalisierung seines unbedingten Wunsches, sich eine ›Krone für seine leere Stirne zu verdienen‹. Die Sehnsucht nach Ruhm, die auch den eigenen Tod nicht scheut, adelt den jungen Cornet zum Offizier par excellence – eher Erlöser als Krieger, eher Heiliger als Kämpfer. Mit Gestalten wie dem Cornet wird die Jugend auf den Opferdienst am Altar des Vaterlandes eingeschworen. So wie der Cornet die Passion des Erlösergottes nachahmt, sollen die Leser ihrerseits zu Jüngern werden und dem Cornet auf seinem Weg in den Tod bereitwillig folgen. Der vermeintlich gute Zweck der Sache – der Kampf gegen die Ungläubigen – rechtfertigt auch die Hingabe des jungen Lebens; das selbstlose Opfer wiederum heiligt den Krieg. Die Gemeinschaft, der sich der Cornet opfert, ist dank dieses Opfers über jeden Zweifel erhaben. Der Cornet demonstriert, wie beglückend der Tod sein kann, ein Fest, bei dem sich die Sonne in blinkenden Klingen spiegelt. In diesem schönen Sterben ist von der Sinnlosigkeit des Krieges nichts zu spüren. Rilkes Cornet erzählt nichts von den Schrecken des Krieges, aber gibt vor, genug von der Trostlosigkeit des Friedens zu wissen, um das Sterben in Schönheit genießen zu können.[8] Für den im Zivilleben gebändigten Vitalismus der Jugendkraft stellt der Tod in der Schlacht eine Erlösung dar.[9]

II. Väter, Söhne und Enkel

Den opferwilligen Cornet hat Rilkes Text ausdrücklich als Sohn markiert – als Sohn erscheint er vor Spork, als Sohn schreibt er an die Mutter. Carl Joseph von Trotta hingegen, der Protagonist in Joseph Roths Roman »Radetzkymarsch«, stirbt keinen Heldentod, weil der Roman ihm die Rolle des Enkels zugewiesen hat. »Du bist der Enkel des Helden von Solferino« (57)[10] – diese ihm vom Vater immer wieder eingeschärfte Mahnung hat Carl Joseph bis an die Grenze des Identitätsverlustes internalisiert. »Man war ein Enkel des Helden von Solferino, der einzige Enkel. Man fühlte den dunklen, rätselhaften Blick des Großvaters ständig im Nacken!« (79) Der Enkel erstickt im Schatten, den sein Großvater wirft. Der Versuch Carl Josephs, des letzten der Trottas, dem Vorbild des Großvaters auch unter veränderten historischen Bedingungen zu entsprechen, führt zwangsläufig zu Versagen und endet in Todessehnsucht. Die Metapher der Generationenfolge hat neben ihrer fatalen persönlichen Bedeutung auch einen deprimierenden geschichtsphilosophischen Index: Sie charakterisiert das Bewußtsein von Spätzeit und Vergänglichkeit: »Ich bin nicht stark genug für dieses Bild. Die Toten! Ich kann die Toten nicht vergessen! Vater, ich kann gar nichts vergessen!« (204) Der Vater vermutet, daß »der Sohn, (…) weil er jünger war, dem Untergang der Welt näher« (204) sei. Schon der erste Rezensent des Romans hat erkannt, daß es sich bei der Geschichte des Leutnants Trotta um den »beispielhaften und symbolischen Lebenslauf eines ganzen Landes von Enkeln, einer Welt von Enkeln« handele.[11] Roths Roman, erst 1932 erschienen, seziert die Monarchie am Beispiel des Verfalls der vom Kaiser geadelten Familie der Trottas über einen Zeitraum von 50 Jahren. In dem Maße, in dem die Monarchie auseinanderbricht, vergeht auch ihrem letzten Vertreter die Kraft, dem Andenken des Großvaters nachzueifern. In der Schlacht von Solferino, mit der das lange Sterben der habsburgischen Doppelmonarchie einsetzte, hatte der großväterliche Trotta als Infanterieoffizier durch einen spontanen Akt von Insubordination das Leben des Kaisers gerettet und war daraufhin zum Hauptmann befördert und geadelt worden. Seinem Enkel gelingt es nur noch, das Portrait des Kaisers aus einem Bordell zu retten: »›Ich bin sein Enkel!‹, sagte Carl Joseph. ›Ich hab' keine Gelegenheit, ihm das Leben zu retten, leider!‹«(94). Während Joseph Trotta, der Großvater, seinen Abschied eingereicht hat, weil seine Tat in den Lesebüchern des Landes in den Dienst politischer Mythenbildung gestellt worden war, bekennt sich sein Sohn, der mustergültige Beamte Franz Trotta, mit fast blinder Loyalität zur Monarchie: »Er war ein Österreicher, Diener und Beamter der Habsburger, und seine Heimat war die Kaiserliche Burg zu Wien.« (152) Für ihn ist es selbstverständlich, seinen Sohn Carl Joseph der Paradeinstitution der Monarchie, der Armee, anzuvertrauen.

Trotz Roths nostalgischer Verklärung des Habsburgerreichs bleibt sein Blick auf das dem Untergang geweihte Regime unbestechlich. Seine Autopsie verschont auch nicht die glanzvolle Armee des Vielvölkerstaates, deren multiethnische Zusammensetzung die Einheit des Reiches sinnbildlich spiegelte, die sogar Minderheiten überproportional berücksichtigte.[12] Die friedliche Koexistenz unterschiedlicher Ethnien in einer für Kriegszwecke bestimmten, aber friedlichen Körperschaft verhalfen der Armee zu ihrem hohen Ansehen. In Roths Roman erhält sie die Aufgabe, gewissermaßen am eigenen Leibe den Niedergang des Reichs exemplarisch zu erleiden. Was in anderen Zusammenhängen als Besonderheit und Auszeichnung des militärischen Lebens beschrieben wird, erscheint im »Radetzkymarsch« als Anachronismus und leeres Ritual. Nur noch in Ausnahmesituationen erinnert sich Carl Joseph seiner »eigenen, heiligen Aufgabe, für den Kaiser zu sterben, jeden Augenblick« (234), nur zwei Tage später bedauert er bereits wieder seine militärische Existenz. Anders als bei Rilke fühlen sich die Offiziere in Roths Roman nicht als aristokratische Elite, gewissermaßen aus dem gemeinen Leben in eine Sphäre höherer Bestimmung entrückt, sondern als eine Kaste von Parias. Sie sind nicht der Stolz der Gesellschaft, sondern deren Außenseiter, untauglich für das Zivilleben und auf einen obsoleten Kodex männlichen Verhaltens verpflichtet, der ihnen den Ausdruck und die Mitteilung von Gefühlen untersagt: »Er hätte etwas Liebenswürdiges sagen mögen. (...) Er würgte an irgendeiner unbekannten Zärtlichkeit, er wußte nicht, mit Burschen umzugehen!« (79)

Auch die Versuche des Enkels, zumindest mit erotischen Eroberungen an die heroische Tradition des Großvaters anzuknüpfen, werden durch das ironische Arrangement der Erzählung dem Spott ausgesetzt: Den Weg zu seiner Geliebten legt der fünfzehnjährige Kadett im Marschritt zurück, und regelmäßig nach seinen Rendezvous gesellt er sich zum Diener Jacques und läßt sich von diesem die Heldentaten des Großvaters erzählen.[13] Als seine mütterliche Geliebte bei der Geburt seines Sohns stirbt, plant Carl Joseph seinen Kondolenzbesuch bei dem Witwer wie eine Schlacht und hilft sich über seine Verlegenheit hinweg, indem er den Wachtmeister auf seinen niederen Rang verweist. Auch seine späteren Liebesbeziehungen zeigen Carl Joseph nicht als einen jener schmucken Kavallerieoffiziere, von deren legendären Frauenkonsum der Roman an anderer Stelle zu erzählen weiß, sondern als eher passiven Liebhaber, als Objekt und sogar Opfer mütterlicher Frauengestalten.[14] Der polnische Graf Chojnicki hat prägnant das Schicksal der Liebe in einer sterbenden Welt beschrieben: »Die Welt, in der es sich noch lohnte zu leben, war zum Untergang verurteilt. Die Welt, die ihr folgen sollte, verdiente keinen anständigen Bewohner mehr. Es hatte also keinen Sinn, dauerhaft zu lieben, zu heiraten, und etwa Nachkommen zu zeugen.« (228)

Ist der Kodex männlichen Verhaltens nur anachronistisch, so erscheint der Ehrbegriff der Offiziere in seinen Konsequenzen unmenschlich. Wegen einer banalen Respektlosigkeit muß der jüdische Regimentsarzt Demant, um sein Gesicht nicht zu verlieren, den Rittmeister Tattenbach fordern, was er als schlechter Schütze nicht überleben kann. Obwohl er Trottas einziger Freund ist, flüchtet sich dieser beim Abschied in die vorgestanzten Formeln militärischer Kameraderie: »Er griff nach dem Gläschen, hob es in die Luft und sagte mit der starken, angelernten Stimme, mit der man das Kommando hervorzustoßen hatte: ›Auf dein Wohl! Du mußt leben!‹« (124) Demant, auch er in seinem Selbstverständnis der kraftlose Enkel seines übermächtigen Großvaters, eines jüdischen Schankwirts, erinnert den Freund an die elegische Bestimmung ihres gemeinsamen Schicksals: »Du bist der Enkel des Helden von Solferino. Der wäre fast ebenso unsinnig gestorben. Obwohl es ein Unterschied ist, ob man so gläubig wie er in den Tod geht oder so schwachmütig wie wir beide. (...) Unsere Großväter haben uns nicht viel Kraft hinterlassen, wenig Kraft zum Leben, es reicht gerade noch, um unsinnig zu sterben. Ach!« (124 f.)

Nach dem Tod Demants wird Carl Joseph zu einem Jägerregiment an der ukrainischen Grenze versetzt. Die Lage der Kaserne an der Peripherie des Reiches begünstigt die Lockerung der Sitten und die Auflösung der Moral. Die Offiziere versehen nur widerwillig und zumeist halb betrunken ihren Dienst, die Burschen entfernen sich unerlaubt von der Truppe, und Carl Joseph beginnt bald, sich nach den ungeschriebenen Regeln des militärischen Komments durch Frauen, Alkohol und Glücksspiel zugrundezurichten. Wegen ihres überlebten Ehrgefühls und ihrer sozialen Randständigkeit sind Offiziere in der Literatur des 19. und des beginnenden 20. Jahrhunderts tragische Gestalten; ähnlich gefährdet wie Frauen, enden sie zumeist im Duell oder durch Selbstmord.[15] Gerade in Friedenszeiten neigt die Armee, begünstigt durch das Fehlen eines äußeren Feindes, der die aggressive Energie ablenken könnte, zur inneren Korruption. Der marode Zustand der Armee und die desolate psychische Situation Carl Josephs veranschaulichen den allgemeinen Verfall, der von der Monarchie Besitz ergriffen hat. Nur Chojnicki begreift den historischen Hintergrund des Zusammenbruchs: »Die Zeit will uns nicht mehr. Diese Zeit will sich erst selbständige Nationalstaaten schaffen!« (196) Der ohnehin bedenkliche Zustand der Truppenmoral wird durch die aporetische Zumutung der Friedenspflicht vollends desolat: »Ein junger Offizier unserer Armee kann mit seinem Beruf nicht zufrieden sein, wenn er nachdenkt. Seine Sehnsucht muß der Krieg sein. Er weiß aber, daß der Krieg das Ende der Monarchie ist.« (292) Als die Armee, Symbol der Einheit des Reichs, gegen streikende Arbeiter eingesetzt wird, also gegen einen inneren statt einen äußeren Feind, hat auch die Monarchie ihre Berechtigung verloren und der Beruf des Offiziers seinen letzten Glanz eingebüßt. Obwohl Carl Joseph weiß, daß es sich bei den politischen Demonstranten um »arme Teufel« (249) handelt – »Und vielleicht haben sie am End' Recht!« (249) – erteilt er, in unmilitärischer Panik, den Schießbefehl. Bei den Unruhen zieht er sich wie der Großvater bei seiner legendären Heldentat eine Verletzung am Schlüsselbein zu – doch was dem Helden von Solferino Ruhm und Beförderung einbrachte, endet bei dem Enkel mit Schmach und dienstlichem Verweis.[16]

In das rauschende Sommerfest, das vom Regiment Carl Josephs ausgerichtet wurde, platzt die Nachricht von der Ermordung des Thronfolgers. Die Agonie des Festes geht bruchlos in die der Monarchie über. Wenn nach der Meldung vom Attentat in Sarajewo die Militärkapelle weiterspielt, während den Musikern bereits die Instrumente fortgenommen werden, der Trommler »immer noch mit Klöppel und Schlegel in der leeren Luft« (367) herumfuchtelt, hat der Roman sein vielleicht eindringlichstes Bild für einen Untergang gefunden, der unbemerkt längst schon stattgefunden hat. Als in dieser Situation die ungarischen Offiziere ihre Freude über den Tod des proslawischen Thronfolgers nicht verhehlen können, erweist Carl Joseph sich doch noch als würdiger Nachfolger seines Großvaters, indem er wie dieser eine Insubordination begeht und die ranghöheren Offiziere zur Ordnung ruft. »Zum erstenmal, seitdem es eine österreichische Armee gab, befahl ein Leutnant Rittmeistern, Majoren und Obersten Ruhe.« (365) Carl Joseph reicht seinen Abschied ein, kehrt jedoch nach Ausbruch des Kriegs in die Armee zurück und stirbt, als er unter feindlichem Sperrfeuer Wasser für seine slowenischen Soldaten holen will: »Der Leutnant Trotta starb nicht mit der Waffe, sondern zwei Wassereimern in der Hand.« (391) Obwohl nicht minder tapfer als die Handlung des Großvaters, gilt sein Sterben nicht als Opfer – das Ehrenprädikat des Heldentods wird nicht nach persönlichem Mut verliehen, sondern im Hinblick auf den Wert, für den gestorben wurde. Der Tod des Cornet erhielt seinen Strahlglanz aus der unbefragten Geltung der Sache: das Überleben der abendländischen Christenheit stand auf dem Spiel. Auch die Tat des großväterlichen Trotta ging nicht wegen der persönlichen Tapferkeit des Großvaters in die Lesebücher des Landes ein, sondern weil sie seiner k. u. k. Apostolischen Majestät das Leben rettete. Der Glanz der Majestät war auf einen Truppenoffizier gefallen und hatte seine Reflexhandlung zur Heldentat verklärt. Opfer begründen Gesellschaften oder stabilisieren sie auf ihrem Scheitelpunkt. Hat jedoch eine Gesellschaft ein gewisses Maß an Zerrüttung erreicht, hilft ihr kein Opfer mehr. Im Szenario der Gewalt werden dann jene Parameter gelöscht, die eine Deutung des Todes als erhabenes Selbstopfer erlauben.

Offiziere wie Carl Joseph sind katechontische Gestalten, die ein unausweichliches Ende vorübergehend anzuhalten vermögen, aber auf Dauer scheitern müssen. Den Nationalismus hat Roths Roman als die dämonische Energie eines neuen Zeitalters beschrieben, an der die patriarchalische Welt Mitteleuropas zugrunde gehen mußte. Der Feldmarschall Radetzky hatte die Gebietsansprüche der italienischen Nationalisten noch erfolgreich abwehren können. Ihm widmete Johann Strauß Vater den beschwingten, aus dem Geist des Wiener Walzer geborenen Marsch, in dem die Armee wie aus Freude über ihre mühelosen militärischen Siege zu hüpfen und zu tanzen scheint.[17] Der Titel des Romans erinnert also an das intakte Österreich des pränationalen Zeitalters. Mit der verlorenen Schlacht von Solferino begann der Verfall des Vielvölkerstaats, weil Österreich erstmals ein Territorium, die Lombardei, an die Nationalisten abtreten mußte. Daß Joseph Trotta dem Kaiser in dieser Schlacht das Leben rettete, verdammte den Monarchen dazu, dem Verfall seiner Macht ein Leben lang zuzusehen. Die Worte, mit denen er stirbt: »Wär' ich nur bei Solferino gefallen« (401), revozieren nicht nur das eigene Leben, sondern auch die k.u.k.-Monarchie – und ihr Spiegelbild, die Dynastie der Trottas.[18] Tatsächlich stirbt Franz Trotta an dem Tage, da der Monarch zu Grabe getragen wird.

III. Das apokalyptische Opfer

Roths Requiem auf das alte Österreich fand die Gründe für die Dekadenz seiner Offiziere eher in der inneren Disposition des Reichs und der fatalistischen Mentalität seiner Funktionäre als in äußeren Bedingungen. Die Darstellung des Ersten Weltkrieges am Schluß des Romans konnte deshalb vergleichsweise beiläufig ausfallen. Wer sich stärker der Wahrnehmung dieses Krieges ausgesetzt hatte, mußte sich Roths bei aller historischen Trauer doch noch nostalgischen Blick auf das militärische Leben und erst recht Rilkes parfümierte Darstellung des Heldentods versagen. Den Versuch, den heldischen Konventionen des 19. Jahrhunderts auch noch in der Realität des modernen Vernichtungskrieges ein literarisches Denkmal zu setzen, unternahm Walter Flex mit seiner Erzählung »Der Wanderer zwischen beiden Welten«.[19] Der literarische Nachruhm des Autors verdankt sich jedoch eher dem Musiker Robert Götz, dessen Vertonung einem Kriegslied von Flex, »Wildgänse rauschen durch die Nacht«, einen dauerhaften Platz im Repertoire von Pfadfindern und Wandervögeln sicherte. Flex' Erzählung erschien 1916, ein Jahr, bevor der Autor in Estland fiel. Die »mentalitätsgeschichtliche Tiefenwirkung« der heute kaum noch bekannten Erzählung läßt sich schwerlich überschätzen[20] – ähnlich wie Rilkes Prosagedicht überschritt auch Flex' Erzählung in den 60er Jahren die Millionengrenze.[21] Die Nationalsozialisten suchten von der Popularität des Büchleins zu profitieren und im nachhinein den Autor als frühen Evangelisten der Bewegung zu vereinnahmen. Nach der Rundfunkansage von Hitlers angeblichem Heldentod soll nach einer Beethoveneinspielung eine Passage aus Flex' »Wanderer zwischen beiden Welten« gelesen worden sein.[22]

Flex versucht mit seiner Erzählung, Rilkes esoterisches Pathos im Feuer des Ersten Weltkriegs zu härten und mit allerhand Ideen aus dem Umfeld der Lebensphilosophie argumentativ anzureichern. Der Autor beginnt seine Erzählung mit einem kurzen Bericht über die Entstehung des Liedes von den Wildgänsen in einer Sturmnacht in Lothringen. Gegen die Sehnsucht der deutschen Klassik nach dem Süden beharrt dieses Lied auf dem romantischen Mythos vom Norden als dem Ort von Todessehnsucht und Erneuerung. Nicht zufällig leitet Flex seine Erzählung mit diesem Lied ein: Seine zugleich apokalyptisch-düstere und vage-messianische Stimmung charakterisiert auch das Thema der Erzählung und die Weltanschauung seiner beiden Protagonisten, der jungen Offiziere Walter Flex und Ernst Wurche. Auch bei Wurche handelt es sich um eine historische Figur, wenn auch seine literarische Darstellung arg synthetisch erscheint, denn in dem Theologiestudenten und Wandervogelaktivisten Wurche verbinden sich die gegensätzlichsten Eigenschaften zum Inbegriff des deutschen Offiziers: Er verfügt über die Tapferkeit und die Körperkraft eines germanischen Recken, über die Schönheit und Anmut einer Jugendstilfigur und über die Willensstärke und die Todesverachtung von Nietzsches Übermensch.

Mehr als alles andere aber prädestiniert Wurche zum Offizier ein Seelenadel, der ihn hoch über seine Männer erhebt: »Neben dem triebhaften Vorwärtsziehen der müden grauen Masse klang der lebendige Schritt des jungen Führers über das Steinpflaster von Kalvarja.« (71). Wurche »führt von vorne«, geht mit gutem Beispiel voran, muntert seine Männer auf, wenn sie niedergeschlagen sind, hält für jeden ein tröstendes Wort oder ein munteres Liedchen aus seiner Tornisterlektüre bereit: für die Mannschaft zumeist einen Vers aus Goethes Gedichten oder einen Psalm aus der Bibel, für den befreundeten Offizier Flex den einen oder anderen Gedanken aus Nietzsches »Zarathustra«. Wurche ist ein keuscher Heiliger, der seine Männer liebt wie Christus seine Jünger und wie ein Lehrer seine Schüler: Die Kriegserfahrung begreift er vor allem als pädagogische Herausforderung. Die in der Kriegs-, namentlich der Landserliteratur fast unvermeidlichen Klagen über die Inkompetenz hochnäsiger Offiziere, über deren mangelnde Fronterfahrung oder ihre Feigheit vor dem Feind werden durch Wurche widerlegt. Offiziere wie er stiften Frieden, selbst wenn sie den Krieg verlieren, weil sie Klassengegensätze überwinden. Seine gern geäußerte Überzeugung, »daß der Mensch ein Ding sei, das überwunden werden muß« (45), verweist zurück auf Nietzsches Idee vom höheren Leben und charakterisiert eine asketische Moral, der andererseits die vorbildliche Kameraderie des Protagonisten wiederum eine menschliche Note gibt: »Leutnantsdienst tun heißt: seinen Leuten vorleben (...), das Vor-sterben ist dann wohl einmal ein Teil davon.« (17)

Selbst für den Autor wird die Begegnung mit Wurche zu einem Erweckungserlebnis: »Er war Andacht und Freude. Wie der schlanke, schöne Mensch in dem abgetragenen grauen Rock wie ein Pilger den Berg hinunterzog, die lichten grauen Augen voll Glanz und zielsicherer Sehnsucht, war er wie Zarathustra, der von den Höhen kommt, oder der Goethesche Wanderer.« (13) In dieser Passage sind alle wesentlichen kulturellen Chiffren genannt, die zum Charisma der Gestalt und zum Erfolg des Büchleins bei den Kriegsfreiwilligen des Ersten Weltkrieges beigetragen haben: die Doktrin vom Übermenschen, der von den Bergen herabsteigt, »um Führer zu werden« (14), und die Wandervogelideologie mit ihrem Traum von Jugendlichkeit und Vitalität. In den ausgedehnten Gesprächen der Protagonisten schließen sich die unterschiedlichsten Ideen und Überzeugungen aus Bildungsbürgertum, Reformbewegung und Gegenkultur zur konsensfähigen Philosophie einer neuen Militanz mit konservativer Moral zusammen.

Vom piekfeinen, aristokratischen Heldentod Rilkes unterscheidet sich Flex' Apologie des Opfers durch den eher kleinbürgerlichen Zuschnitt des Personals und durch seine in der Realität der Kriegserfahrung gewonnene Einsicht in die unschöne Kreatürlichkeit des Sterbens. Mit Rilkes Opferdenken verbindet Flex' Plädoyer für den Heldentod das beiden jugendlichen Autoren gemeinsame Vertrauen in die elementare Energie des vergossenen jugendlichen Blutes. Um das

Kriegsgeschäft mit dem Prestige des Opfers adeln zu können, bekennt sich der Text zu einem apokalyptischen Erlebnismodell. Es findet seinen prägnantesten Ausdruck in Wurches Sehnsucht nach einem Sturmangriff. Die Prosa des Frontalltags, das Ausheben von Schützengräben, das Befestigen von Stellungen, Patrouillen und Scharmützel können Wurches Bedürfnis nach einem metaphysischen Surplus des Krieges nicht genügen, ihn verlangt es nach der Offenbarung der Gewalt in ihrer martialischsten Form: »Einen echten und rechten Sturmangriff zu erleben (...), das muß schön sein. Man erlebt vielleicht nur einen. Es muß *doch* schön sein.« (67)

Sit venia verbo verliert er bei einem Sturmangriff sein Leben. Der Ort seines Todes heißt Kalvarja, unter »dem hochragenden Wegkreuz von Zajle« (89) hat der Erzähler seinen Freund das letzte Mal gesehen – fast aufdringlich umstellt der Text seinen Helden mit Emblemen der christlichen Passion. Was immer Wurche sagte, hat der Erzähler mit dem Eifer eines Evangelisten niedergeschrieben.[23] Mit dem Schwert an der Seite wird Wurche begraben, sein Grab wie eine Wallfahrtsstätte hergerichtet.[24] Das immer wieder gebrauchte Epitheton »grau« – zumal in Verbindung mit der Uniform, dem »grauen Rock« – charakterisiert den jungen Offizier als einsamen Mönch, der das Kriegshandwerk als Gottesdienst versieht. Grau kennzeichnet zugleich die asketische Einstellung Wurches, dem aus dem Verzicht auf Fülle und Überfluß eine besondere Gewalt zuwächst. Erst die Entbehrung formt den Offizier, sie läßt den Willen als energetisches Zentrum seiner Persönlichkeit hervortreten. Dieses Lob der Askese findet sich schon 1912 in einer gewissermaßen verelendungstheoretischen Begründung der Opferphilosophie, wenn Flex den furor teutonicus als »periodenweisen Blutreinigungsprozeß« beschwört und auf einen verlustreichen Krieg hofft, der das Volk zwar »äußerlich ärmer«, aber »innerlich reicher macht.«[25]

Allerdings ist der Erzähler seiner eigenen Martialität nicht gewachsen. Angesichts der kruden Materialität der Kriegserfahrung sieht er sich genötigt, strikt zwischen der Poesie des Todes und der Prosa des Sterbens zu trennen. Zwar wirbt der Erzähler nachdrücklich für eine archaische Opferpraxis, aber er will kein Blut sehen: »Der Gedanke an den Heldentod eines Volkes ist nicht schrecklicher als der an den Schwerttod eines Menschen. Nur das Sterben ist häßlich bei Menschen und Völkern. Aber wenn ein Mann den tödlichen Schuß, der ihm das Eingeweide zerreißt, empfangen hat, dann soll keiner mehr nach ihm hinsehen. Denn was dann kommt, ist häßlich und gehört nicht mehr zu ihm. Das Große und Schöne, das heldische Leben ist vorüber.« (48)

Daß der Ich-Erzähler nach Wurches Tod lange mit sich hadert und erst seelischen Frieden findet, nachdem sich seine Gedanken zu einer Privatmythologie vom Heimrecht der Toten in der Welt der Lebenden zusammenfinden, gehört aus Gründen hermeneutischer Vollständigkeit erwähnt – begründen kann es den sensationellen Erfolg von Flex' Erzählung nicht. Was Opfermodellen wie dem von Rilke und von Flex ihren Schwung verliehen hat, ist ein Ideologem, das unter den sozialhistorischen Bedingungen des ersten Jahrhundertdrittels bezwingende Kraft gewonnen hat: Es besteht in der Insinuation, der Krieg vermöchte eine Energie freizusetzen, der in Friedenszeiten der Erstickungstod drohe. In diesem Modell übt die Idee vom Heldentod den Schulterschluß mit dem Gemeinplatz vom rebellischen Charakter der Jugend. Der Haß auf die Autorität, der parricide Gestus, die unbestimmte Sehnsucht nach Intensität der Lebenserfahrung, der Traum von Aufbruch und Ausbruch mißverstehen das Versprechen, die Normen der Zivilgesellschaft zu verlassen, als Möglichkeit zur radikalen Transgression. Keine Kriegspropaganda hat sich je die Suggestion des Gedankens, daß die Jugend im Sterben auf dem Schlachtfeld ihre eigentliche Bestimmung finde, entgehen lassen.

Geadelt wird die Empfehlung zum Sterben durch die Stilisierung des Todes zu einem protopoetischen Ereignis: »Großen Seelen ist der Tod das größte Erleben.« (97) Deshalb greifen die Motive vom Sturm der Natur, von der Genialität des Schaffensprozesses und vom Erlebnis des Todes fugenlos ineinander. Unter den am Himmel entlangrauschenden Schwärmen der Wildgänse träumen Walter Flex und sein Freund Ernst Wurche vom Heldentod, beim »flackernden Helldunkel der Sturmnacht« (7) schreibt Flex, »ohne im Dunkel die ineinanderlaufenden Zeilen zu sehen, (...) auf einen Fetzen Papier« (8) seine Verse. Rilkes Gedicht mit seiner Feier jugendlichen Todes war, so hat er später mitgeteilt, »das unvermutete Geschenk einer einzigen Nacht, einer Herbstnacht, in einem Zuge hingeschrieben bei zwei im Nachtwind wehenden Kerzen; das Hinziehen von Wolken über den Mond hat ihn verursacht.«[26] Wenn der Cornet seine erste Liebe in einer Herbstnacht erlebt, während »draußen (...) ein Sturm über den Himmel« (245) jagt, wird die Analogisierung von poetischer und leiblicher Zeugung offenbar. Wie ein Sturm ergreift die Idee vom Sterben das Gemüt der jungen Männer, nimmt den Charakter eines Sogs an, einer unwiderstehlichen, mitreißenden Gewalt, der die jugendlichen Kämpfer mit sich nach Norden führt, auf die »unstäte Fahrt« (8), dorthin, wo die »Fahlhelle zuckt, und Schlachtruf gellt«. (8) Mag das Sterben auch dauern, der Sehnsucht, es endlich zu erleben, kann es nicht schnell genug gehen. Unter seine Feinde wirft sich der Cornet, als werde er dazu getrieben, unwiderstehlich drängt es auch Wurche in den Geschoßhagel der Gegner – die Sehnsucht nach dem Heldentod hat die Gewalt eines Naturereignisses, während die Jünglinge vom Sterben schwärmen, schreien wilde Gänse die Begeisterung des Todes in die Nacht.

Der schöne Tod ereilt nur den jugendlichen Helden, nie den ergrauten Haudegen, das Sterben in makelloser Haltung und für das Vaterland ist das exklusive Recht jugendlicher Offiziere. Diese Art der Kriegsästhetik freilich ist zu schön, um wahr zu sein. Spätestens vor Verdun hat der Krieg seine Erbaulichkeit eingebüßt. Verschiedentlich wurde darauf hingewiesen, daß die zwar von Gewalt faszinierte, zugleich aber auch naive und rührende Prosa von Flex nur unter den vergleichsweise beschaulichen Bedingungen an der Ostfront geschrieben werden konnte[27] – in den »Stahlgewittern« der Westfront, wo den in den Schützengräben gekauerten Soldaten Dreck und Schrapnells um die Ohren flogen, hatte diese konventionelle Form des Erzählens endgültig ihre Authentizität eingebüßt. Ernst Jüngers spröde, aber faszinierend genaue Poetik hat die vom Ersten Weltkrieg beigebrachten Verletzungen als Chance zu einer ästhetischen Innovation begriffen, die selbst im zweifelhaften Fall mit Gewinn diskutabel ist. Einer Literatur, die sich auf die Moral der Lebensphilosophie und die Ästhetik erbaulicher Exempelliteratur verpflichtete, blieb diese Möglichkeit verschlossen.

Anmerkungen

1 Vgl. Robert Theel, »Analphabet des Unheils«. Rilke, der Krieg, die »poetische Mobilmachung« und der »Cornet«, in: Blätter der Rilke-Gesellschaft 20, 1995, S. 87–114, hier S. 107.

2 Rainer Maria Rilke, Werke I, hg. vom Rilke-Archiv in Verbindung mit Ruth Sieber-Rilke, besorgt von Ernst Zinn, Frankfurt/Main 1987, S. 233–248. Nach dieser Ausgabe zitiere ich im laufenden Text mit bloßer Seitenzahl.

3 Zu den formalen Mitteln vgl. Felix Wittmer, Rilkes ›Cornet‹, in: Rüdiger Görner (Hg.): Rainer Maria Rilke. Darmstadt 1987, S. 11–25.

4 Vgl. Martina Wagner-Egelhaaf, Kultbuch und Buchkult. Die Ästhetik des Ichs in Rilkes ›Cornet‹, in: Zeitschrift für Deutsche Philologie 107, 1988, S. 541–556, S. 551.

5 Zit. nach Walter Simon (Hg.), Die Weise von Liebe und Tod des Cornets Christoph Rilke. Text-Fassungen und Dokumente, Frankfurt/Main 1980, S. 148.

6 In der Urfassung kam ihr die Aufgabe zu, die aristokratische Abkunft des Dichters zu beglaubigen. Dort heißt es: »Ein riesiger Kürassier (er ist später bei St. Gotthardt gefallen) trug die Gräfin aus dem brennenden Schloß. Wie durch ein Wunder gelang die Flucht. Aber man weiß ihren Namen nicht und nicht den Namen des Sohns, den sie bald in anderen friedsamen Landen gebar.« Vgl. Simon, S. 21.

7 Vgl. Wagner-Egelhaaf, 1988, S. 546.

8 Vgl. Friedrich Dieckmann, Die gefesselte Jugend. Rilkes ›Cornet‹ als Opfer einer Vision, in: Weimarer Beiträge 32, 1986, S. 1028–1032, S. 1028.

9 Vgl. auch Theel, 1995, S. 88.

10 Joseph Roth, Radetzkymarsch, München 1981. Nach dieser Ausgabe zitiere ich im laufenden Text.

11 Hermann Kesten, zit. nach Hilde Spiel: Eine Welt voller Enkel, in: Marcel Reich-Ranicki (Hg.), Romane von gestern, heute gelesen, Bd. 2: 1918–1933, Frankfurt/Main 1989, S. 350–358, hier S. 354.

12 Die Anzahl der Juden an der Gesamtbevölkerung lag bei vier Prozent, aber 1894 stellten sie acht Prozent des Offizierkorps, 1910 mehr als 16 Prozent der Reserveoffiziere. Vgl. dazu Istvan Déak, Der K. (u.) K. Offizier 1848–1918, Wien/Köln/Weimar 1991, S. 163, und Dieter Kessler, Überdauern im ewigen Untergang. Die gottgegebene, in Gott aufgehobene Auflösung der Habsburgermonarchie in Joseph Roths Utopie »Radetzkymarsch«, in: Zeitschrift für Germanistik 5, 1995, S. 636–646, S. 644.

13 Vgl. John Margetts, Die Vorstellung von Männlichkeit in Joseph Roths »Radetzkymarsch«, in: Alexander Stillmark (Hg.), Joseph Roth. Der Sieg über die Zeit. Londoner Symposium, Stuttgart 1996, S. 79–95, S. 79.

14 Vgl. Klaus-Detlev Müller, Joseph Roth. Radetzkymarsch. Ein historischer Roman, in: Romane des 20. Jahrhunderts, Bd. 1, Stuttgart 1983, S. 298–321, S. 305f.

15 Vgl. dazu Dagmar C. G. Lorenz, Der Tod des soldatischen Mannes bei Theodor

Fontane und Joseph Roth, in: Thomas Müller (Hg.), Nicht allein mit Worten. Festschrift für Joachim Dyck, Stuttgart 1995, S. 74–84.

16 Vgl. Müller, 1983, S. 308.

17 Vgl. Kessler, 1995, S. 642 und die dort angegebene militärhistorische und musikwissenschaftliche Literatur.

18 Vgl. Müller, 1983., S. 301.

19 Walter Flex, Der Wanderer zwischen beiden Welten, Kiel 1986. Nach dieser Ausgabe zitiere ich im laufenden Text.

20 Ausführlicher zu Flex und seiner Rezeption vgl. die sorgfältige Analyse von Gerhard Kurz, Graue Romantik. Zu Walter Flex' »Wildgänse rauschen durch die Nacht«, in: Holger Helbig u. a. (Hg.), Hermeneutik-Hermenautik. Festschrift für Peter Horst Neumann, Würzburg 1996, S. 133–152, v.a. S. 152f.

21 Vgl. K. Eckhard Kuhn-Osius, Ein konservatives Bild des Ersten Weltkrieges. Walter Flex' »Der Wanderer zwischen beiden Welten«, in: Heinrich Mann-Jahrbuch 5, 1987, S. 189–215, S. 190.

22 Vgl. Kuhn-Osius, 1987, S. 191.

23 Kuhn-Osius, 1987, S. 195.

24 Mit der erzählerischen Konzentration auf dieses Motiv wurde Flex zu »einem der ersten Mystiker des Soldatengrabs und des Kriegstotenkults«. Kuhn-Osius, 1987, S. 195.

25 Vgl. Raimund Neuß, Anmerkungen zu Walter Flex. Die »Ideen von 1914« in der deutschen Literatur. Ein Fallbeispiel, Schernfeld 1992, v.a. S. 43, u. Kurz, 1996, S. 136.

26 Brief an Hermann Pongs, 17. VIII. 1924, zit. nach Simon, 1987, S. 158.

27 Kuhn-Osius, 1987, S. 196f.

V.
Blößen – Körper und Tod

Angelika Tramitz

Nach dem Zapfenstreich

Anmerkungen zur Sexualität des Offiziers

Alles, was über die Sexualität ganzer Berufsgruppen gesagt werden kann, beruht auf Spekulation, um so mehr, wenn es sich dabei um Angehörige ganz verschiedener Generationen handelt. Über die reale Erotik der deutschen Offiziere lassen sich ebensowenig gesicherte Aussagen machen wie beispielsweise über die von Friseuren oder Politikern. Unabhängig vom Beruf ist die Sexualität jedoch niemals, denn das berufliche und das geschlechtliche Selbstverständnis können sich gegenseitig bestärken oder auch erheblich behindern. Das gilt in erster Linie für all jene Männer, deren Berufsfeld – anders als beispielsweise das des Naturwissenschaftlers – überdurchschnittlich stark mit »Männlichkeit« assoziiert wird. Es handelt sich dabei niemals um statistisch zu untermauernde Zusammenhänge, sehr wohl aber um wirksame Rollenerwartungen. Da insbesondere im Offizier noch bis in dieses Jahrhundert hinein weniger das Bild des Verwaltungsbeamten als das des besonders befähigten Kriegers lebendig war, blieb das sexuelle Selbstverständnis nicht ohne erhebliche Auswirkungen auf die Funktionstüchtigkeit. Anders als bei den meisten anderen Berufsgruppen war zudem die Zugehörigkeit der Uniformierten zu einem bestimmten Stand nicht nur für die Kollegen, sondern auch für alle, die ihnen begegneten, eindeutig erkennbar. Und das bedeutet eben auch, daß die unterschwellig mit dem Beruf verknüpften Erwartungen unausgesetzt reproduziert wurden, für die Uniformträger selbst, aber auch für alle, die mit ihnen zu tun hatten.

I. Das erotische Subjekt – »Natur verlangt's, wie Atmen!«

Um die Jahrhundertwende war der deutsche Offizier idealerweise ein Gesamtkunstwerk, eine männliche Gestalt, deren untadelige innere Haltung sich perfekt in der äußeren auszudrücken versuchte. Gab es diese erwünschte Übereinstimmung, dann galt der ganze Mann als »schneidig«: zwar förmlich und höflich, zugleich aber in soldatischer Weise forsch und selbstbewußt. Ein solcher Mann hatte grundsätzlich nicht an sich und der Welt zu zweifeln. Alle Sachverhalte des Lebens mußten ihm klar erscheinen, er durfte es nicht nötig haben, sie in Frage zu stellen. Das galt unter anderem auch für seine sexuelle Rolle. Als militärischer Führer trug der Offizier Verantwortung und verfügte über Macht. Offizier und Mann zu sein, blieb also mit dem Phantasma verknüpft, in jeglicher Hinsicht souverän die Führung übernehmen zu können.

Gehörte für den adeligen Mann die militärische Laufbahn seit jeher selbstverständlich zum potentiellen Lebenskonzept, war die Verleihung zumindest des Reserveoffizierpatents für ehrgeizige bürgerliche Männer erst nach Einführung der allgemeinen Wehrpflicht Anfang des 19. Jahrhunderts erstrebenswertes Ziel geworden.[1] Seit König Friedrich Wilhelm III. 1808 neue Regelungen für die Offiziersauswahl erlassen hatte, stand die militärische Karriere prinzipiell nun auch Angehörigen des Bürgertums offen. Das Offizierspatent erhöhte alle gesellschaftlichen Chancen, keinesfalls nur die im Beruf. Auch wenn die Uniformierten nicht von (vielleicht verarmtem) Adel waren, so mußten sie auf jeden Fall den »Adel der Gesinnung« nachweisen, also zum kaisertreuen und wohlhabenden Bürgertum gehören. Bürgerlich oder nicht: Nur bessere Herren durften Offiziere werden, darauf zumindest war Verlaß. Das bunte Tuch war weithin sichtbarer Ausweis für Ansehen und Wohlanständigkeit. Sich mit einer militärischen Führungsperson einzulassen – nicht zu sehr und nicht zu schnell –, konnte für junge Frauen von damals deshalb durchaus attraktiv sein.

Als Offizier in Uniform wurde der Mann zur »Erscheinung«, insbesondere dann, wenn er sich mit zusätzlichen Attributen schmückte, wie etwa dem Monokel. Die prachtvolle Berufskleidung verlieh aber sogar jenen noch Glanz, die ohne sie ganz jämmerlich ausgesehen hätten. Das »bunte Tuch«, die Rangabzeichen – all das prägte auch die geschlechtliche Identität ihrer Träger. Ein Mann in einer solchen Aufmachung fiel auf, wurde grundsätzlich beachtet und stand deshalb unter einem besonderen Druck, sich den sozialen Erwartungen entsprechend zu verhalten. Die Uniform wies den Träger als eine Art Alpha-Männchen aus, gleichsam als Fleisch gewordene Phantasie des virilen Mannes. Für manche konnte diese Kleidung tatsächlich zu so etwas wie einem Stützkorsett für die als beschädigt empfundene männliche Identität werden. War die Uniform einerseits wie ein Kokon geeignet, ihren Träger weitgehend zu verbergen, taugte sie dennoch andererseits nicht zur Tarnung. Dazu war die Offiziersuniform viel zu auffällig. Bestenfalls lenkte jedoch die Hülle die Aufmerksamkeit aller Betrachter von dem Umhüllten ab. Sich völlig sicher fühlen konnten die Männer aber dennoch nicht.

Um ihre sexuellen Chancen wurden die Uniformierten von vielen Zivilisten beneidet. Aber dennoch blieb die Sexualität des Offiziers heikel, weil er an den mit seinem Beruf verknüpften Männlichkeitserwartungen leicht scheitern konnte. Dieser Konflikt bestand lange Zeit, weil das Offizier-Sein weitaus mehr als nur ein Beruf sein sollte. Er galt als Berufung, als Mission, für die ein Mann geboren sein mußte. Gleichzeitig aber wurde die Offizierslaufbahn keinesfalls nur von Erwachsenen eingeschlagen, die sich im klassischen Sinne ganz besonders »männlich« fühlten, unter anderem also durchsetzungsfähig und willensstark.

In unlösbare Konflikte gerieten nach der Pubertät deshalb viele von denen, die bereits im Alter von 10 bis 12 Jahren nur deshalb in Kadettenanstalten gesteckt worden waren, weil ihre Eltern für diesen einen Sohn schon im Moment seiner Geburt eine militärische Laufbahn vorgesehen hatten. Fühlten die jungen Männer sich nach der Ausbildung noch immer wie verkleidet in ihrer Uniform, dann bestätigte jede Situation, in der sie sich selbst keineswegs in erster Linie »als Offizier« fühlen konnten, ihren grundlegenden Zweifel an sich selbst. Das untergrub schlimmstenfalls ihr erworbenes militärisches Selbstverständnis. Insofern waren alle Momente erotischer und sexueller Verstrikkung gerade für jene kritisch, die nicht darauf vertrauten, geborene Offiziere zu sein.

In einer ähnlich schwierigen Lage befanden sich Männer, die sich gerade deshalb für eine militärische Laufbahn entschieden hatten, weil sie damit eigene Zweifel an ihrer Männlichkeit vehement unterdrücken wollten. Um so männlicher – entschiedener und führungsstark – versuchten sie dann aufzutreten, nach außen hin nicht selten mit Erfolg. Denn selbst wenn der Augenschein in vielen Fällen dagegen sprach: Ein schneidiger, stattlicher Offizier, das war für viele so etwas wie ein schwarzer Rappen, eine Tautologie also. Gerade jene Männer, die insgeheim an sich selbst zweifelten, brauchten als letzten Halt und Bestätigung der Männlichkeit die Uniform, so wie ein rissiges Mauerwerk die Tapete. Das lag keinesfalls nur an den starren Materialien, die den in sie Eingeschlossenen ähnlich stark von der Umgebung separierten wie es früher Panzerungen und Rüstungen getan hatten. Diese allerdings waren nur zu besonderen Gelegenheiten angelegt worden, während die Uniform die Offiziere fast ständig umgab. Teilweise schränkte auch die als elegant empfundene Kleidung die Beweglichkeit noch um 1910 ganz erheblich ein. »Aber zum Abendappell waren die übrigen in ihren Dienstuniformen angetreten, während wir zwei (in hohen Offiziersmützen erschienen und) sogar Stege trugen, die allen anderen außer Offizieren und Fahnenjunkern streng verboten waren. Diese Stege waren ein Rest der Biedermeiermode vor fast hundert Jahren. Sie bestanden aus Lederstreifen, die unter dem Schuh mit einem Messingknopf geschlossen waren und die Hose straff nach unten zogen. Aber je straffer sie waren, desto weniger konnte man auch die Knie krümmen, und daher saßen die Offiziere auf möglichst niedrigen Sesseln und streckten die Beine weit von sich. Wenn man sich in einer Offiziersgesellschaft auf einen anderen Stuhl setzen wollte, mußte man über viele Paar Beine hinwegsteigen.«[2]

Unter Kaiser Wilhelm II. war deutschen Offizieren das Ziviltragen verboten. Die imposante Uniform galt als Zeichen der herausragenden gesellschaftlichen Stellung, die die Militärs einnahmen. Zeigte sich einer der Träger nicht permanent rollenkonform, so war das eine schwerwiegende Entgleisung. Eine militärische Führungskraft, die sichtbar unter Schulden litt, erschien ebenso fragwürdig wie ein offensichtlich von einer erotischen Leidenschaft Besessener. Wenn sie zu leiden hatten, in dieser oder jener Hinsicht – zeigen durften sie das niemals. In jeder nur denkbaren Situation die Kontrolle über sich selbst und andere zu behalten, gehörte zum Selbstverständnis des willensstarken Offiziers. Oder, mit den Worten einer der vielen Leutnants-Figuren Arthur Schnitzlers: »Man muß ja nicht gleich die Kontenance verlieren.«[3]

Da erotische Hingabe damals nur von Frauen gefordert und erwartet wurde, hätte für Offiziere, die sich zweifelsfrei »als Mann« fühlten, zwar jede erotische Verstrickung ein Problem bedeutet. Aber die bloße »Eroberung« all jener zugänglichen Frauen, die ohnehin nichts taugten, zählte nicht zu jenen Situationen, die ein Offizier zu meiden hatte. Erotische Eroberungen wurden als kleinere, selbstverständlich siegreich abzuschließende Gefechtshandlungen verstanden. Jeglicher Widerstand mußte zwecklos bleiben, wenn ein höherer Soldat andere zum Objekt seiner erotischen Begierden machte. War er daran interessiert, eine Frau für sich einzunehmen, so durfte er auch auf diesem Gebiet keinerlei Niederlagen erleiden. Wurde ein solcher Mann hingegen seinerseits zum Objekt fremden Begehrens, mußte er An- und Übergriffe abwehren können und auf keinen Fall von einer fremden Macht einzunehmen sein. Verführbarkeit stand im Widerspruch zur erwarteten Willensstärke.

Besessen sein durfte der deutsche Offizier allenfalls vom Wunsch, sich als Soldat heldisch zu bewähren. Gegebenenfalls trat dann seine einzig legitime Leidenschaft in Konkurrenz zur Liebe für eine Frau. So zeigt es sich auch im 1911 uraufgeführten Drama »Offiziere«, verfaßt von dem damals 26jährigen Offizier Fritz von Unruh. Die Hauptfigur Leutnant Ernst von Schlichting ist verlobt mit Hedwig von Kracht, der Tochter seines Obersten. Der Herero-Aufstand in Deutsch-Südwest (1904) wird vom Bräutigam, ebenso wie von allen seinen Kameraden als willkommener Anlaß genommen, sich endlich als Soldat zu beweisen. Kurz vor dem Abschied gesteht er Hedwig von Kracht sein Verlangen. »Mächtiger ist's als ich, Natur verlangt's, wie Atmen.« Auch wenn es ganz so klingen mag: Ernst von Schlichting spricht hier gegenüber seiner Braut nicht etwa von erotischem Begehren, und sie muß nicht fliehen, um ihre Keuschheit zu bewahren. Seine soldatische »Natur«, sein Trieb, verlangt von ihm etwas ganz anderes als körperliche Annäherung. Erst als klar ist, daß die Truppen bereits im Abmarsch begriffen sind und er eilen muß, ist er sicher, sich nicht in unsoldatische Hingabe zu verstricken. In diesem Moment küßt er seine Braut mit einer Leidenschaft, die sie von ihm nicht kennt – und geht. Seine Bewährung endet tödlich. Schwer verwundet, stirbt er in den Armen von Hedwig, die als Rot-Kreuz-Schwester nach Deutsch-Südwest gekommen ist. Nicht etwa seine Braut, sondern sein Beinahe-Schwiegervater, der Oberst, reagiert am Totenbett des von ihm sehr geschätzten jungen Leutnants wie ein zurückgebliebener Liebhaber und regelrecht hysterisch:

»Oberst: Was? (Begreift, reißt Hedwig fort, stürzt auf Ernst.) Lebt nicht? Er muß ja leben! Du mußt mich hören! (Umschlingt seinen Kopf) Lippen auf! Du! Du! Unmöglich ... Er kann doch nicht ...

Die Offiziere (schweigen ergriffen)... «.

Sehr bald aber gewinnt der hohe Offizier die Fassung wieder, reicht seiner (jungfräulichen) Tochter die Hand und beschließt, auch für sie: »Hilft nichts! (Wischt eine Träne fort.) Nun wieder: Pflicht!«[4]

Es gab also den Offizier, von innen gesehen, als Subjekt des durch soldatische Wertvorstellungen bestimmten Begehrens: Seine sexuellen Chancen und seine Zufriedenheit mit sich selbst resultierten aus der zweifelsfreien und vollständigen Übereinstimmung zwischen seinem erwünschten Verhalten als Offizier und dem als Mann. Anders als die Uniform ließen sich diese durch soldatisches Selbstverständnis bedingten Haltungen nicht ablegen, auch wenn er schon längst kein Militär mehr war. Zum anderen aber gab es den fetischtauglichen Offizier in Uniform, von außen gesehen, als Objekt der Begehrlichkeit: So erschien er bis zum Ersten Weltkrieg als ein Mann in imposanter Uniform, bestimmt durch Beiwerk und Lametta.

II. Das erotische Objekt – Der Offizier als Fetischträger

»Es gibt keinen unglücklicheren Menschen unter der Sonne als einen Fetischisten, der sich nach einem Frauenschuh sehnt und mit einem ganzen Weib vorliebnehmen muß.« Wie bei derartig pointiert formulierten Bonmots nicht anders möglich, hat Karl Kraus das Dilemma des Fetischisten zwar im Wesen erfaßt, aber nicht einmal ahnen lassen, wie überaus vielfältig die Objekte sind, die für einen Fetischisten weitaus wichtiger sind als ihre Träger. Ebenso unglücklich wie etwa die fanatischen Verehrer weiblichen Schuhwerks waren jene Fetischisten und auch, eher seltener, Fetischistinnen, die sich an Teilen der soldatischen Uniform erfreut hatten, und dann eventuell mit einem ›ganzen Kerl‹ vorlieb nehmen mußten.

Wie in einer Ausgabe der »Zeitschrift für Sexualwissenschaft«[5] nachzulesen ist, scheint ein Monokel, das zwar nicht zur Uniform ge-

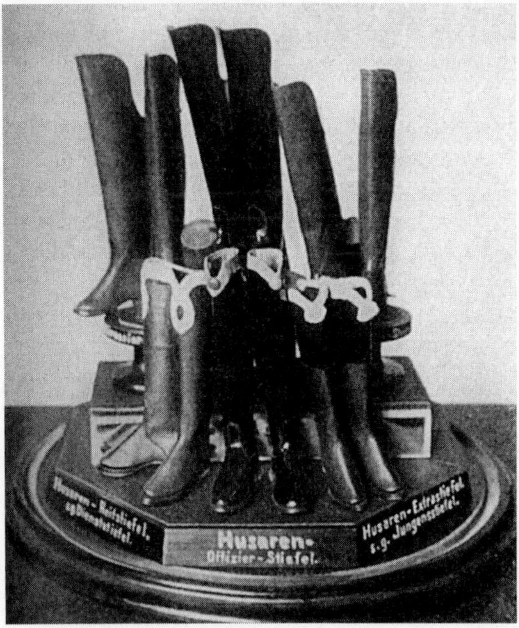

Abb. 4 Soldatenstiefel. Aus der Sammlung eines Stiefel-Fetischisten, 1919

hörte, aber doch zur Ausstattung des Offiziers, auf Frauen mitunter erotisch durchaus anregend gewirkt zu haben. Höchst ungewiß bleibt freilich, ob es für das Lustempfinden der Fetischistinnen notwendig war, daß das Einglas auch während des Aktes im Auge blieb. War der Mann noch Offizier, wenn er das Kostüm und Beiwerk ablegte? Für die Nacht nur oder für immer, wenn er früher oder später aus dem (aktiven) Dienst ausschied? Immerhin, wie beiläufig erwähnt wird, hatte das Tragen solcher Brillen durchaus seine Vorteile: Begegneten sich zwei besonders auf die Wahrung ihrer Ehre bedachte Offiziere in einem Bordell, konnten beide blitzartig das Einglas fallen lassen und hatten dann »nichts gesehen«. Ob sie selbst etwas sahen oder nicht: Beachtet und begehrt wurden die Offiziere allemal. Selbst Männer, die sich alltäglich für Frauen interessierten, wandten sich mit Begeisterung ihren auffälligen männlichen Lustobjekten zu, wenn sie ihrer irgendwo ansichtig wurden. Eine Karikatur des Jahres 1907 zeigt zwei Kokotten auf der Straße, während im Hintergrund ein paar Kürassieroffiziere vorbeimarschieren. »Heut ist nichts zu machen – die Gardeoffiziere sind in der Stadt.«[6]

Manch ein Mann, Zivilist oder Militär, der beispielsweise eine starke Neigung zu Husarenstiefeln entwickelt hatte, mußte sich dennoch nicht für homosexuell halten. Es waren ja nur die schönen Kleidungsstücke, die ihm ästhetischen Genuß bereiteten. Die ganze Uniform der Offiziere bestand aus fetischtauglichen Objekten. Dieser Umstand wiederum kam den Uniformschneidern zugute. Zwar war das unberechtigte Tragen einer Uniform strafbar, im Schneideratelier aber konnte ein gutgebauter junger Mann dann schon die bevorzugte Uniform anprobieren und den entzückten Betrachtern vorführen. Und genau auf solche Vorführungen hatten sich einige Schneider spezialisiert und zogen damit ein spezielles Publikum an.

In der Zeit vor dem Ersten Weltkrieg wirkte die Uniform der Offiziere, weitaus farbiger als die Kleidung der Zivilisten, wie das Prachtgefieder balzender Vogelmännchen. Und ähnlich wie beim Anblick von Prunkgefieder reagierten dann auch die Weibchen teils höchst angeregt. Ein Männchen in dieser Aufmachung versprach gutes Erbgut – in dieser oder jener Ausprägung. Überraschungen konnten dabei nicht ausgeschlossen werden. Insbesondere dann nicht, wenn die Uniform oder Teile von ihr der Verliebten – zunächst unbewußt – wichtiger waren als der Träger. »Als die Uniform noch eine Prachtuniform war, konnte der Uniformfetischismus mancher Frauen sich in Abneigung verändern, wenn der Mann, in den sie sich verliebten, als er Soldat war, eines Tages in Zivil erschien.«[7] Desgleichen erschwerte das Eheleben mancher Offiziere enorm. Gelang es auch in der Hochzeitsnacht, sich – vor Leidenschaft erbebend – gar nicht erst zu entkleiden, war es späterhin kaum möglich, auch im Schlafzimmer und bei jedem ehelichen Akt konsequent beispielsweise die Reithosen anzubehalten, falls die erotische Leidenschaft der uniformfetischistischen Gattin davon abhängig blieb. Aber auch die Frau Gemahlin hatte ja ihre Schwierigkeiten, falls der Gatte ohne die Schnürstiefel, in denen er sie ein erstes Mal entzückt erblickt hatte, nicht mehr so recht reagieren wollte.

Geradezu dramatisch für die Fetischisten wurde es nach 1918/19. Da gab es zwar die ›Kerle‹ noch, aber immer weniger von ihnen trugen prächtige Uniformen. So litten Zivilisten ebenso wie Soldaten, sofern sie zuvor schon einem amourösen Militarismus gefrönt hatten, nicht nur unter der Revolution oder unter dem Vertrag von Versailles: Der plötzliche Mangel an brauchbaren Fetischen muß mit einer fundamentalen inneren Verarmung jener Liebenden mit beschränkter Haftung einhergegangen sein.

Nach dem Krieg und den Versailler Verträgen hatten es die Offiziere schwer. Ihr Lebenskonzept, über Jahre und Jahrzehnte als Militärangehörige zu leben, wurde durch die Begrenzung der Armee auf ein 100000-Mann-Heer zerstört. Während des Ersten Weltkrieges hatte es in Deutschland mehr als 45000 Berufsoffiziere gegeben; jetzt waren es nur noch etwa 4000. Die anderen, die den Krieg überlebt hatten, waren arbeitslos und mußten sich einen Beruf suchen, der weitaus weniger Ansehen hatte als zuvor der des Offiziers. Etliche schlugen sich als Vertreter durch. An Arbeitskräften war kein Mangel. Aber an Männern fehlte es nach diesem verheerenden Krieg; manche endeten als Gigolos. In erster Linie bezahlen ließen sie sich für die Aufmerksamkeit, die sie den einsamen Frauen eben nicht schenkten, sondern letztlich verkauften. Aber selbstverständlich schlossen diese Aufmerksamkeiten auch Intimitäten mit ein. Und ebenso wie die Damen der Demimonde hatten die Männer eher selten feste Tarife für das, was sie zu bieten hatten. Statt dessen ließen sie sich etwas schenken. Angesiedelt irgendwo zwischen Gesellschafter und Heiratsschwindler, fühlten sie sich selbst als »bessere Herren« (und traten auch so auf). Tatsächlich hatten sie – zumindest oberflächlich – gute Manieren aufzuweisen. Insofern war ihre Gesellschaft auch für sehr anspruchsvolle Damen von Interesse, die einen Ehemann an ihrer Seite hatten, der sich für die geschäftlichen weitaus mehr Zeit nahm als für die ehelichen Pflichten.

III. Unverdächtige Sexualität

Spätestens im Alter von dreißig Jahren Ehemann und Vater zu sein, gehörte zu den selbstverständlichen Erwartungen an den Berufsoffizier. Das bedeutet zwar keinesfalls, daß er als Ehemann ein bemerkenswertes Sexualleben gehabt hätte. Aber es hätte unweigerlich zu Spekulationen geführt, wenn er länger als nötig unbeweibt geblieben wäre.

Denunzierte man eine ältere unverheiratete Frau bereitwillig als »alte Jungfer«, galt vergleichbares für unverheiratete Männer dieser Generation nicht. Sie mußten, im allgemeinen Verständnis, statt dessen »alte Schwuchteln« sein.

Dabei durfte der deutsche Offizier bis in die dreißiger Jahre hinein in der Regel erst mit Ende Zwanzig heiraten – in einem Alter also, in dem er bereits den Rang eines Oberleutnants, in Einzelfällen sogar den eines Hauptmanns haben konnte. Natürlich hatte die erzwungene späte Eheschließung Auswirkungen auf das Sexualverständnis der jungen Offiziere. Kaum einer von ihnen wird sein Sexleben erst mit der späten Ehe begonnen haben. Dazu reichte der Wille dann doch nicht. Der Breslauer Arzt Martin Chotzen betonte 1905 in seinem Vortrag »Gesundheitslehre des Geschlechtslebens«, gehalten vor den Offizieren einiger Garnisonen des VI. Armeecorps, die Bedeutung des Willens für die gesunde, enthaltsame Lebensführung. »Diese Unterdrückungsfähigkeit (...) kann beeinflußt werden von der Erziehung und den dadurch allmählich unbewußt geleiteten eigenen Willen; sie kann sich aber auch aus selbständigem, zielbewußtem Denken, aus der zur Hemmungstätigkeit umsetzungsfähigen Willensstärke entwickeln.«[8] Praktisch, das räumte der Arzt allerdings ein, war die Bereitschaft zur sexuellen Enthaltsamkeit kaum vorhanden. In den ganzen Jahren vor der Ehe waren diese Männer auf Frauen angewiesen, die sie gleichzeitig verachten lernten. Es waren genau jene, die sie niemals geheiratet und zur Offiziersgattin gemacht hätten, weil sie sich vorehelich mit einem Mann einließen.

Selbst wenn damals die Lebenswelten von Männern und Frauen generell stärker getrennt waren als heutzutage, gab es dennoch besondere Lebenszusammenhänge, in denen die alltägliche Abwesenheit von Frauen sexuelle Konventionen notwendig machte. Galt für die zölibatäre Geistlichkeit, sich zumindest den Anschein völliger sexueller Enthaltsamkeit zu geben, machte ein betont sittenstrenges Auftreten jüngere Offiziere eher verdächtig. Nach ihrem eigenen Verständnis waren sie ja »richtige Männer« mit »normalen männlichen Bedürfnissen.« Bis sie heiraten durften oder mußten, hatten Offiziere wenigstens ab und zu unter Beweis zu stellen, daß sie »völlig normal« waren, also Männer führen und Frauen verführen konnten. Wie in einem sexualkundlichen Werk aus dem Jahr 1930 zu lesen, war »vor dem Kriege der G.T. ein in Offizierskorps und studentischen Verbindungen nicht ganz seltener Brauch«.[9] Bei dem gebräuchlichen Kürzel G. T. handelte es sich um einen sogenannten »Geschlechtstag«, einen bestimmten Wochentag, den sich die Angehörigen der zuvor genannten Gruppen für ihre sexuellen Bedürfnisse reserviert hatten.

Der sexuelle Kontakt zu Frauen diente vielfach weniger der Lust als vielmehr dem Nachweis, nicht etwa »verkehrt herum« zu sein. Sexuelle Normalitätsbeweise blieben jedoch riskant, falls sie nicht durch wechselnde Gespielinnen erbracht werden konnten, sondern nur durch eine einzige »Fausse Maitresse«. Der österreichische Oberst Redl – ab 1912 Generalsstabschef des 8. Korps in Prag – war 1913 nach Entdeckung seiner langjährigen Spionagetätigkeit für Rußland dazu gezwungen worden, Selbstmord zu begehen. Auch wenn er allem Anschein nach sehr früh und aus anderen Gründen mit der Spionage begonnen hatte, bot sich in seiner Position diese Tätigkeit zur Steigerung seiner Einkünfte zumindest an. Er mußte einen ungewöhnlich aufwendigen Lebenswandel finanzieren. Als selbstverständlich nicht bekennender Homosexueller und voller Leidenschaft für einen offensichtlich bisexuellen Ulanenoffizier, tarnte er seine Hinwendung zu Männern nach außen auch durch eine scheinbare Affäre mit einer berühmten Prager Lebedame, die ihn – wie auch einige seiner Liebhaber – erpreßte. Daß er mit dieser Frau eben nicht verkehrte, war ebenso Anlaß für die Erpressung, wie die sexuelle Leidenschaft für junge Männer.

Natürlich bietet jede Institution, aus der Frauen weitgehend ausgeschlossen bleiben, eine Umgebung, die hohe Anziehungskraft für solche Männer entwickelt, die sich auch erotisch zu Angehörigen des eigenen Geschlechts hingezogen fühlen. Da ein homosexueller Offizier niemals zugeben darf, auf jene am stärksten zu reagieren, die ihn tagtäglich umgeben, gilt er grundsätzlich als Sicherheitsrisiko. Mit Konsequenzen hat er auch dann zu rechnen, wenn ihm derartige Neigungen nur nachgesagt wurden, wie es noch Ende 1983 in der Affäre um Günther Kießling deutlich wurde. Ständig wurde darauf hingewiesen, daß der NATO-General »unverheiratet« geblieben war. Der (potentielle) Männerliebhaber wurde und wird zum Problem gemacht, selbst wenn er für sich ausschließt, Abhängige und Untergebene sexuell zu nötigen. Viel steht auf dem Spiel, wenn seine Orientierung *zweifelhaft* ist.

Der Frauenhasser dagegen, der nicht anders als verächtlich über jene reden kann, die er »gehabt« hat, war und ist für die Institution kein Problem. Immer wieder muß die Gemeinschaft der Männer, die Kameradschaft, neu hergestellt werden, wenn einer sich aus der Gruppe separiert, um mit einem »Mädchen« zu gehen. Die Rückführung des Mannes ins Rudel ist nur möglich durch die Nivellierung des Individuellen, aber auch der Individuen, mit denen sich die Offiziere abgegeben haben. Bei aller Diskretion untereinander kann dennoch kein Schweigen bewahrt werden über die in ihrer Nacktheit uniforme Bedeutungslosigkeit »der Weiber«, die alle gleich sind oder doch gleich zu sein haben. Ganz ähnlich wie die Militärs. Nur haben sie, im Gegensatz zu diesen, keine Ehre.

Die »normale« Sexualität – verstanden als Geschlechtsverkehr mit einer Frau – war für das Militär kein Problem, eben wegen ihrer Beiläufigkeit. Sex mit einem beliebigen »Mädchen« ließ sich erledigen wie eine Rasur oder andere Maßnahmen, die geeignet waren, das Erscheinungsbild des Mannes zu vervollkommnen. Deutlich wurde das insbesondere in Kriegszeiten: Zwar gab es getrennte Bordelle für Offiziere und Mannschaften – erstere waren mit einer blauen statt der bekannten roten Laterne gekennzeichnet –, aber hier wie dort standen die Männer Schlange wie vor einem Pissoir. Im Ersten Weltkrieg etwa reihten sich die Männer in eine Schlange nach den käuflichen Frauen ein – ebenso wie die Ehefrauen in der Heimat nach Kartoffeln.

Es mußte schnell gehen: Den Mannschaften wurde empfohlen, schon einmal etwas an sich herumzuspielen, damit es später auch wirklich schnell genug gehen würde, wenn sie an der Reihe waren. Die Offiziere konnten sich etwas mehr Zeit lassen. Ihnen stand die Option offen, eine Prostituierte für eine ganze Nacht zu mieten. Sie hatten zumindest die Chance, ihre Sexualität etwas differenzierter, aber auch pervertierter zu erleben. Hatten sie sich entleert, waren die Männer – Offiziere ebenso wie Mannschaften – wieder uneingeschränkt funktionstüchtig und einsatzfähig und konnten zur Tagesordnung übergehen. Sofern es gelang, die Soldaten bei Gesundheit zu halten, erschien ihr leicht stillbares sexuelles Verlangen nicht suspekt. Sex mit Menschen zu haben, die er nicht achten mußte, war für den ehrenhaften Offizier kein Problem. Schwierigkeiten bereitete ihm allenfalls eine Leidenschaft, die ihn die Kontrolle verlieren ließ.

IV. Das Dilemma

Zum erotischen Dilemma der Offiziere gehörte es insbesondere, daß alle Gleichwertigen für sie tabu zu sein hatten. Die Männer waren »Kameraden« und durften keine erotischen Wünsche erzeugen. Und auch die Frau, die sich eines Offiziers würdig erwies und seine Wertvorstellungen ganz und gar teilte, war als »erotisches Objekt« gänzlich ungeeignet. Die tradierte ritterliche Achtung vor *der Dame* war notwendigerweise verknüpft mit der Verachtung *des Weibes*. Wagte man die eine kaum anzurühren und hielt es letztlich für ein Sakrileg, sich ihr zu nähern, war die andere genau dazu da. Die standesgemäße Ehe war nur möglich mit einer mehr als anständigen Frau, die bestenfalls sogar ganz die *hohe Dame* verkörperte, die ein Offizier ritterlich verehren konnte und mußte. Als Objekt der Verehrung sollte sie auf Dauer unbeweglich auf ihrem Sockel verharren. Mancher Offizier mit derartigen Wertvorstellungen wird sich um ein paar Jahrhunderte zurückgewünscht haben. Im Minnedienst – zumindest der hohen Minne – war ausgeschlossen, daß der Ritter sich der Hohen Dame jemals nähern dürfte oder müßte. Wie aber sollte der Mann aufgrund eines Ehrenkodex, der älter war als die bürgerliche Ehe, intim werden mit einer Frau, die er gerade *wegen* ihrer zuverlässigen Unnahbarkeit zu verehren (oder aber: für erotisch unergiebig zu halten) gelernt hatte, so wie der Ritter seine Dame? Es war ein paradoxes Unterfangen. Es ging ja auch darum, mit ihr Nachkommen zu zeugen, die als Söhne wieder Offiziere werden oder als Töchter Offiziere heiraten würden. Sollte der nun verehelichte Offizier in den ersten Monaten der Ehe die Entdeckung machen, daß auch die Gemahlin nur »ein Weib« war, würde er sich, zumindest innerlich, von ihr abwenden müssen.

Eindrucksvoll beschrieben wird die Unvereinbarkeit von erotischem Begehren und Achtung vor der Frau im 1888 spielenden ersten Teil der Romantrilogie »Die Schlafwandler« von Herrmann Broch.[10] Der Protagonist Pasenow ist ein Offizier aus dem Landadel. Früh zu den Kadetten gekommen, fühlt er sich später ohne Uniform wie nackt und seiner selbst entfremdet. So bleiben ihm letztlich all jene Situationen unheimlich, in denen er auch nur den Uniformrock abzulegen hat. Ohne ihn ist ihm der eigene Körper fremd. Selbst die Kleidung der Zivilisten erscheint ihm geradezu schamlos, läßt sie doch die ganze Hose sehen und nicht, wie der alte Uniformrock, lediglich die Hosenbeine.

So ist für den Leutnant Pasenow die Uniform so etwas wie eine Rüstung, die ihn vor der Welt schützt, diese aber auch vor ihm. Seit langem ist klar, daß er Elisabeth, die Tochter vom Nachbargut, heiraten soll. Er verehrt sie, aber er begehrt sie nicht. »Er machte die Entdekkung, daß es nicht etwa Schönheit, sondern viel eher Unschönheit ist, die Begehren hervorruft.«[11] In Berlin hat er eine Geliebte, eine böhmische Animierdame, die keine Frau fürs Leben ist, aber ihm die Zeit bis zu seiner unausweichlichen Ehe behaglich gestalten wird. An sie und seine Lust an ihr kann er denken, während die bloße Idee, seiner zukünftigen Frau später »die Keuschheit zu nehmen« für ihn gleichbedeutend ist mit einer Entweihung. Es ist eine »dem Amourösen abgewandte Vermählung«, die er eingehen wird, und er ist beruhigt, sie »schonen zu müssen, zu dürfen«. Verzicht üben zu können, gehört zu den Tugenden, die er als preußischer Offizier gelernt hat. In der Brautnacht liegen sie gemeinsam im Bett, sie unter der Decke, er – in Uniform bekleidet – neben ihr. Und sorgsam achtet Pasenow darauf, den langen Uniformrock schützend vor seinem Unterkörper zusammenzuziehen.

Militärisches Verständnis ließ sich recht leicht mit sexuellen Affären verbinden, nicht aber mit erotisch motivierter Liebe. Der Offizier mußte die ihm ebenbürtige, geliebte und verehrte Frau schonen, vor allem aber schützen. Das gilt für alle erdenklichen Angriffe; kein anderer sollte ihr Gewalt antun. Niemals darf ein Offizier seine Frau dem Feind überlassen. Eher bringt er sie um, wenn er selbst nicht mehr in der Lage ist, sie zu beschützen. So könnte es gewesen sein im Jahr 1991, als der ehemalige General Bastian nicht nur sich selbst, sondern auch gleich noch seine langjährige Lebenspartnerin Petra Kelly erschoß. Er durfte sie nicht allein zurücklassen.[12]

Brisant war das Verhältnis des Offiziers zur Sexualität und – ungleich stärker – zur Liebe lange Zeit. Gekennzeichnet durch äußere wie innere Merkmale, hatte er nicht nur während der Dienstzeit, sondern während langer Phasen seines Lebens hinweg *nichts anderes* zu sein als ein höherer Soldat. Seine erotische Situation hat sich seitdem entspannt oder ist – aus einer etwas anderen Perspektive – langweilig geworden, seit sich ab Mitte der fünfziger Jahre soziologische Theorien über »Rollen« auch in Institutionen wie dem Militär durchgesetzt haben.

Noch bis in die sechziger Jahre hinein wurde darüber diskutiert, ob es für Militärs überhaupt statthaft wäre, sich außer Dienst in Zivil zu zeigen. Andererseits war es nach der Gründung der Bundeswehr bereits klar, daß es ein Leben nach dem Zapfenstreich geben würde – und ausdrücklich auch geben sollte. Der Offizier hatte ein Privatleben, das sich allerdings den militärischen Konventionen anpassen mußte.[13] Berufstätigkeit der Ehefrau beispielsweise war ebensowenig gern gesehen wie in kleinbürgerlichen Familien. Niemand sollte den Eindruck haben, die Frau eines Majors hätte »so etwas nötig«. Ernsthafte Diskussionen wurden darüber geführt, ob ein »Bürger in Uniform« nun beim Schieben eines Kinderwagens gesichtet werden dürfe oder nicht – wobei nicht vergessen werden sollte: Derart »unmännliches« Gehabe war auch Zivilisten, die eigentlich schieben durften, damals eher unangenehm. Schoben sie dann doch einmal, dann vorzugsweise seitlich, neben dem Kinderwagen gehend, mit betont weit abgestrecktem Arm. Das Bild vom Offizier verändert sich im gleichen Maße, in dem sich das gesellschaftliche Bild vom Mann wandelt.

Immer noch ist ein Offizier ein militärischer Vorgesetzter, und sicherlich kaum fähig zur Ausübung seines Berufs, wenn er sich nicht während des Dienstes so fühlt, als wäre er wirklich einer. Es ist nicht nur ein ernstes Spiel. Dennoch ist der Offizier in Friedenszeiten eben nur von sechs Uhr morgens bis vier Uhr nachmittags im Dienst. Mittlerweile kann er danach – ohne in Konflikte mit sich selbst zu geraten – Kinderwagen schieben und am Abend, ganz nach Gusto, an irgendwelchen erotischen Rollenspielen teilnehmen. Es untergräbt nicht mehr seine Identität, wenn er im Laufe des Tages auch andere Rollen ausfüllt, etwa die des zärtlichen Liebhabers – der willensstarke Krieger bleibt gleichwohl präsent.

Anmerkungen

1 Ute Frevert, Soldaten, Staatsbürger. Überlegungen zur historischen Konstruktion von Männlichkeit, in: T. Kühne (Hg.), Männergeschichte – Geschlechtergeschichte. Männlichkeit im Wandel der Moderne, Frankfurt/New York 1996, S. 69–87.

2 Ludwig Renn, Adel im Untergang, Berlin/Weimar 1987, S. 30.

3 Arthur Schnitzler, Spiel im Morgengrauen (1926), in: ders., Casanovas Heimfahrt. Erzählungen. Frankfurt/Main 1973, S. 85–156, S. 88.

4 Fritz von Unruh, Offiziere (1911), in: ders., Dramen, Nürnberg 1960, S. 317–443, hier vierter Akt, S. 441–442.

5 P. K. Neumann, Das Monokel als erotischer Fetisch, in: Zeitschrift für Sexualwissenschaft, Band 1, 1914/15, H. 10, Januar 1915, S. 391–393.

6 Karikatur von Grandjouan aus L'Assiette au beurre (Paris 1907), in: Bilderlexikon der Erotik, hrsg. vom Institut für Sexualforschung in Wien, Band 5, Hamburg 1961 (Reprint der Ausgabe Wien und Leipzig 1930), S. 399.

7 Ernest Borneman, Lexikon der Liebe und Sexualiät, Bd. 2: L–Z, Stichwort »Uniformfetischismus«, München 1968, S. 484.

8 Martin Chotzen, Gesundheitslehre des Geschlechtslebens, Vortrag gehalten vor den Offizieren einiger Garnisonen des VI. Ameecorps, Breslau 1905, S. 10.

9 Bilderlexikon der Erotik, hrsg. vom Institut für Sexualforschung in Wien, Band 7; Hamburg 1961 (Reprint der Ausgabe Wien und Leipzig 1930), S. 235.

10 Hermann Broch, Pasenow oder die Romantik, in: ders., Die Schlafwandler. Eine Romantrilogie, Zürich, o. J. [1931/32], S. 7–172, hier S. 169.

11 Ebenda, S. 98.

12 Vgl. Alice Schwarzer, Eine tödliche Liebe – Petra Kelly, Köln, (10. Aufl.) 1993 und Till Bastian, Die Finsternis der Herzen – Nachdenken über eine Gewalttat, Köln 1994.

13 Etikette der Bundeswehr, in: Der Spiegel, 1967, Nr. 43, S. 38.

Marcus Funck

In den Tod gehen

Bilder des Sterbens im 19. und 20. Jahrhundert

Der Offizier begegnet uns in vielen Anverwandlungen: als schillernder Repräsentant eines Herrenstandes oder Vertreter einer sozialen und politischen Elite, als Sachwalter militärischer Gewalt oder Manager des Krieges und als glänzender Stratege oder heroischer Führer – als Opfer des Krieges hingegen nur sehr selten. Dies hat in erster Linie damit zu tun, daß Offiziere mit der Anleitung von Soldaten und der Zuteilung von Tod betraut sind, doch verweist dieser Befund auch auf die Wirkungsmacht eines Offizier-Bildes, in dem das gewaltsame Sterben allenfalls als Marginalie Platz findet. Während der »Krieg des kleinen Mannes« inzwischen in einer Reihe von Studien in den Blick genommen wurde, mangelt es an Untersuchungen zu den Kriegs- und Todeserfahrungen der Offiziere, die mehr sind als herkömmliche Forschungen über die hauchdünne Crème der Militärelite.

Das preußische Offizierskorps vor 1914 zeichnete sich dadurch aus, daß es sich als ständisch-genossenschaftlicher Sozialverband von ebenbürtigen Kriegern verstand. Selbst der jüngste Leutnant profitierte von der gesellschaftlichen Reputation der militärischen Spitzen – und umgekehrt partizipierte das gesamte Korps an der auratischen Ausstrahlung der Opferbereitschaft einzelner Offiziersgruppen. Zwar hielt sich die Gefährdung des Offiziers im Krieg in engen Grenzen, betroffen waren fast ausschließlich jüngere Offiziere in den unteren Rängen, doch die Gleichförmigkeit des Karriereweges nach dem Prinzip der Anciennität ermöglichte allen Offizieren, eine potentielle Gefährdung für sich zu reklamieren. Der Kriegstod eines einzelnen Offiziers konnte so als stellvertretendes Sterben gedeutet werden; er war nicht individuelles Sterben, sondern repräsentierte den ›Geist‹ des gesamten Korps.

In zahllosen Hagiographien, Denkwürdigkeiten und Regimentsgeschichten wurde dieses Sterben in seinen qualitativen Zügen herauspräpariert und für die Öffentlichkeit inszeniert. Um dem Vergleich mit dem Massensterben der Unteroffiziere und vor allem der Mannschaften standhalten zu können, bedurfte es der Herausstellung der überragenden Eigenschaften des Offiziers im Angesicht des Todes. Das ›Offiziermaterial‹, so die allgemeine Botschaft, war hochwertiger als das ›Menschenmaterial‹ und bestimmt zur militärischen und gesellschaftlichen Führung. Was auf den Schlachtfeldern geschah, blieb Gegenstand einer permanenten Deutungsarbeit des gesamten Korps, über die persönlichen Gefühle der Offiziere in dem Moment der Gefährdung erfährt man nichts.

Aus diesen normativen Bildern des Todes läßt sich allerdings ableiten, wie der Kriegstod erfolgen sollte und mit welchen Vorstellungen und Erwartungen jene in den Kampf traten, die sterben würden. So bieten die Todesinszenierungen Einblicke in den generellen Tugend- und Wertekatalog der Offiziere und dienen gleichermaßen als Einführung in die besondere Metaphern- und Symbolsprache des Offizierkorps als distinkter Sozialgruppe.

Wilhelm von Schleinitz, so eine Anekdote aus den napoleonischen Kriegen, »gehörte mit 14 Jahren, 1806, als Fähnrich dem Braunschweiger Regimente an, das unter den Augen des berühmten Herzogs Karl Wilhelm Ferdinand bei Jena focht, als der Herzog in höchster Tragik endete. Ein alter Unteroffizier trug neben dem schmächtigen Knaben (...) die schwere Fahne des Bataillons im Sturm der Schlacht. Der junge Fähnrich verlangte immer dringender sie selbst zu tragen, und immer wieder erklärte der alte Unteroffizier: ›Die ist zu schwer für Sie!‹ Bis der Fähnrich zornig rief: ›Geb' Er mir die Fahne, ich befehle es, denn ich bin als Fähnrich Sein Vorgesetzter!‹ So übergab ihm widerstrebend der Alte die Fahne und der Junge schritt, sie hoch erhebend, in den Kugelregen voran. Er rief, sich wendend, noch dem Unteroffizier zu: ›Frau und Kinder hast du! – du darfst nicht sterben!‹ In diesem Augenblick aber stürzte er tot, von der Kugel ins Herz getroffen, mit der Fahne zu Boden.«[1]

Aus dieser vollkommen ritualisierten Sterbezeremonie lassen sich die maßgeblichen Elemente des standesgemäßen Offizierstodes in seiner traditionellen Variante leicht herausarbeiten. Im Zentrum kriegerischen Geschehens steht die Truppenfahne, die über ihre rein militärischen Funktionen hinaus als Herrschaftssymbol und Ehrenzeichen der autonomen Regimentsherrlichkeit den esprit de corps der Einheit und den Ruhm der königlichen Armee repräsentierte.[2] Auf die Fahne vereidigt, verpflichteten sich Offiziere und Soldaten, unter diesem Feldzeichen zu kämpfen und für die Bewahrung der kollektiven Ehre notfalls zu sterben. An eben diese Verpflichtung erinnerte eine Zirkular-Ordre des Generalfeldmarschalls Gebhard Leberecht v. Blücher an sämtliche Infanterie- und Kavallerie-Regimenter, Artillerieeinheiten besaßen keine Fahnen, vom 19.9.1815: »Dies Zeichen soll den Krieger zum Siege führen – muß Er nach hartnäckiger kraftvoller Verteidigung einige Schritte weichen, dann dient es ihm zum Sammlungspunkt, bei welchem Er zu siegen oder zu sterben geschworen hat. (...) Am wenigsten darf es jemals in fremde Hände übergehen – ehe Er dies zugibt, muß ein jeder Offizier, ein jeder Soldat für dessen Verteidigung Blut und Leben geben, und Er kann überzeugt sein, daß bei diesem festen Entschlusse fast immer der Sieg, auf jeden Fall aber ein rühmlicher, ehrenvoller Tod – das schönste Loos des Soldaten – sein Lohn sein wird.«[3]

Während die Verfehlungen eines einzelnen zu Lasten des genossenschaftlichen Verbandes gingen, bis hin zum Ehrverlust und damit zum Ausschluß aus der Gemeinschaft der Krieger, partizipierte wiederum das gesamte Korps an den Leistungen einzelner. Versprach diese gegenseitige Bindung ein Maximum an Ehrgewinn, so diente sie auch einer permanenten gegenseitigen sozialen Kontrolle. Eben diese gemeinschaftliche Einbindung, die einherging mit der Verpflichtung gegenüber einer höheren Ordnung, meinte der Generalleutnant Karl v. Roeder, der in seinen in den 1850er Jahren verfaßten Erinnerungen vermerkte, daß »ein Volk, sowie ein einzelner Mensch, nur ein würdiges Leben führen [kann], wenn es bereit ist, für seine Unabhängigkeit alles zu opfern, wenn ihm seine Ehre lieber ist als sein Leben, oder eigentlich wenn es Gott mehr fürchtet als alle Menschen, wenn es die ihm von Gott angewiesene Stelle bereit ist, bis auf das äußerste zu verteidigen«.[4] Der Ehrenkodex des Kollektivs, woran die im Kampf mitgeführte Truppenfahne symbolträchtig und für alle sichtbar erinnerte, verpflichtete den Offizier darüber hinaus, mit einer durch Konventionen festgeschriebenen körperlichen und geistigen Haltung zu sterben.

In den Darstellungen drängen junge Leutnante ebenso wie gealterte Kommandeure in »freudiger Erwartung« zur vordersten Linie, wo sie mit »Hochgefühl« die Aussicht auf Bewährung in der Gefahr vermuten.[5] Gerade in den letzten, extremsten Momenten des Lebens sollten die distinkten Verhaltensrichtlinien des Offizierstandes die physische und psychische Einstellung bestimmen, mit welcher der einzelne dem Tod entgegentrat, und damit gleichsam die Höherwertigkeit des ›Offiziermaterials‹ gegenüber dem ›Menschenmaterial‹ dokumentieren. Tapferkeit, Selbstkontrolle, Unempfindlichkeit und Todesverachtung galten als Tugenden des Kriegers, denen das unerschütterliche Voranschreiten, das ›Aufrecht-Stehen‹ und ›Vorwärts-Gehen‹ der intakten Kriegskörper im Moment der kalkulierten Gefährdung als Verhaltensweisen entsprachen. Ein Leutnant der Gardedragoner soll vor Sedan 1870 im gleichen Moment, als er hochaufgerichtet seinen Leuten das Sich-Bücken verboten hatte, durch einen Kopfschuß getötet worden sein. Der Kommandeur der Gardeartillerie begründete die hohen Offiziersverluste von St. Privat mit der Weigerung der Offiziere, sich auf den Boden zu legen, und der Offizier eines Jägerbataillons wurde in der Schlacht von Colombey zwar zum Krüppel geschossen, bewahrte durch sein Verhalten aber Ehre und Status: »Mutig war er seinem Zug vorausgestürmt. Da erhielt er eine Kugel durch den rechten Arm. Er nahm den Säbel in die linke Hand. Eine zweite Kugel zerschmetterte ihm den Unterkiefer, so daß die Kinnlade herunterhing. Mit einem Taschentuch ließ er sich den Kiefer über dem Tschako festbinden und schritt seinem Zuge weiter voran. Da machte ihn ein dritter Schuß durch die Brust kampfunfähig.«[6]

Die psychische Überlegenheit wird insbesondere dann deutlich, wenn der Offizier dem sicheren Tod entgegengeht. Die Fähigkeit des Hartbleibens und Erduldens wird in zahllosen Anekdoten herausgearbeitet, Selbstbeherrschung und ›stille Leidensfähigkeit‹ werden im Augenblick des Todes als oberste Maxime formuliert. Gemäß der angeblichen Forderung Friedrichs des Großen »Sterbe er schweigend!« soll ein Hauptmann den Fähnrich v. Löwenstein mit »Fähnrich, halt's Maul!« angeherrscht haben, als dieser bei St. Privat verwundet wurde und mit dem Ruf »Es lebe der König!« zu Boden ging.[7] Der Begriff Haltung beschreibt also nicht nur die schlichte Bereitschaft, Furcht und Schmerz zu überwinden und bis zum Äußersten zu gehen, sondern auch einen bestimmten Stil des Sterbens, der wiederum auf die eigentliche Botschaft dieser Bilder des Todes verweist: der Offizier stirbt als Führer. Dazu gehört zunächst die Überzeugung von der Notwendigkeit der Sichtbarkeit des Vorgesetzten während des Kampfes, gleichermaßen zum Schutz und zur Anleitung der Soldaten, die allgegenwärtig gewesen zu sein scheint: »(...) ich sollte mich doch nicht unnötig exponieren, es ließ mir aber keine Ruhe, ich mußte immer wieder vor, damit meine Leute mich sehen, wie ich winkte, rief und kommandierte.«[8]

Die Vorstellung, als Führer zum Vorbild verpflichtet zu sein, war nicht nur militärisch begründet, doch besaß sie durchaus eine militärische Rationalität, indem der beispielhafte Tod des Führers die Geführten zum Weiterkämpfen animieren sollte, wie eine Anekdote aus den Befreiungskriegen illustriert, nach der ein Major von der Goltz mit den Worten »Am Beispiel hängt alles« an die Front geritten sein soll. »Schon einen Augenblick später traf ihn ein Sprengstück einer Granate und warf ihn tot vom Pferde. Das Regiment aber hielt sich; denn in den Sekunden, da sie ein solches Sterben erlebt, kann eine Truppe unlöslich zusammenwachsen.«[9] Sich im Moment des Kampfes an der Front aufzuhalten, hieß zum einen die Soldaten, wenn nötig auch unter Anwendung von Gewalt, anzuleiten, Führungsaufgaben wahrzunehmen und die Bestimmung zur militärischen Führung zu legitimieren, vor allem aber die Ehre des Korps zu wahren, um damit Herrschaft und Führung durch kriegerische Leistung aufs neue zu begründen. Zum anderen bedeutete dies aber auch, der Pflicht zur Fürsorge Folge zu leisten, wie es der Wandel in der Anrede des älteren Unteroffiziers durch den Fähnrich von Schleinitz, vom distanzierten »Er« zum patriarchalischen »Du« sprachlich verdeutlicht. So soll auch ein Graf Arnim 1907 in Südwestafrika im Kampf gestorben sein, »weil er einen seiner Reiter vor dem Verbluten schützen wollte, und hat, allen Warnungen zum Trotz, sich dem sicheren Tode nicht preiszugeben, sein junges, glückliches, reiches, hoffnungsvolles Leben hingeworfen, ohne zu zucken, mit dem Rufe: ›Dir hilft keiner, ich werde Dir helfen!‹«[10] Nicht zufällig erinnert die Verknüpfung des Herrschaftsprivilegs mit dem Anrecht der Beherrschten auf persönliche Hilfe, das elaborierte Wechselspiel von Nähe und Distanz an den Paternalismus der ostelbischen Gutsherrschaft, war es doch namentlich der preußische Kleinadel, der sein auf jahrhundertealte Herrschaftserfahrung gestütztes symbolisches Kapital und sein Wissen um Repräsentation einsetzte, um dem Offizierstod ein aristokratisches Antlitz zu verleihen.

Im Vergleich zum kriegerisch-destruktiven 20. Jahrhundert wurde im 19. Jahrhundert, besonders jedoch in den mehr als vierzig Friedensjahren nach 1871, verhältnismäßig wenig im Krieg gestorben. Dafür aber gewann das Reden und Schreiben über den Offizierstod um so mehr an Intensität und Bedeutung. Gerade für das wilhelminische Deutschland könnte man von einer Wiederkehr des Kriegers sprechen, ohne daß damit der entsprechende Krieg Realität werden konnte. Dieses Paradoxon läßt sich erklären. Der ehemals herrschaftliche Offiziersstand mußte sich, gegen den Willen der Akteure, im Verlauf des 19. Jahrhunderts zur Funktionselite des eng definierten gesellschaftlichen Subsystems »Militär« umdefinieren, wobei dieser säkulare Prozeß weder linear verlief noch zu Beginn des Ersten Weltkriegs erfolgreich abgeschlossen war. Letztlich drohte der Offiziersstand zu einem Expertenberuf zu verkommen, in die bürgerliche Gesellschaft hineinzuwachsen und gleichsam in ihr zu verschwinden.

Nicht zuletzt aufgrund der massiven Stellenvermehrungen gingen damit dramatische Veränderungen in der sozialen Zusammensetzung und der funktionalen Differenzierung des preußischen Offizierkorps einher, die auf eine Auflösung der ohnehin fragilen Homogenität des Korps deuteten.[11] Zur Bewahrung ihrer bevorzugten Stellung in der Gesellschaft, ihres Sozialprestiges nach außen und der Einheit nach innen, betonten die Offiziere lautstark die scharfen Grenzen nach unten, etwa über die sich gegenseitig ergänzenden Konzepte ›Bildung‹ und ›Charakter‹. Überdies wiesen sie die Friedensgesellschaft in permanenter Wiederholung auf die ständische Exklusivität des Offiziersdienstes hin, zu dessen hervorgehobenen Qualitäten nicht zuletzt die Bereitschaft zum Sterben zählte. An dem Mythos strickten alle Offiziere gemeinsam, doch verbanden sie damit jeweils unterschiedliche Erwartungen: den einen galt der Offiziersdienst als Vehikel für bescheidenen sozialen Aufstieg, anderen wiederum für sachliche militärische Expertenarbeit oder für die Bewahrung eines exklusiven antibürgerlichen Lebensstils. Gemeinsam war ihnen die Gewißheit, daß sich der Offizier auch weiterhin von den Brotberufen der bürgerlichen Gesellschaft zu distanzieren habe – und mit der Bedrohung durch den gewaltsamen Kriegstod hatten sie ein ausdrucksstarkes Distinktionsmittel zur Hand. Dennoch war mit dem bürgerlichen Bellizismus die reale Produktion und die literarische Konstruktion des heroischen Offizierstodes unbemerkt zu einem Massenphänomen geworden, dessen Ausstrahlungskraft am Vorabend des Ersten Weltkriegs ungebrochen schien.

Das Offizierkorps, das nach dem 9. November 1918 an der Spitze des deutschen Heeres von den Fronten zurück in die Heimat marschierte, hatte mit dem vom 1. August 1914 nur noch wenig gemein. Insgesamt dienten in den deutschen Armeen zwischen 1914 und 1918 45 923 Offiziere bzw. 226 130 Reserveoffiziere, von denen 11 357 (24,73 %) bzw. 35 493 (15,69 %) getötet worden waren.[12] Die Zahlen deuten an, daß mit dem »Sterben des (alten) Offizierkorps«[13] im industriellen Krieg der anonyme Kriegstod auch für die Offiziere zum Massenphänomen geworden war und sich letztlich auf eine statistische Größe reduzierte. Die Opfer der Bevölkerung waren zu erheblich, als daß den bemerkenswerten Verlusten an Offizieren noch besondere gesellschaftliche Bedeutung zugewiesen werden konnten. Für das Offizierkorps brachten die viereinhalb Jahre Krieg allerdings tiefgreifende organisatorische und personelle Verschiebungen mit sich. Die strenge Grenze der Gefährdung innerhalb des Offizierkorps verschärfte sich, was seinen stärksten Ausdruck in der Gegenüberstellung von Front und Etappe fand. Zwar wurde noch für die ersten Wochen des Ersten Weltkrieges berichtet, daß sogar Kommandierende Generale, freilich gegen den Willen ihrer Generalstabsoffiziere, in die Todeszone drängten, um »dabeizusein, wenn es galt«[14], doch glich das Kriegsleben der vorwiegend jungen Frontoffiziere weit mehr dem der einfachen Soldaten als dem ihrer Vorgesetzten in den rückwärtigen Gebieten. Junge Offiziere bis zum Kompaniechef und die zumeist bürgerlichen Reserveoffiziere hatten in den unteren, frontnahen Hierarchieebenen erheblich an Gewicht gewonnen und anstelle der zumeist in die Stäbe kommandierten Friedensoffiziere die Führung der Mannschaften übernommen. Dort entstanden neue Befehlshierarchien, Bindungen und Loyalitäten, die mit dem überlieferten Offiziersideal nicht mehr viel zu tun hatten und durch die der ohnehin labile Gruppenkonsens innerhalb des Korps weitgehend aufgehoben wurde.

Der Militärschriftsteller Kurt Hesse, selbst Frontoffizier und nach 1918 Propagandist der »jungen Armee«, ließ in einem idealisierten Porträt des Weltkriegshauptmanns diesen gegen die unbekannten Bürosoldaten in den rückwärtigen Gebieten zornig ausrufen: »Ihr Schreiberseelen! Ihr Papiersoldaten! Ihr Bürokraten! Ihr wißt wohl gar nicht mehr, was ein richtiger Krieger ist. Meint ihr, ihr siegt mit den Federhaltern oder mit den Buntstiften? Immer nur schön rot und blau jeden Morgen und Abend die Lage eintragen, möglichst noch die Schreibmaschine mit in die vordere Linie nehmen und um Gottes willen nicht vom Fernsprecher weg!«[15] Die Beschreibung des Hauptmanns hingegen, der am Tag der deutschen Frühjahrsoffensive, am 21. März 1918, von Granatsplittern getroffen wurde und wenig später an der Verwundung starb, verweist auf einen Offizierstyp, dessen Autorität weniger auf dem Befehl als vielmehr auf der aus dem Kampf heraus entwickelten Persönlichkeit beruhte: »Wie er auf dem höchsten Punkt der Schulterwehr steht, ein Gewehr in der Hand, die Taschen voll Patronen, äußerlich also nicht viel von jedem Grenadier unterschieden und doch in jedem Zoll seiner Erscheinung der Offizier, der Führer, auf den jetzt jeder blickt und von dem alles abhängt.«[16] An der Somme 1916, so Ernst Jünger, war der ritterliche Krieg dahingegangen und damit auch die Vorstellung vom Offizierkorps als genossenschaftlicher Verband.[17] Dies reflektiert auch der entsetzte Rückblick eines ostpreußischen Gutsbesitzers und Reserveoffiziers im Ersten Weltkrieg: »Nichts mehr von Ehre und Ritterlichkeit, nur noch kalte Vernichtungstechnik der Physik, der Chemie, der Schwerindustrie. (...) Nicht einmal der Tod hat seine Würde, seinen Anstand und seine Ehre bewahrt.«[18] In einem geradezu symbolischen Akt wurde per Allerhöchster Kabinettsordre am 12. Juli 1915 verfügt, daß die Regimentsfahnen in die Generalkommandos zu überführen waren. Im industriellen und technisierten Krieg konnten die Ehrzeichen des alten Heeres nicht mehr erobert und mußten nicht mehr verteidigt werden – ihre Repräsentationskraft war erloschen, und sie waren in Verteidigungsstellung gegangen.[19]

Der tiefe Gegensatz zwischen Front und Etappe und die damit einher gehende Verwischung ehemals strenger sozialer Barrieren spiegelt sich besonders eindrucksvoll in den Äußerungen der Geführten in der Todeszone. Der elsässische Deserteur Dominik Richert beispielsweise fand lobende Worte für seinen direkten Vorgesetzten, den Kompaniechef, während sich sein Haß gegen den fernen Offizier als Repräsentant des anonymen militärischen Herrschaftsapparates im Kriegsverlauf steigerte: »Überhaupt hatte ich einen heimlichen Zorn gegen alle Offiziere vom Leutnant aufwärts, die alle besser wohnten, bessere Verpflegung hatten und obendrein noch eine schöne Bezahlung erhielten, während der arme Soldat ›fürs Vaterland und nicht fürs Geld, hurra, hurra, hurra‹, wie es in einem Soldatenlied heißt, das ganze Kriegselend mitmachen mußte.«[20] In solchen teils unfreiwilligen Bekundungen von Solidarität auf der einen und Distanz auf der anderen Seite wurde ein neuer Offiziersmythos vorbereitet, der mit dem Ideal des ehrenvollen wilhelminischen Kriegers nicht mehr viel zu tun hatte und nach 1918 den gesellschaftlichen Diskurs dominierte. Aus der Frontgemeinschaft heraus war ein neuer Offizierstyp geboren worden, dessen Tod nicht mehr als herausgehobenes und denkwürdiges Ereignis bewertet wurde, sondern als kameradschaftlicher Auftrag. Oder wie es Ernst Jünger formulierte: »Der Fürst hat die Pflicht, im Ringe seiner letzten zu sterben. Das können die Unzähligen verlangen, die vor ihm in den Tod gingen.«[21]

Anmerkungen

1 Philipp zu Eulenburg-Hertefeld, Aus fünfzig Jahren. Erinnerungen, Tagebücher und Briefe aus dem Nachlaß des Fürsten Philipp zu Eulenburg-Hertefeld, hrsg. v. Johannes Haller, Berlin 1923, S. 37f.

2 Vgl. Symbole und Zeremoniell in deutschen Streitkräften vom 18. bis zum 20. Jahrhundert, hrsg. vom Militärgeschichtlichen Forschungsamt, Herford 1992, S. 199–220.

3 Preußischer Choral. Deutscher Soldatenglaube in drei Jahrhunderten, hrsg. v. Kurt Ihlenfeld, Berlin (2. Aufl.) 1935, S. 109f.

4 Ebda., S. 112.

5 Prinz Kraft zu Hohenlohe-Ingelfingen, Aus meinem Leben, Berlin 1897, S. 387; Bundesarchiv-Militärarchiv Freiburg N 280/167 (Nachlaß Walter v. Hülsen), Anlage 3: Vortragsmanuskript, Bl. 5f.

6 Hans O. v. Rohr, Qui transtulit. Eine Stammreihe der von Rohr, Hannover 1963, S. 235; Hohenlohe-Ingelfingen, Aus meinem Leben, S. 350; Zitat: Hans v. Tresckow, Von Fürsten und anderen Sterblichen. Erinnerungen eines Kriminalkommissars, Berlin 1922, S. 20; vgl. Hermann v. Chappius, ›Bei Hofe‹ und ›im Felde‹, Berlin 1902, S. 34–36; Karl v. Einem, Erinnerungen eines Soldaten 1853–1933, Leipzig (6. Aufl.) 1933; Bernhard v. Bülow, Denkwürdigkeiten, Berlin 1931, Bd. IV, S. 145f.

7 BA-MA N 280/167, Bl. 5; vgl. Bülow, Denkwürdigkeiten, Bd. IV, S. 147.

8 Brandenburgisches Landeshauptarchiv Potsdam, Pr. Br. Rep. 37, Gutsarchiv Werben I (v. Schönfeldt), Nr. 390: Kriegserlebnisse des Oberstleutnants Heinrich Constantin Thurow von Boltenstern 1870/71, Brief Boltensterns an seine Frau vom 28. 12. 1870.

9 Friedrich Syben, Offiziere. Anekdoten aus vier Jahrhunderten, Berlin 1943, S. 161f.

10 Elard v. Oldenburg-Januschau, Erinnerungen, Berlin 1936, S. 84.
11 Wilhelm Deist, Zur Geschichte des preußischen Offizierskorps 1888–1918, in: ders., Militär, Staat und Gesellschaft. Studien zur preußisch-deutschen Militärgeschichte, München 1991, S. 43–56.
12 E. O. Volkmann, Soziale Heeresmißstände als Mitursache des deutschen Zusammenbruchs von 1918. 2. Halbband des 11. Bandes des Werkes des Reichstagsuntersuchungsausschusses über die Ursachen des deutschen Zusammenbruches im Jahre 1918, Berlin 1929.
13 Konstantin v. Altrock, Vom Sterben des Offizierskorps, Berlin (2. Aufl.) 1920.
14 BA-MA Freiburg, N 266/69 (August v. Cramon), Meine Erlebnisse im Weltkriege. Frankreich 1914, S. 13.
15 Kurt Hesse, Mein Hauptmann. Bildnis eines Soldaten, Berlin 1938, S. 303.
16 Ebda., S. 307.
17 Ernst Jünger, In Stahlgewittern. Aus dem Tagebuch eines Stoßtruppführers, Berlin 1920, S. 100. Vgl. Bertold v. Deimling, Aus der alten in die neue Zeit, Berlin 1930, S. 168, u. Hugo v. Freytag-Loringhoven, Menschen und Dinge, wie ich sie in meinem Leben sah, Berlin 1923, S. 308 f.
18 Magnus Freiherr v. Braun, Von Ostpreußen bis Texas, Stollhamm (2. Aufl.) 1956, S. 401 f.
19 Vgl. Symbole und Zeremoniell, S. 201.
20 Dominik Richert, Beste Gelegenheit zum Sterben. Meine Erlebnisse im Kriege 1914–1918, hrsg. v. Angelika Tramitz/Bernd Ulrich, München 1989, S. 209 u. 228.
21 Ernst Jünger, Der Kampf als inneres Erlebnis, Berlin 1922, S. 52.

Abbildungsnachweise

Titel:
1. Badisches Leib Grenadier Regiment Nr. 109, Gruppenbild Offiziere vor dem Kasino Karlsruhe (ca. 1910–1914), Wehrgeschichtliches Museum Rastatt. Wir danken dem Direktor des Museums, Herrn Dr. Joachim Niemeyer, für die Überlassung der Photographie.

S. 13
Kapitän zur See Ernst Lindemann schreitet am 24. August 1940, Indienststellung Schlachtschiff »Bismarck«, die Ehrenwache ab. Bundesarchiv Koblenz (abgeb. in: B. Freiherr von Müllenheim-Rechberg, Schlachtschiff Bismarck. Ein Überlebender in seiner Zeit, Frankfurt/Berlin 1993, Abb. 10).

S. 98
Walter Flex an der Ostfront, August 1916. Aus: Konrad Flex, Walter Flex. Ein Lebensbild aus klaren Quellen, Bd. 30, Stuttgart 1937.

S. 186
Marlene Dietrich als »one of the boys«, 1944. Foto Cpt. B. J. Reisler. Stiftung Deutsche Kinemathek – Marlene Dietrich Collection Berlin.

S. 217
Photographie einer Modellsammlung von Soldatenstiefeln. Aus: M. Hirschfeld, Geschlechtskunde auf Grund dreißigjähriger Forschung und Erfahrung, Bd. 4, Bilderteil, Stuttgart 1930, S. 739, Abb. 1105.

Die Autorinnen und Autoren

Werner T. Angress, Historiker, geboren 1920. Professor em. für Europäische und Deutsche Geschichte an der State University of New York, Stony Brook. Letzte Veröffentlichung: Bernhard Weiß – A Jewish Public Servant in the clothing Years of the Weimar Republic, in: Jüdisches Leben in der Weimarer Republik, hg. von Wolfgang Benz, Arnold Paucker, Peter Pulzer, Tübingen 1998, S. 49–63.

Detlef Bald, Politikwissenschaftler, geboren 1941. Mitarbeiter am Institut für Sicherheitspolitik und Friedensforschung an der Universität Hamburg; Freier Publizist/München. Letzte Veröffentlichung: Hiroshima, 6. August 1945. Die nukleare Bedrohung, München 1999.

Werner Bührer, Historiker, geboren 1950. Privatdozent und Wissenschaftlicher Assistent an der Technischen Universität München. Letzte Veröffentlichung: Westdeutschland in der OEEC, München 1997.

Ursula Breymayer, Literatur- und Kulturwissenschaftlerin, geboren 1960. Kuratorin zahlreicher Ausstellungen, derzeit Mitarbeiterin in einem Forschungsprojekt zur Sozialstruktur der NSDAP und der SED (Universität Bielefeld). Letzte Veröffentlichung: Arbeit, Rüstung, Massenmord. Nationalsozialismus in Sachsen-Anhalt, in: F.-J. Brüggemeier u. a. (Hg.), mittendrin. Sachsen-Anhalt in der Geschichte, Dessau 1998, S. 399–435.

Hans Richard Brittnacher, Literaturwissenschaftler, geboren 1951. Arbeitet an der Freien Universität Berlin. Letzte Veröffentlichung: Delirien des Körpers. Phantastik und Pornographie im späten 18. Jahrhundert, Hannover 1998.

Walter Erhart, Germanist, geboren 1959, Professor für Neuere deutsche Literatur an der Universität Greifswald. Letzte Veröffentlichung: Familienmänner. Über den literarischen Ursprung moderner Männlichkeit (in Vorbereitung).

Thomas Flemming, Historiker/Publizist, geboren 1957. Letzte Veröffentlichung: Die Berliner Mauer. Geschichte eines politischen Bauwerks, Berlin 1999.

Stig Förster, Historiker, geboren 1951. Professor für Neueste Allgemeine Geschichte an der Universität Bern. Letzte Veröffentlichung: als Hg., zus. mit M. Boemeke u. R. Chickering, Anticipating Total War. The German and American Experiences, 1871–1914, Cambridge 1999.

Marcus Funck, Historiker, geboren 1967. Wissenschaftlicher Mitarbeiter an der Technischen Universität Berlin. Letzte Veröffentlichung: Co-Autor für: 1936. Die olympischen Spiele und der Nationalsozialismus, hg. von R. Rürup, Berlin 1996.

Thomas Medicus, Germanist/Publizist, geboren 1953. Stellvertretender Feuilletonchef der »Frankfurter Rundschau«. Letzte Veröffentlichung: Orlando zieht in den Krieg. Der seltsame Fall des Lyrikers Rupert Brooke, in: Sinn und Form, Heft 4/1997, S. 565–578.

Gudrun Schwarz, Soziologin, geboren 1948. Mitarbeiterin am Hamburger Institut für Sozialforschung. Letzte Veröffentlichung: Eine Frau an seiner Seite. Ehefrauen in der »SS-Sippengemeinschaft«, Hamburg 1997.

Angelika Tramitz, studierte Soziologie u. Psychologie, geboren 1959. Freie Autorin. Letzte Veröffentlichung: Käsesahnetorte mit Grundsatzdiskussion, in: Kursbuch, Heft 136/Juni 1999.

Bernd Ulrich, Historiker/Publizist, geboren 1956. Derzeit Bearbeiter eines Projektes über das Bürgertum in Deutschland nach 1945 am Hamburger Institut für Sozialforschung. Letzte Veröffentlichung: zus. mit Rolf Spilker (Hg.), Der Tod als Maschinist. Der industrielle Krieg 1914–1918. Katalog zur Ausstellung im Museum Industriekultur Osnabrück, Bramsche 1998.

Karin Wieland, Politikwissenschaftlerin, geboren 1958. Wissenschaftliche Assistentin für Politische Theorie und Ideengeschichte an der Technischen Universität Chemnitz. Letzte Veröffentlichung: Worte und Blut. Das männliche Selbst im Übergang zur Neuzeit, Frankfurt am Main 1998.

Michael Wildt, Historiker, geboren 1954. Mitarbeiter am Hamburger Institut für Sozialforschung. Letzte Veröffentlichung: Co-Herausgeber, Der Dienstkalender Heinrich Himmlers, 1941/42, Hamburg 1999.

Frontalltag im Ersten Weltkrieg

Wahn und Wirklichkeit

Quellen und Dokumente

Herausgegeben von Bernd Ulrich und Benjamin Ziemann

Band 12544

Im August 1914 begann der Erste Weltkrieg, der die Geschichte dieses Jahrhunderts entscheidend beeinflußte. Die Erinnerung an ihn verblaßte jedoch bald angesichts des NS-Terrors in Europa und des Zweiten Weltkrieges.
Die beiden Historiker Bernd Ulrich und Benjamin Ziemann legen eine Quellenanthologie vor, die den menschenverwüstenden Alltag an den Fronten des Ersten Weltkrieges authentisch dokumentiert. Dem Wahn der politisch und militärisch Verantwortlichen, die Kräfteverhältnisse in Europa neu ordnen zu wollen, wird die Wirklichkeit eines Krieges entgegengesetzt, in dem rücksichtslos Soldaten als Verfügungsmasse hin und her geschoben und zu Millionen verwundet und getötet wurden.
Ihre Erinnerungen und Zeugnisse sind von vielen Seiten unmittelbar nach 1918 aus propagandistischen Gründen geschönt und mißbraucht worden. Sie wieder in Erinnerung zu rufen ist Aufgabe dieses Buches.

Fischer Taschenbuch Verlag

fi 1003 / 6